我是饶律师

专注于涉及农村宅基地的

一切法律问题

“圣伟律师”小程序　“宅基地饶律师”微信号

加微信，随时随地进行法律咨询。

电话（微信）：18612701887

饶云峰 □ 著

宅基地与集体土地 拆迁纠纷 法律实务与案例解析

LAW

专注于宅基地及农村土地案件

专业的法律指导

典型的案例解析

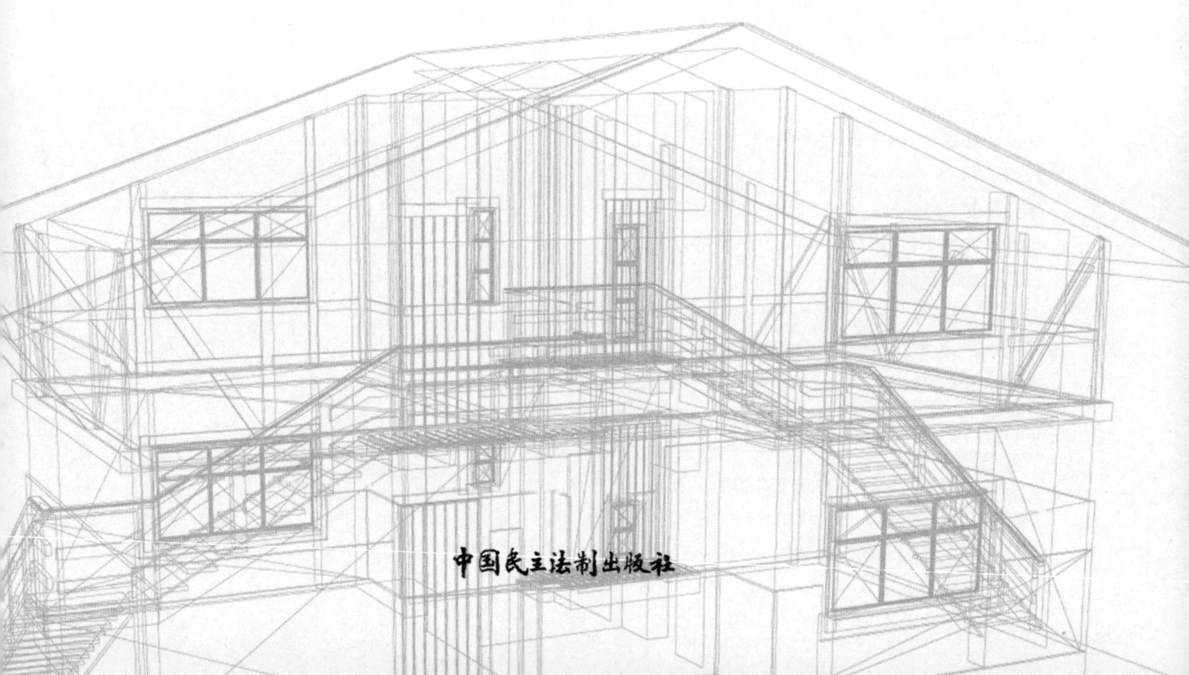

中国民主法制出版社

图书在版编目（CIP）数据

宅基地与集体土地拆迁纠纷法律实务与案例解析 / 饶云峰著. -- 北京 : 中国民主法制出版社, 2021.1

ISBN 978-7-5162-2328-4

Ⅰ. ①宅… Ⅱ. ①饶… Ⅲ. ①农村–住宅建设–土地管理法–研究–中国②农村–集体所有制–土地管理法–研究–中国 Ⅳ. ①D922.324

中国版本图书馆CIP数据核字（2020）第243314号

图书出品人 / 刘海涛
出版统筹 / 乔先彪
责任编辑 / 庞贺鑫

书名 / 宅基地与集体土地拆迁纠纷法律实务与案例解析
作者 / 饶云峰 著

出版·发行 / 中国民主法制出版社
地址 / 北京市丰台区右安门外玉林里7号（100069）
电话 / （010）63292534 63057714（发行部） 63055259（总编室）
传真 / （010）63056975 63055378
http: //www.npcpub.com
E-mail: mzfz@npcpub.com
经销 / 新华书店
开本 / 16开 710毫米 × 1000毫米
印张 / 16.75
字数 / 237千字
版本 / 2021年1月第1版 2021年1月第1次印刷
印刷 / 廊坊市海涛印刷有限公司

书号 / ISBN 978-7-5162-2328-4
定价 / 108.00元
出版声明 / 版权所有，侵权必究。

（如有缺页或倒装，本社负责退换）

目 录

第一章　宅基地与集体土地拆迁纠纷概述

一、集体土地之宅基地

（一）宅基地

宅基地是指农村集体经济组织为满足本集体经济组织内成员的生活需要和从事家庭副业生产的需要而分配给农户使用的宅基地及附属用地。在我国农村宅基地范围主要包括三项：（1）已建房屋的土地；（2）建过房屋但已无地上覆盖物而不能居住的土地；（3）准备建设房屋的规划地。附属用地指向为物理空间内连接用房院落和长期不用于农业种植的生活用地以及居住用房中的生产场地。我国法律也明确了农村集体土地上宅基地使用权内涵。根据《物权法》第152条规定：宅基地使用权人依法对集体所有的土地享有占有和使用的权利，有权依法利用该土地建造住宅及其附属设施。据此可以看出，农村集体经济组织成员享有在集体土地上占有、使用及建造住宅及其附属设施的权利，该项权利统称为农村宅基地使用权。为方便阅读本书中农村宅基地统称为宅基地。

（二）宅基地使用权

1.宅基地使用权的主体

在我国，宅基地使用权的权利主体具有特殊性，仅限于集体组织成员。除集体经济组织内部的成员，他人无权申请农村宅基地使用权。此外，集体组织成员还需以“户”为单位进行申请，其他组织或个人无法取得宅基地使用权。此外，我国颁布的《国土资源部关于加强农村宅基地管理的意见》明确规定，严禁城镇居民在农村购置宅基地，严禁为城镇居民在农村购买和违法建造的住宅发放土地使用证。从该条规定可以看出，原则上城镇居民无法通过交易合法取得宅基地使用权，当然有原则便有例外，对于退伍军人、离退休干部、回原籍乡村落户的城镇职工、回乡定居的华侨/港澳同胞，这四类人群不仅可以在集体土地上建造住宅，还可以享有同等的村民待遇。

2.宅基地使用权的客体

为保障我国农民享有稳定的居住生活基本场所，宅基地使用权已经成为我国农村集体土地制度中不可或缺的重要部分，其客体是农民依照有关程序申请，经国家批准划拨，用于建造住宅所使用的集体所有的土地。当然，宅基地除了居住属性外还具备家庭生活功能，所以宅基地不光是住宅所直接覆盖的地方，还包含附着于房屋的仓库、宅院等部分，统一构成宅基地使用权客体的基本内容。

3.宅基地使用权人享有的权利

占有权，是指宅基地使用权人合法占有宅基地。宅基地使用权作为一项用益物权，占有是用益物权权利项下包含的基本权能之一。

使用权，是指宅基地使用权人可在宅基地上建设房屋，并长期保有房屋。我国采用“房地一体”原则，宅基地和房屋已统为一体无法单独区分。房屋所有权与宅基地使用权具有不可分割的紧密联系。只要房屋权属不发生变动，则宅基地使用权也不会发生变动。

收益权，是指宅基地使用权人有权利用宅基地范围内的空闲土地从事种植，获得果蔬粮食可以自由支配，以达到收益的目的。

处分权，是指根据“房地一体原则”，宅基地使用权人在依法转让其房屋所有权的同时转让宅基地使用权。

4.宅基地使用权人负有的义务

宅基地使用权人使用宅基地应当符合土地主管部门批准的用途。宅基地政策的宗旨是保障农民居住条件，建造住宅是宅基地的基本用途。非经有权机关批准，宅基地使用权人不得任意变更宅基地的使用用途，非经法律许可，宅基地使用权人不得买卖、租赁、互易等方式转让土地。如果宅基地使用权人违反此禁止性义务，有权机关可以依法收回宅基地使用权。宅基地使用权人须严格遵守“一户一宅”原则，并按法律规定面积在宅基地上建房。申请人申请宅基地实行“户”为单位，按照“一户一宅”原则申请宅基地，禁止“一户多宅”的行为，同时，任何人如果采用违法手段多占土地作为宅基地使用，将被追究非法占地的法律责任。

宅基地使用权人负有保护本村公共利益和不妨碍邻人的合法权益的义务。宅基地使用权人使用宅基地的时候，应保护农村公共利益，不得为私利而损害村里邻人的合法权益。我国处理村里相邻关系的基本宗旨是：有利生产、方便生活、团结互助、公平合理。

（三）当前宅基地纠纷的主要类型

在民事领域，宅基地发生纠纷的主要类型有确权、买卖、继承、分家析产、排除妨碍、离婚后财产分割等，在《民法典》出台之前，其裁判规则涉及众多部门法，如《物权法》《合同法》《继承法》等，因法律关系的不同，每类纠纷在实务操作中呈现不同特点：

宅基地房屋所有权确认的案件中以下两种类型的纠纷居多，一类是房屋所有权确认之诉，另一类是所有权确认第三人撤销之诉。后一类是基于第一类案件而发生的，因所有权确认之诉的过程中，遗漏当事人，或者故意向法院隐瞒当事人，导致有利害关系的第三人发现后，进行的第三人撤销之诉。与宅基地房屋买卖合同纠纷一样，所有权确认案件中，法院只会处理宅基地上的房屋，一般是正房、厢房，而且仅涉及有集体土地建设用地使用权证登记的房屋，超出该登记范围的房屋，法院一般不会处理，当然因历史原因造成或有证据证明确实是存在着出资等情况的，法院也会处理。

宅基地房屋买卖合同纠纷，根据购房人主体身份的不同，可分为四类：第一类纠纷系城镇居民购买农村宅基地，这类纠纷占比居多。第二类纠纷系外省市的村民到北京购买农村房屋，这类纠纷与第一类纠纷处理原则基本一致，没有区别，以购房合同认定无效为原则，认定有效为例外。第三类纠纷系外村村民购买本村村民宅基地房屋买卖合同纠纷，这类纠纷，购房人与售房人虽然属于同一个区或镇，但由于不在一个村，不是本村的集体组织成员，因此，也是以认定购房合同无效为原则 ，以认定合同有效为例外。第四类纠纷是本村村民购买本村的宅基地房屋，这里面又分两种情况，一种是直接购买本村村民的房屋，这类买卖合同纠纷，法院均会认定为有效。另外一种是本村村民购买了城镇居民或其他外村村民购买的宅基地。这类纠纷，在司法实践中称作连环买卖案，一般情况下，如果最后一手购买者系本村村民，除非有证据证明系恶意串通等原因被认定为无效外，合同均会认定为有效。

涉及宅基地的继承案件纠纷中，法院只会对房屋进行处理，对宅基地使用权不予处理，特别是对于有些原告要求继承宅基地使用权的案件，全部予以驳回。但因宅基地使用权的特殊性，遗赠扶养协议因涉及外村人是否有权享有宅基地使用权，目前北京法院普遍的做法是，除非是本村的村民作为受遗赠人，可以认定该遗赠扶养协议有效之外，其他的涉及宅基地房屋的遗赠扶养协议一律认定为无效。

涉及宅基地的分家析产纠纷的案例不在少数，在实务操作中，分家析产与合同效力、所有权确认、继承、赡养纠纷等经常混在一起。不同的当事人由于诉求的不同，导致分家析产案中的诉讼请求也不尽相同。有的只要求确认分家析产协议的效力，有的要求确认分家析产中涉及房屋的所有权。有些分家析产纠纷案涉及继承，但更多的是涉及赡养，因未履行赡养义务而发生争议的案件，在北京各区均有发生。

绝大多数排除妨害的纠纷发生在农村宅基地院落邻里之间，大多数是因堆放物品而产生的邻里矛盾，也有因翻建时房屋超高导致的采光权纠纷。类似的案例，法院在审理过程中会走访现场后，依据有利于生活的原则进行判决。但对于采光权纠纷案件，还会结合隐私权等进行综合判断后作出判决。

随着城市化的进程，我国离婚率逐渐上升，农村的离婚案件也越来越多。宅基地房屋作为夫妻共同财产中最为重要的财产之一，必然是离婚纠纷中需要分割的财产。司法实践中，如果夫妻双方对宅基地院落中的房屋无纠纷，法院会直接进行分割；如果涉及房屋所有权纠纷，法院会让双方先进行所有权确认之诉后再进行分割。在司法实践中，许多女方是在嫁入到男方家后，通过分家析产获得的宅基地，在夫妻存续期间共同建设的房屋，这类案件中，涉及分家析产协议效力的法律问题。在一些离婚纠纷案中，婚姻存续期内对房屋进行了翻扩建，离婚时拆迁，拆迁利益如何分配，极为考验法律工作者智慧。

随着《城乡规划法》的实施，涉及宅基地的行政案件日益增多。在司法实践中，涉及宅基地的行政案件有行政赔偿案件、不服限期拆除决定的行政纠纷案件、行政强制拆除案件、宅基地确权错误行政纠纷案件以及宅基地使用权审批行政纠纷案件。这些案件，与老百姓的生活紧密相关，特别是宅基地使用权的审批，由于北京许多地区目前处于城市化的进程中，许多郊区已纳入了棚改范围，因此，该地区就不再审批新的宅基地。再有，一些村民在自己的宅基地上，任意的建设房屋，根据规定只能盖二层的房屋，在没有任何批示的情况下，盖起五层楼房导致被限期拆除。而限期拆除决定当事人未履行时，又会被政府行政强制拆除，这是行政机关依法行使法定的权利。在实务操作中，许多行政机关，在实体、程序上做得不够，特别是为了能尽快完成拆除任务，只做到了实体上正确，未严格按照程序规定依法拆除，产生大量的纠纷，并最终导致败诉。

二、集体土地之拆迁补偿

（一）集体土地拆迁补偿依据与范围

当前我国关于集体土地房屋征收补偿的法律依据主要有三：一是《宪法》第13条，规定公民合法私有财产不受侵犯，国家对其征收应予补偿；二是2019年修正的《土地管理法》第48条，规定：被征收土地上的附着物和青苗的补偿标准由省、自治区、直辖市规定；三是《民法典》第243条规定，征收集体土地应足额支付土地补偿费，征收组织、个人房屋应予征收补偿，征收个人住宅还应保障被征收人居住条件。国家层面相关法律法规对于集体土地上房屋征收补偿标准并无规定，具体实操中集体土地上房屋征收补偿标准实际按照地方标准执行，因为区域发展的不同，导致不同省市、不同乡镇、甚至同一乡镇不同村落补偿数额差距较大。我国土地征收制度为先将集体土地征为国有土地，然后再拆迁房屋，法律禁止未办理土地征收而直接拆迁房屋的情况。国家据此制度征收房屋必然是先将集体经济组织所有的集体土地所有权收归国有，集体经济组织丧失集体土地所有权，进而集体经济组织成员丧失房屋占有范围内的宅基地使用权。

（二）集体土地拆迁补偿方式

根据《国土资源部关于进一步做好征地管理工作》第（八）条规定对农民住房拆迁要因地制宜采取多元化安置方式：在城市远郊和农村地区，主要采取迁建安置方式，重新安排宅基地建房；在城乡接合部和城中村，原则上不再单独安排宅基地建房，主要采取货币或实物补偿的方式，由被拆迁农户自行选购房屋或政府提供安置房。概括起来，集体土地上房屋征收补偿方式包括货币补偿、房屋安置、异地自建三种。（1）货币补偿，即征收人对被征收房屋按评估价值以货币结算方式对被征收人作价补偿。集体土地上房屋征收采用货币补偿的，考虑按重置价格评估的补偿金额偏低，有些地方规定数倍于评估价格的奖励作为变相补贴，与国有土地上房屋征收的货币补偿明显不同。（2）房屋安置，集体土地上房屋征收中，对被拆迁农户提供有产权的安置房屋。（3）异地自建，即征收人异地安排集体建设用地或宅基地并提供建设费用，由被征收人自行建设的补偿方式。此种方式对住宅用房及非住宅用房的征收补偿均适用，异地安排的用地性质与被征收房屋用地性质相同，且须符合土地利用总体规划、城镇规划及村庄规划要求。对于边远、分散、不适合集中安置的被征收人，以及符合当地产业政策和总体规划的集体企业，异地自建是不二之选。

（三）当前集体土地拆迁纠纷主要类型

我国的土地分为国有土地与集体土地两种，对于广大农村居民而言，集体土地上的拆迁行为更为直观与直接。随着城市化的进程，老城区的改造已进入尾声，大量的土地需求必然发生在农村的集体土地上，因此，目前的绝大多数的拆迁都发生在集体土地。无论是土地一级开发，还是棚户区改造，绝大多数涉及拆迁的矛盾多发生在村民与乡镇政府或区县一级政府之间。因此，集体土地上的拆迁行政纠纷，也必然增多。本书以宅基地为切入点，重点论述涉及宅基地拆迁时的行政纠纷案件，其他涉及承包土地、林地等集体土地上的拆迁纠纷，本书未收录。

司法实践中，涉及宅基地的集体土地拆迁行政纠纷，包括行政强制纠纷案件和行政裁决案件。涉及宅基地的集体土地拆迁除行政纠纷外，还涉及民事纠纷，以房屋拆迁安置补偿合同纠纷最为常见。此外，因家庭成员之间利益分配出现矛盾，也有案外人主张相关的拆迁利益等，此类民事纠纷常常伴随着继承、分家析产、离婚后财产分割等，因此处理起来很困难。另一类案件是农村房屋买卖合同被法院确认无效或在拆迁过程中，原房主起诉要求确认合同无效，无效的后果如何处理，拆迁款如何分配等问题。

三、集体土地之小产权房

（一）小产权房

目前对小产权房的定义五花八门，有些学者、媒体将宅基地房屋也纳入小产权房的范畴。宅基地房屋是村民在集体土地上建设的自有房屋，绝大多数地区发放了《集体土地建设用地使用证》，其建筑也经过了严格审批，是合法的建筑，笔者认为不应该将宅基地房屋归入到小产权房的范畴。一般认为，小产权房是指在农村集体土地上建设的房屋，未办理相关证件，未缴纳土地出让金等费用，其产权证不是由国家房管部门颁发，而是由乡政府或村颁发，亦称“乡产权房”。“小产权房”不是法律概念，是人们在社会实践中形成的一种约定俗成的称谓。

从宅基地房屋与小产权房的概念就可以看出两者的区别：

首先，宅基地是区县一级政府审批，而小产权房就算发放产权证，也是乡、村一级发证，目前在北京，多数就是村委会或村办房企盖章发证。

其次，宅基地一般均有《集体土地建设用地使用证》或《土地登记审批表》，而小产权房一般是建设在集体土地上，有些还不是建设用地，只是一般农用地。

再次，宅基地的建设是经过严格的审批，一般是经过村组织讨论公示、再报乡镇一级政府审查批准，最后交区县土地管理部门确认。而小产权房，基本就没有审批手续。

（二）涉及小产权房的相关规定与处理政策

目前国家对小产权房并没有在法律上进行定义及规范，类似的管理均见于相应的国务院及其部门的规章或决定。

2007年12月，国务院制定《国务院办公厅关于严格执行有关农村集体建设用地法律和政策的通知》，要求任何涉及土地管理制度的试验和探索，都不能违反国家的土地用途管制制度。

2008年7月，国土部下发通知，要求尽快落实农村宅基地确权发证工作，但明确指出不得为小产权房办理任何形式的产权证明。

2009年8月，国土部制定《关于严格建设用地管理，促进批而未用土地利用的通知》，再次向地方政府重申，坚决叫停各类小产权房。

2010年1月，国土部表示将重点清理“小产权房”。

2012年2月21日，国土部在“2011年房地产用地管理调控等情况”新闻发布会上表示，2012年起各地土地市场流标、流拍类现象须及时上报。同时将限期处理土地闲置等违法违规类案件，包括试点处理小产权房问题。

2013年11月，十八届三中全会通过的《中共中央关于全面深化改革若干重大问题的决定》提出，在符合规划和用途管制前提下，允许农村集体经营性建设用地出让、租赁、入股，实行与国有土地同等入市、同权同价。《决定》提出的是改革的方向，包括土地制度改革的方向，并没有谈及如何解决“小产权房”这样具体的问题。

2013年11月22日，国土部、住建部下发紧急通知，要求全面、正确地领会十八届三中全会关于建立城乡统一的建设用地市场等措施，严格执行土地利用总体规划和城乡建设规划，严格实行土地用途管制制度，严守耕地红线，坚决遏制在建、在售“小产权房”行为。

由国土、住建两部委联合推进的小产权房整治只是针对正在建设、正在销售——也就是近两年新增的小产权房，而对于更多的早已有居民入住的“存量”小产权房，由于历史情况复杂，有关部门将会区分不同的情况分类研究、分类处理。

（三）当前小产权房纠纷的主要类型

目前集中出现的小产权房纠纷包括：房屋买卖合同纠纷、抵押合同纠纷、离婚纠纷中的财产分割、行政拆除纠纷中涉及的财产损害纠纷等。

小产权房的买卖合同纠纷，系涉及小产权房纠纷中数量最多的一类，在笔者从业的过程中，处理类似的纠纷也不在少数。其主要体现在：卖主反悔，要求确认合同无效。买主反悔，不想购买房屋，也要求确认合同无效，退还购房款。在北京各级法院的司法实践中，对此类的案件处理各有不同，有受理立案的，也有不受理的，有受理后裁定驳回的，也有受理后处理的。

由于小产权房无法抵押登记，因此在民间实践中，一般情况下是质押，直接将房屋出让给借款人占有。实践中往往这类质押最后导致借款人因还不上借款而失去房屋。在民间实务操作中，出借人也有遇到房主一房二卖或三卖的情况。这类纠纷，法院一般也不受理，受理后多数按合同无效处理或裁定驳回起诉。碰上一房两卖或两抵的，有时候会以诈骗立案处理。

农村村民的离婚纠纷中，涉及小产权房的分割最为常见，特别是进行过拆迁的农村，许多安置房均是小产权房，因此离婚时必然会涉及对这些房屋的处理。北京法院的司法实践，一般均按使用权进行分割，不涉及小产权房的使用权进行分割，不涉及小产权房的所有权问题。

在法院执行过程中，发现被执行人名下有小产权房的，可以申请法院出裁定进行协执，即向村委会下达协助执行的裁定，不允许在没有法院允许的情况下对小产权房进行过户。

另外，法院也在探索与实践，将小产权房进行折价抵给执行申请人，或将小产权房的占有人或承租方清退后，采取竞价的方式进行变现。

第二章　宅基地房屋所有权确认纠纷法律实务与案例解析

一、宅基地房屋所有权确认纠纷法律实务

在司法实践的过程中，涉及宅基地房屋所有权确认的案件，主要以以下两种类型的纠纷居多，一是房屋所有权确认之诉，二是所有权确认第三人撤销之诉。第二种类型的案件与第一种类型案件密切相关，因所有权确认之诉的过程，无意或有意遗漏当事人，导致有利益关系的第三人发现有调解或判决后，进行的第三人撤销之诉。

与宅基地房屋买卖合同纠纷一样，宅基地房屋所有权确认案件，法院只会处理涉及宅基地的房屋，一般是正房、厢房，而且仅涉及集体土地建设用地使用权证登记的房屋，超出该登记的房屋，法院一般不会处理，因历史原因造成或有证据证明超出集体土地建设用地使用权证的房屋系合法建筑，法院也会处理。

在实务操作中，一般情况下，法院要求所有权确认之诉要提供所有权证明材料、房屋的现状、涉及房屋的人员关系证明，如涉及调解事宜，一般会要当事人全部到庭接受询问。

所有权确认第三人撤销之诉，除了要提供需要撤销的判决或调解书复印件之外，还需要提交利益关系人对诉争宅基地房屋的权利证明，包括但不限于房屋买卖合同、遗赠扶养协议、赠与协议等证明该调解书或判决书侵害了原告的合法权益的证据材料。

二、宅基地房屋所有权确认纠纷案例解析

案例1　可以根据分家协议确认房屋的所有权归属

【案情简介】

1990年11月4日，刘某甲、刘某乙、刘某丙、刘某丁签订协议书，内容为：为了家庭永久和睦相处，经刘某甲、刘某丁、刘某乙、刘某丙弟兄四人协商，对家中财产及赡养二位老人达成协议如下：一、刘某丁分得砖瓦房五间（东），刘某乙分得砖瓦房五间（西），刘某丙分得土房四间；二、刘某丁、刘某乙二人在1992年春节前各出人民币一千五百元整，共计三千元；三、刘某丙应得人民币二千二百五十元整，刘某甲应得人民币七百五十元整，用以补偿房屋分配的不足部分；四、西院墙由刘某乙负责修建后产权归刘某丁所有；五、刘某甲、刘某丁、刘某乙、刘某丙各出人民币二百元整作为妹妹刘某戊结婚之用。此外协议还约定了赡养父母的相关内容。1994年左右，刘某甲、刘某乙、刘某丙、刘某丁再次签订协议，内容为：一、东边五间房归刘某丙所有；二、西边五间房归刘某甲、刘某丁所有，老人在时归老人用，老人不在时归刘某甲、刘某丁所有；三、南边老房归刘某乙所有。此外协议还约定了赡养老人事宜。2010年9月7日，刘某甲、刘某丙、刘某乙、刘某丁再次签订协议，内容为：现有五间老房，东临刘某丙、西邻冯某某，东边两间半归刘某甲所有，西边两间半归刘某丁所有，因刘某丁需要在五间房的院中建房，经协商刘某丁同意主动、自愿放弃西边两间半的继承权，后边五间房归刘某甲所有。在刘某丙房西、刘某丁房东最少留2米胡同，南北一样，永远归刘某甲使用，如果将来拆迁，胡同面积归刘某丁所有。现有老房共十间，东边五间归刘某丙所有，西边五间归刘某甲所有。在刘某甲房前4米以外刘某丁建房，在刘某甲房前4米以外归刘某丁所有。此外，协议还约定了其他内容。上述三份协议签订时，刘某甲、刘某丙、刘某乙、刘某丁均在场并在协议上签字，其父母刘某某、高某某均在场并同意协议内容。

刘某甲、刘某丙、刘某乙、刘某丁均称其实际履行的是1994年的协议，均认可三份分家协议所提及的“西边五间”就是××号院内的正房5间，现该房由高某某居住。

另查，高某某、刘某某还有一女刘某戊，××号院内建房时尚未成年。

【法院判决】

法院认为：刘某甲、刘某丙、刘某乙、刘某丁于1990年、1994年左右、2010年签订的三份分家协议，均系其真实意思表示，不违反法律、行政法规的强制性规定，签订协议时其父母刘某某、高某某在场并同意协议，故三份协议均为有效。根据1994年的协议，并结合2010年协议内容可知，刘某甲分得××号院内正房五间中的东边两间半，现刘某甲、刘某丙、刘某乙、刘某丁均认可实际履行了该协议，故刘某甲取得了××号院内正房五间中东边两间半的所有权。现刘某甲要求确认××号院内正房五间中东边两间半归其所有，于法有据，本院予以支持。

【简要评析】

许多所有权确认之诉案件，都是基于分家析产而衍生出来的诉讼。很多案件中，也是以分家析产纠纷为案由进行诉讼，但诉讼请求无外乎就是要求确认房屋几间归谁所有，分家析产协议是否合法有效。本案系典型的由分家析产协议而衍生出来的所有权确认之诉。

【笔者建议】

所有权确认之诉与分家析产之诉，在举证责任的分配上有所区别，所有权确认之诉的举证责任在于原告，要证明诉争的房屋存在、还要证明该房屋系其所有。但在现实中，许多房屋灭失了，重新翻建了房屋。那么翻建行为需要举证。

而分家析产之诉，只需要举证分家析产协议真实存在，符合法律的形式要件即可，不涉及房屋的举证。因此相对而言较容易举证。

因此，即使相同的案例，相同的诉求，根据举证难度的大小也是需要选择不同的案由及诉讼策略。

案例2　仅凭买卖合同无效判决，不能证明房屋的所有权属于出卖人

【案情简介】

张某1与王某系夫妻关系，二人育有三子，即张某2、张某3、张某4。张某1于1975年去世，王某于1979年去世。张某4与耿某于1985年2月15日结婚，婚后于1989年4月14日生育一女，即隋某（曾用名：张某5）。张某4于1994年10月去世。张某4去世后，耿某带隋某另行再婚，搬至外村居住。

张某4名下在北京市通州区张家湾镇施园村有房屋及院落一处，门牌号为×号（以下简称×号院），该院落的北京市土地登记审批表的编号为：×1-×2，登记的土地使用者为张某4。1995年，张某3将涉诉房屋卖给王某某。1997年8月15日，王某某将涉诉房屋卖给胡某某。

2015年12月20日，法院作出（2015）通民初字第03670号民事判决书，判决：一、确认张某3与王某某签订的涉北京市通州区张家湾镇施园村×号院房屋的房屋买卖协议无效；二、确认胡某某与王某某于1997年8月15日签订的买卖房屋协议无效。判决作出后，该案件原告耿某、隋某不服该判决，上诉至北京市第三中级人民法院。2016年6月12日，北京市第三中级人民法院作出（2016）京03民终6723号民事判决书，判决：驳回上诉，维持原判。

庭审过程中，张某3称1995年为了给张某4看病花钱还债，将房屋卖予王某某。张某2、张某3提交一份土地房产所有证存根，载明主户为张和，存根日期为1950年4月27日，其表示存根上张和为其父张某1，系同一人。张某2、张某3提交该份存根，用于证明涉案×号院土地原始登记为张某1，院内房屋系其父母遗产。

张某3与张某2认为，诉争的房屋系其父母所有，要求确认该房屋系遗产，将张某4的妻子耿某与女儿隋某诉至法院。

【法院判决】

一审法院认为：当事人对自己提出的诉讼请求所依据的事实或者反驳对方诉讼请求所依据的事实有责任提供证据加以证明。首先，本案涉案×号院宅基地使用权人登记为张某4，1993年宅基地确权登记时，张某1、王某均已去世多年，依据登记现状，张某4系宅基地的使用权人，根据农村房屋坐落于宅基地上的特殊性质，宅基地使用权的登记可以作为房屋所有权的参考；其次，×号院内房屋一直由张某4一家居住，张某4未申请新的宅基地建造房屋，且张某2、张某3在其父母张某1、王某在世时，结婚成家后均未在×号院内长期居住；再次，1995年，张某3将涉案×号院内房屋卖给外村人王某某，其目的是将卖房所得款项支付张某4生前看病所借债务。虽该买卖协议已被认定为无效合同，但张某3卖房还债的目的亦可以印证×号院内房屋系张某4生前占有使用，其卖房所还债务亦是为了偿还张某4生前所欠债务。张某4长期在×号院居住，且实为×号院宅基地使用权人，虽×号院内房屋非系其本人所建，但结合以上情况，其父母早年去世，×号院房屋即由张某4占有使用，对于该院内房屋的所有权归属，张某2、张某3未提出异议，且将该房屋出卖后的款项用于为张某4还债的事实，均可以显示其认可×号院内房屋由张某4所有的意思表示。

张某2、张某3主张涉案×号院内房屋系其父母张某1、王某的遗产，其提供1950年存根用于证明。该份存根年代久远，涉案宅基地已经1993年最新土地登记确定宅基地使用权人，故法院对于该份证据不予采纳。张某2、张某3亦提交民事判决书用于证明1995年将×号院内房屋出卖之买卖协议无效，用于证明涉案房产系父母遗产。该民事判决书中仅就农村房屋买卖合同效力问题作出认定，并未对涉案房屋归属作出认定，故法院对于张某2、张某3的该主张以不予采纳。张某2、张某3主张涉案院落内房产系其父母遗产的诉讼请求，没有有效证据予以证明，缺乏事实和法律依据，法院不予支持。综上所述，判决驳回张某2、张某3的诉讼请求。

二审法认为：张某3、张某2请求确认施园村×号院内房屋为张某1与王某的遗产，故张某3、张某2负有举证证明的责任。首先，根据《北京市土地登记审批表》显示涉案×号院宅基地使用权人登记为张某4，1993年宅基地确权登记时张某1、王某均已去世多年。其次，×号院内房屋一直由张某4一家居住，张某4未申请新的宅基地建造房屋，张某2、张某3在其父母张某1、王某在世时，结婚成家后均未在×号院内长期居住。再次，张某3称1995年其将涉案×号院内房屋卖给外村人王某某，其目的是将卖房所得款项支付张某4生前看病所借债务。虽该买卖协议已被认定为无效合同，但张某3卖房还债的目的亦可以印证×号院内房屋系张某4生前占有使用。张某2、张某3提交1950年土地房产所有证存根用于证明涉案×号院内房屋系其父母张某1、王某的遗产，但该份存根年代久远，且该存根上显示房屋为土房，现存涉案房屋为砖房亦不一致，涉案宅基地已经1993年最新土地登记确定宅基地使用权人，故一审法院对于该份证据不予采纳，并无不当。综上，张某2、张某3虽主张涉案院落内房产系其父母遗产，但未提供有效证据予以证明，一审法院对其主张不予支持，并无不当。

【简要评析】

本案是跟继承相结合的一个涉及宅基地房屋的所有权确认之诉，在法定继承纠纷中，如果继承人对遗产的权属发生了争议，法院会让当事人先进行所有权确认之诉后再进行遗产法定继承。本案即是继承人之间对诉争的房产发生争议后，进行所有权确认的诉讼。

本案中，原告以自己的名义在2015年将购买诉争房产的购房人均告上法庭，要求确认合同无效，一、二审法院均认定合同无效。原告以为做了这些事后，当然地认为其有权将诉争的房屋确认为父母的遗产，因此发起该诉讼，但法院通过查清事实，发现本案的宅基地登记在张某4的名下，而且其父母在确权登记之前就去世了，因此根据查清的事实驳回了原告诉讼请求。

【笔者建议】

在撰写本案时，笔者在司法文书网上找到几个涉及本案诉争宅基地的案子，包括农村房屋买卖合同纠纷、法定继承纠纷、第三人撤销之诉等案件。一起宅基地发生几个案件，皆因背后有着巨大的拆迁利益：诉争的宅基地院落位于北京市副中心建设规划范围内，拆迁时可以得到一大笔的补偿，因此，各方费尽心机起诉分财产。却从来不顾及当时，其将房屋出售是为了救张某4生命。应该说当时出售者获得自己应该得到的利益并解决了当时的困境。但在过了20多年的情况下，却反悔确认合同无效。还活着的人在为了这些不应该得到的财产利益，浪费着大量的司法资源。

三、所有权确认第三人撤销之诉案例解析

案例3　房屋确权中遗漏当事人的调解书会被法院撤销

【案情简介】

李某1、邢某1系夫妻关系；李某2系李某1夫妇之子；李某2、岳某系夫妻关系，李某2系再婚。

诉争的51号院系李某1夫妇自邻居李×3处购得。对于院内房屋的来源，李某1夫妇主张系其所建，并申请数名证人出庭作证。李某2认可二人陈述；岳某不予认可，主张系其与李某2所建。

2007年5月，北京市××人民政府下发《宅基地临时准建证》，将51号院的宅基地户主登记为李某2。对此李某1夫妇认为宅基地临时准建证是由其申请的，李某2换名未征得其二人同意，其二人对此不知情。为此二人还申请证人田×出庭作证。李某2认可上述陈述及证言。岳某则均不予认可。

2008年9月26日，岳某与李某2登记结婚，婚后岳某、李某2、李某1、邢某1共同生活在51号院。后李某1夫妇于2009年搬离51号院后，岳某、李某2共同对51号院封闭彩钢顶，并将房屋对外出租。2010年6月5日，岳某（乙方）与李某2（甲方）签订财产协议，该协议载明："1.甲、乙双方的全部婚前财产（包括2007年5月9日经北京市××人民政府批准的编号为×××的宅基地临时准建证上所载明的甲方名下的五间房屋，占地面积199平方米），双方均确认为夫妻共同财产。2.甲、乙双方的全部婚后财产，归夫妻共同所有。"

2010年12月，李某1夫妇将李某2诉至一审法院，要求确认51号院内房屋归

其所有。经一审法院主持调解，双方当事人达成调解协议，一审法院据此作出（2011）大民初字第2008号民事调解书，确认："一、51号院的房屋归李某1、邢某1所有；二、案件受理费五百二十五元由李某1、邢某1负担（已交纳）"。

2012年12月，岳某向北京市第一中级人民法院对该民事调解书提起再审申请，经释明岳某撤回再审申请。2013年4月，岳某以第三人撤销之诉将李某2、李某1、邢某1诉至一审法院，形成本案。

【法院判决】

法院认为：根据《中华人民共和国民事诉讼法》第五十六条第三款："前两款规定的第三人，因不能归责于本人的事由未参加诉讼，但有证据证明发生法律效力的判决、裁定、调解书的部分或者全部内容错误，损害其民事权益的，可以自知道或者应当知道其民事权益受到损害之日起六个月内，向作出该判决、裁定、调解书的人民法院提起诉讼。人民法院经审理，诉讼请求成立的，应当改变或者撤销原判决、裁定、调解书；诉讼请求不成立的，驳回诉讼请求。"岳某未参加（2011）大民初字第2008号民事案件的审理确定无疑，所以，本案争议焦点为岳某是否系与上述民事案件的审理有利害关系而应参加上述民事案件审理的当事人。

对于宅基地上建造的房屋权属问题，应当根据申请审批表中在户人口、投资情况等综合判断，不应仅依据申请人的身份确定；在宅基地临时准建证上所载明户主为李某2的情况下，李某1夫妇未提供充分证据证明在岳某、李某2结婚前51号院内已存在房屋系李某1夫妇二人独自建造，故李某2与上述房屋存在利害关系；根据岳某与李某2签订的财产协议，双方之全部婚前财产均转化为夫妻共同财产，故岳某对上述房屋亦存在利害关系；而且，在李某1夫妇搬出51号院后，岳某、李某2又对51号院内房屋进行增建。综上，在（2011）大民初字第2008号民事案件审理时，岳某对51号院内房屋的权属确认具有利害关系，其应参加诉讼，根据《中华人民共和国民事诉讼法》第五十六条第三款，（2011）大民初字第2008号民事调解书应予撤销。

【简要评析】

提起第三人撤销之诉的法律依据为《中华人民共和国民事诉讼法》第五十六条第三款。该条规定的适用需满足两个基本条件：其一，提出撤销之诉的第三人因不可归责于本人的事由未参加诉讼；其二，必须以原判决、裁定、调解书的部分或者全部内容错误且损害其民事权益为理由。本案一、二审法院均围绕该二点进行讨论，进而支持原告的诉请撤销了原调解书。

【笔者建议】

目前许多涉及宅基地所有权确认、继承纠纷的案件中，原被告合谋，将利益关系人排除在案件外，对法院隐瞒相关的事实，进而取得一份将相关的权益人排除权利之外的法律文书。

需要提醒读者的是，当发现人民法院作出的判决、裁定、调解书侵犯了自己的权益后，应当在知道或者应当知道之日起六个月内向法院提起第三人撤销之诉。如果怠于行使该权利，也将失去请求法院撤销判决书或调解书的权利。

案例4　房屋确权诉讼时，故意隐瞒当事人的调解书予以撤销

【案情简介】

王某青、周某河系夫妻关系，周某臣系二人之子。

2004年5月17日，王某青、周某河将306号院内的房屋（北正房3间）出卖给了案外人王某瑞，价款28000元。

2006年1月23日，王某瑞将上述房屋出卖给了黄某琼，价款45000元，黄某琼占有该房屋后，对涉案房屋进行了翻建，翻建后该院内的房屋为倒座房3间，东厢房5间。

2008年12月4日，黄某琼将该房屋出售给了马某明，价款18万元。现该院落及房屋由马某明实际占有使用。

2016年8月24日，周某臣以所有权确认纠纷为由起诉王某青、周某河，称

位于北京市通州区宋庄镇辛店村306号院系登记在王某青名下，涉案院内正房三间系1973年所建，其与王某青、周某河于2010年对上述房屋进行翻建，翻建后为北排正房三间，双方共同出资翻建，现为明晰产权特起诉至法院，请求依法确认位于北京市通州区宋庄镇辛店村306号院内房屋的所有权。

2016年9月10日，法院经过调解作出了（2016）京0112民初32817号民事调解书，调解内容为“位于北京市通州区宋庄镇辛店村306号院内北排正房三间中西数第一、二间归原告周某臣所有，西数第三间归被告王某青、周某河所有”。

2017年9月13日，马某明诉至本院，认为上述调解书侵害了其合法权益，要求予以撤销。

【法院判决】

本案中，马某明通过购买的方式实际占有了涉案房屋，属于民事诉讼法规定的有独立请求权的第三人，有权提起第三人撤销之诉。对于（2016）京0112民初32817号案件，在房屋买卖关系未处理且周某臣、周某河、王某青亦未出资翻建涉案房屋，其要求确认所有权，依据不足，故对于马某明要求撤销调解协议内容的诉讼请求，于法有据，法院对此予以支持。

【简要评析】

因合法建造、拆除房屋等事实行为设立或者消灭物权的，自事实行为成就时发生效力。对当事人双方的诉讼标的，第三人认为有独立请求权的，有权提起诉讼。对当事人双方的诉讼标的，第三人虽然没有独立请求权，但案件处理结果同他有法律上的利害关系的，可以申请参加诉讼，或者由人民法院通知他参加诉讼。人民法院判决承担民事责任的第三人，有当事人的诉讼权利义务。前两款规定的第三人，因不能归责于本人的事由未参加诉讼，但有证据证明发生法律效力的判决、裁定、调解书的部分或者全部内容错误，损害其民事权益的，可以自知道或者应当知道其民事权益受到损害之日起六个月内，向作出该判决、裁定、调解书的人民法院提起诉讼。

根据相关司法解释的规定，判决、裁定、调解书的部分或者全部内容，是指判决、裁定的主文，调解书中处理当事人民事权利义务的结果。对第三人撤销或者部分撤销发生法律效力的判决、裁定、调解书内容的请求，人民法院经审理，请求成立的，撤销原判决、裁定、调解书内容的错误部分。

【笔者建议】

近年来，城镇化改造进程加快，许多村落拆迁在即，因当年宅基地确权登记误载、遗漏情形，势必将引发许多纠纷，如发现法院出具的判决或调解书侵害了自己的财产利益，可以通过第三人撤销之诉，维护自身的合法权益。

第三人撤销之诉是指非因自身原因没有参加到他人之间的审判程序，针对双方当事人之间生效裁决对其不利部分予以撤销的请求。提起第三人撤销之诉应注意的事项：

（一）适格主体：原诉讼当事人之外的第三人，原诉讼出具的裁决给自己带来损害，因不可归责于自己的事由而未受到程序保障。

（二）起诉期间：应当自知道或者应当知道其民事权益受到损害之日起六个月内起诉，六个月为除斥期间，无中断、中止或延长情形。

（三）管辖法院：第三人撤销之诉由作出生效判决、裁定、调解书的人民法院管辖。

（四）提供存在下列情形的证据材料：（1）因不能归责于本人的事由未参加诉讼；（2）发生法律效力的判决、裁定、调解书的全部或部分内容错误；（3）发生法律效力的判决、裁定、调解书内容错误损害其民事权益。

第三章　宅基地房屋买卖纠纷法律实务与案例解析

一、宅基地房屋买卖纠纷法律实务

在所有涉及宅基地的纠纷中，农村房屋买卖合同纠纷占绝对多数，许多律师在执业过程中均接手过农村房屋买卖合同纠纷的案件，但对于涉及宅基地买卖合同纠纷中细分类型的案件，却并不一定涉及过；许多法官在其职业生涯中都碰不上一例城镇居民购买农村宅基地房屋买卖合同有效的案件。

涉及宅基地买卖合同纠纷的案件，均以合同无效为原则，以认定有效为例外，这个原则几乎可以说是全国通用。笔者通过执业以来接触过的案例，并将同行们提供的涉及宅基地买卖合同纠纷的案件进行整理，结合司法实践中的实务，将涉及宅基地房屋买卖合同纠纷分为四类，便于读者与同行快速有效的查阅到自己关注的案件。

在司法实践中，第一类纠纷也是数量最多的农村房屋买卖合同纠纷案，系城镇居民购买农村宅基地房屋而发生的合同无效纠纷，这类纠纷，司法实践中绝大多数认定无效，认定为有效的少之又少。笔者有一个案例是认定为有效的，但经历十分曲折。但合同无效后的处理，各地法院不太相同，笔者会在后面结合案例进行详述。

第二类纠纷系外省市的村民到北京购买农村房屋而发生的合同无效纠纷，这类纠纷几乎与第一类纠纷处理原则基本一致，没有区别，以认定无效为原则，认定有效为例外。

第三类纠纷系外村村民购买本村村民宅基地房屋买卖合同纠纷，这类纠纷，购买方虽然属于同一个乡或镇，但由于不在一个村，不是本村的集体组织成员，因此，也是以认定合同无效为原则，以认定合同有效为例外。

第四类纠纷是本村村民购买本村的宅基地房屋而发生的纠纷，这里面又分两种情况，一种是购房人直接购买本村村民的房屋，这类买卖合同纠纷，法院均会认定为有效。另外一种是本村村民从城镇居民或其他外村村民处购买位于本村的宅基地房屋。这类纠纷，在司法实践中称作连环买卖案，目前北京的司法实践是，如果最后一手购买者系本村村民，除非有证据证明其购买的行为系恶意串通等原因被认定为无效外，合同均会认定为有效，

二、城镇居民购买农村宅基地房屋案例解析

案例5 为何户口迁到村里合同仍旧被认定为无效?

【案情简介】

车某与陈某玲系夫妻关系，二人均系北京市延庆区延庆镇王庄村村民，陈某玲系农业户口，车某系非农业户口。车某名下在王庄村29号拥有宅基地一处，该宅基地西邻车某1、东邻车某2。

2002年1月26日，陈某玲与王某雄签订了《契约》，载明：今有延庆镇王庄村陈某玲自有瓦房四间，西邻车某1、东邻车某2，房屋东西13.53米，南北5.72米，院落南北14.43米，现将延庆镇解放街新村6176号出售给王某雄，成交额3万元整。自即日起房屋所有权、水电和其他生活设施及院落使用权归王某雄所有，其税费及过户手续费由王某雄担负，如有违约行为其经济费用由陈某铃负担。成交后如发生纠纷，通过法律手段解决，成交后卖方一周内将房屋腾清。交款日期为2002年1月26日，协议自交款之日起生效。

王某雄于2002年11月25日将户口迁至北京市延庆区延庆镇王庄村29号，户口性质为非农业。王庄村村委会出具的《证明》称，王某雄在购买本案涉诉宅院后已成为王庄村集体经济组织成员。

2014年8月14日，王某雄、高某飞（两人系夫妻）与罗某涛签订了《房屋买卖合同》，约定将位于延庆区延庆镇王庄村29号的本案诉争房屋及宅院以160万元的价格卖与罗某涛。王某雄为罗某涛出具了收条，并将本案诉争宅

院的集体土地建设用地使用证交给了罗某涛。之后罗某涛将原有房屋全部拆除，建成了二层楼房，该房屋于2018年3月被拆迁。

【法院判决】

一审法院认为，车某与陈某玲将诉争房屋卖与王某雄，当时王某雄并非王庄村集体成员，该买卖合同应属无效。其后王某雄将户口迁入王庄村，但其户籍仍为非农业性质，且综合本案的全部证据，难以充分证实王某雄取得王庄村村民资格，故王某雄户籍的变化难以改变其与车某与陈某玲之间房屋买卖合同无效的结果。该买卖合同无效后，进而影响到王某雄、高某飞与罗某涛之间买卖合同的效力，而三人均非王庄村集体成员，其就诉争房屋所签订的买卖合同亦属无效。依照《合同法》第五十二条规定，判决：一、陈某玲与王某雄就北京市延庆区延庆镇王庄村29号房屋及院落签订的买卖协议无效；二、王某雄、高某飞与罗某涛就北京市延庆区延庆镇王庄村29号房屋及院落签订的买卖协议无效。

二审法院认为，违反法律、行政法规的强制性规定的，合同无效。宅基地使用权是集体经济组织成员享有的权利，与特定的身份关系相联系，不允许转让。农村宅基地上房屋的买卖涉及宅基地的流转。农村宅基地上的房屋，依法出售给本集体经济组织成员时，合同有效；如果出售给宅基地所在集体经济组织成员以外的人员，因违反了法律、行政法规的强制性规定，合同原则上无效，只是在特定情形下合同有效。比如：1.诉讼时买受人已经成为宅基地所在集体经济组织成员；2.买受人的配偶为宅基地所在集体经济组织成员；3.多次买卖后最终买受人为宅基地所在集体经济组织成员；4.1999年1月1日《土地管理法》修订之前回乡落户的干部、职工、退伍军人、华侨以及港澳台同胞购买农村房屋；5.1999年1月1日《土地管理法》修订之前，买受人符合《土地管理法》及实施条例规定的条件并办理了相关审批手续。

本案中，陈某玲与王某雄签订的《契约》和王某雄、高某飞与罗某涛签订的《房屋买卖合同》，签订时间分别在2002年和2014年，不符合上述合同有效的第4种和第5种特定情形。在两次买卖后最终买受人罗某涛不是宅基地所在集体经济组织成员，不符合上述合同有效的第3种特定情形。陈某玲与王某雄签订《契约》时，高某飞作为王某雄的配偶，亦不是宅基地所在集体经济组织成员，不符合上述合同有效的第2种特定情形。

单位向人民法院提出的证明材料，应当由单位负责人及制作证明材料的人员签名或者盖章，并加盖单位印章。王庄村村委会出具《证明》称王某雄在购买诉争院落后已成为王庄村集体经济组织成员，但是《证明》仅加盖了王庄村民委员会的印章，无单位负责人和制作证明材料的人员的签名或者盖章，不符合证据的法定形式要件。王庄村村民陈某林接受法院询问时表示王某雄是王庄村集体经济组织成员。但是，村民之间可能存在复杂的利益冲突或恩恩怨怨，客观上有亲疏远近之分，受此影响，证明某人是否为某集体经济组织成员，不能单凭村民委员会提出的书面证明材料或个别村民的证人证言，而应看是否有能够证明该人实际享受了集体经济组织成员权益的客观证据，比如领取分红款、大米等的账目凭证；是否有能够证明该人加入该集体经济组织的相关记载或文件，比如村民会议记录；是否有能够证明该人成为该集体经济组织成员的特定事实，比如与某集体经济组织成员结婚。因此，在无其他证据佐证王某雄系王庄村集体经济组织成员的情况下，二审法院对《证明》和陈某林的证言均不予采信，认定王某雄不是王庄村集体经济组织成员，不符合合同有效的第1种特定情形。罗某涛亦未提供证据证明案涉合同存在其他有效的特殊情形。综上所述，陈某玲与王某雄签订的《契约》和王某雄、高某飞与罗某涛签订的《房屋买卖合同》应属无效，一审法院判决陈某玲与王某雄签订的买卖协议以及王某雄、高某飞与罗某涛签订的买卖协议无效正确，二审法院予以确认。罗某涛有关高于市场价格购买、投入巨资翻建、原有房屋已不存在等上诉理由，均不影响案涉合同的效力，二审法院均不予采信。

【简要评析】

本案中，一审法院“简单粗暴”的认定王某雄虽然将户口迁入王庄村，但其户籍仍为非农业性质，且综合本案的全部证据，难以充分证实王某雄取得王庄村村民资格，进而认定其无购买宅基地的主体资格。二审法院在论证的过程中，引用了北京市高级人民法院内部对宅基地买卖合同有效的例外规定，进而一一进行排除其有效的可能，特别是对第一项，即证明迁入户口及村委会提供的证明并不能确认王某雄系集体组织的成员。因此，确认王某雄购买原告宅基地的行为无效，而后手罗某涛也不是本村集体组织成员，因此，后手的协议也无效。

【笔者建议】

对于一个案件而言，诉讼策略与思路、证据的组织等，对于案件的走向有着深远的意义。公民户口迁回集体经济组织后，应当具备村集体组织成员的相关的权利，因此，在该案中，接手案件后，应尽可能地找到村委会，开具二份证明，一份是有选举权与被选举权的证明，一份是享受村集体组织成员福利待遇的证明。

本案中，王某雄是有机会赢得诉讼的，其条件具备了认定合同有效的要素，只需要在证据方面加以完善，就有很大的机会胜诉。事实上，该案的第一次一审，王某雄胜诉，但因一审法院遗漏了当事人，并且因村委会的《证明》不符合证据的形式要件，导致北京市第一中级人民法院发回重审，进而在后面的诉讼中全面失守导致失利。

案例6　城镇居民购买农村宅基地房屋，购房合同可以认定为有效

【案情简介】

何永某与陈淑某生有二子三女，分别为何德1、何德2、何淑1、何淑2、何淑3。何永某与陈淑某分别于1996年和1993年去世，何永某1994年写有遗嘱，将北街村6号院给何德1继承。何德1配偶为冯某、女儿为何颖某。何德1在1999年将诉争的房屋以5万元的价格出售给本村的居民王长某，王长某于2000年将诉争的房屋以10万元出售给本案的第三人郑金某与班某（两人系夫妻）。

2009年12月，何德1的配偶冯某及女儿何颖某起诉王长某、郑金某、班某，要求法院确认合同何德1与王长某签订的房屋买卖合同无效，要求郑金某、班某腾退诉争的房屋及院落。

后法院依法追加何永某的另外子女何德2、何淑1、何淑2、何淑3为原告，何淑2、何淑3向法院明确放弃所有的权利与义务后，本案原告为冯某、何颖某、何德2、何淑1，被告王长某，第三人郑金某、班某。

【各方观点】

原告冯某及何颖某认为王长某系城镇居民，第三人郑金某也系城镇居民，其不具备购买农村宅基地房屋的资格，何德1与王长某之间买卖合同、王长某与郑金某之间的买卖合同没有经过有关管理机关的登记备案，城镇居民购买农村宅基地违反法律规定与政策，因此合同应当认定为无效。

原告何德2、何淑1认为何德1未经他们同意将诉争的房屋进行出售，也未分到5万元的房款，要求确认何德1与王长某、王长某与郑金某之间的合同无效，但不同意返还购房款给王长某。王长某、郑金某系城镇居民，不具有购买农村房屋的资格，其购买农村房屋的行为违反了《土地管理法》的强制性规定，合同应认定为无效。

被告及第三人认为：合同应当认定为有效，1975年，王长某及郑金某均因招工转成了非农业户口，但一直居住在北街村，享有村民的权利并履行村民的义务。并且郑金某在2002年时取得了乡政府的建房审批表，无论是村委会、还是乡政府，均认定了第三人郑金某的村民身份。唯一没变的只是户口本上城镇居民未变更为农民而已，但郑金某及其配偶班某的户口已迁入诉争的房屋。

【法院判决】

朝阳区人民法院于2010年开始审理本案，于2011年出具一审判决，认定王长某、郑金某为非农业户口，王长某、郑金某购买诉争的房屋，违背了宅基地享有主体的特定性，因此判决合同无效，返还购房款5万元，第三人郑金某腾退房屋。

第三人郑金某、班某不服，向北京市第二中级人民法院提起上诉，上诉理由为：郑金某作为本村原村民，于1975年招工到首钢上班，后因首钢外迁只好回村里生活。因无宅基地向村里审批时，正好有王长某出售，而王长某也跟郑金某一样系招工后变成城镇居民，也系下岗后回村生活居住。因此村委会同意郑金某购买该宅基地。2002年，乡政府也同意郑金某进行翻建并出具了相应的审批手续，户口已迁入诉争的房屋，居住十年以上。因此，一审法院仅仅以郑金某，王长某系非农业户口就认定合同无效，有悖于事实，也不利于合同的稳定。请求法院依法撤销一审判决。北京第二中级人民法院于2011年7月以部分事实需进一步查清为由，撤销了朝阳区人民法院的一审判决，发回重审。

发回重审后，朝阳区人民法院重新组织合议庭，追加了何德2、何淑1为原告。经审理后认为：王长某、郑金某原系本村村民，后因历史原因转为居民户口，根据村委会出具的证明可以看到，两人均在该村居住生活，享有村民权利并履行村民义务，因此购买诉争的房屋不违反法律强制性规定，故驳回原告的全部诉讼请求。

原告冯某、何颖某、何德2、何淑1不服一审判决，提起上诉，北京第二中级人民法院经审理后，认为何德1与王长某、王长某与郑金某之间的协议系双方真实意思表示，且两份协议早已履行完毕多年。本案证据显示王长某、郑金某原系本村的农民，和何德1一样因历史原因转为居民户口，现郑金某、班某的户口已迁入诉争的房屋，二人在该院落居住生活已长达十余年，基于上述情形，两份售房协议不宜认定为无效合同，故驳回上诉人冯某、何颖某、何德2、何淑1的上诉，维持原判。

原告冯某、何颖某仍旧不服，以原判决认定事实不清，适用法律错误，司法不公正，及财产所有权的取得不得违反法律规定和政策为由向北京市高级人民法院提起再审申请，北京市高级人民法院认为，何德1与王长某签订的《售房协议书》、王长某与郑金某签订的《售房协议书》均系双方真实意思表示，且两份协议早已履行完毕多年，合同不宜认定为无效。关于冯某、何颖某、何德2称王长某、郑金某并非该村农民，故两份《售房协议书》违反法律强制性规定应属无效的主张，本案证据显示，王长某、郑金某原是后街村农民，和何德某一样因历史原因转为居民户口，现郑金某、班某的户口已迁入诉争房屋，二人在该院落内居住生活已长达十余年，基于上述情形，本案两份《售房协议书》不宜认定为无效合同，故对冯某、何颖某、何德2的该项主张，一、二审法院未予支持并无不当。驳回了冯某、何颖某的再审申请。

原告何德2以农村宅基地只能在具有农民身份的本集体经济组织成员间流转，城镇居民依法无权购买；两次房屋买卖协议因违反法律的强制性规定，应归于无效；违法行为持续时间长短，不应成为认定房屋买卖有效与否的标准；两审法院将两次房屋买卖认定为有效系对违法行为的纵容和怂恿为由向北京市高级人民法院提起再审，北京市高级人民法院以冯某、何颖某再审的理由相同驳回了何德2的再审申请。

【简要评析】

本案历经一审，二审，发回重审一审，二审，再审，走完了法律规定的所有的程序，最终结案。通过本案可以看到：

并非所有的城镇居民买卖宅基地属于当然的无效。

根据北京市高级人民法院2004年12月15日京高法发[2004]391号规定，认定宅基地买卖合同以无效为原则，以认定有效为例外，如买卖双方都是同一集体经济组织的成员，经过了宅基地审批手续的，可以认定合同有效。

因此，在实践中，对于城镇居民购买农村宅基地合同，并非当然的无效，需要结合实际情况来判断。

【笔者建议】

本案是笔者代理的一起成功的城镇居民购买农村宅基地房屋被认定为合同有效的案例，在涉及宅基地房屋买卖纠纷判决中并不多见。结合案件向读者分享以下经验：

一是要重视证据材料的收集。

笔者从2010年1月接手该案，从一审开始就按《北京市高级人民法院关于印发农村私有房屋买卖纠纷合同效力认定及处理原则研讨会会议纪要的通知》的精神，对照合同有效的例外规定进行准备，指导当事人组织证据材料，收集关于诉争宅院的材料，进而证明王长某、郑金某在该村享有村民的地位，将乡政府翻建审批表、户口迁入等作为有力的证据进行使用，从而在发回重审之后的一审、二审、再审中立于不败之地。

二是专业的判断极为重要。

在笔者接手该案时，当事人郑金某咨询过很多律师，均认为无任何的机会，肯定属于合同无效。当事人郑金某在听完笔者的专业分析后，立刻决定委托笔者作为其诉讼代理人。在一审判决合同无效后，当事人仍旧选择相信律师的判断。配合律师用充分的事实及理由准备好上诉状。北京市第二中级人民法院在开庭听取笔者的上诉意见后，撤销了一审判决并发回重审。因此，专业的判断对于案件的走向有着极为重要的意义，本案之所以能最终获得法院认定诉争合同为有效，除了扎实的证据基础，还有着专业的判断。事后证明，笔者的绝大多数的论点、论据均被一、二审法院及北京市高级人民法院采纳。

本案是在农村房屋买卖合同众多案例中，为数不多的城镇居民购买宅基地房屋而被判决合同有效的案例，除了诉争的宅基地购买人情况较为特殊外，跟笔者从案件一开始就进行扎实的证据组织与专业的判断有关。

案例7　法院判决宅基地房屋买卖合同无效后，合同无效的后果在拆迁时再解决

【案情简介】

位于北京市通州区宋庄镇任庄村后街×号有院落一处，该院落的集体土地建设用地使用证上登记的土地使用者为宗某。2003年6月6日，宗某与王某签订《买卖房屋协议书》一份，该协议载明："甲方任庄村村民宗某将闲置的前院正房肆间54号院，箱房肆间，包括院墙……总计卖价叁万玖仟伍佰

元，现款笔下交清……前院房屋四至：东至空地，南至道，西至道，北至任玉山，如果因国家占地拆迁或其他原因动用，一切利益归乙方王某所有，任何其他人员不得干涉。如果乙方王某将房屋卖出，任某优先购买，此协议一式两份，甲乙双方各一份。2003年6月6日。”王某、宗某、任某在落款处签字。协议书上还有北京市通州区宋庄镇任庄村民委员会（以下简称任庄村委会）负责人签字，并加盖了任庄村委会公章。

上述协议签订后，双方依约履行了协议，之后该院落一直由王某占有使用。2003年10月12日，任庄村委会在涉案院落的集体土地建设用地使用证变更记事事项处登记：原宗某私有财产正房4间、厢房4间，使用面积210平方米及其他建筑物卖给北京市朝阳区小亮马桥居×号王某，此房屋×号院所有权归王某所有，特此变更，并加盖任庄村委会公章且村委会负责人签字。

另查，王某不是涉案房屋所在任庄村的集体经济组织成员。

【法院判决】

一审法院认为：违反国家法律、行政法规强制性规定的合同应属无效。农村房屋买卖必然涉及宅基地使用权的处分，根据我国土地管理法、物权法的规定，农村宅基地的所有权属于集体所有，农民集体所有的土地的使用权不得出让、转让或出租用于非农业建设，所以农村宅基地使用权人在对宅基地行使收益和处分权利时，应当受到严格的限制，但在处理具体案件时应当结合个案不同的实际情况综合加以判断。本案中，王某不是涉案宅基地所在任庄村委会集体经济组织成员，不享有对涉案宅基地的使用权资格。虽然双方在签订涉案合同时，经过了任庄村委会的同意，但这并不代表王某成为任庄村委会集体经济组织成员，不能当然获得涉案宅基地的使用权资格。故宗某与王某于2003年6月6日签订的《买卖房屋协议书》系无效合同，且宗某、王某对合同无效均有过错。

对于宗某要求确认双方签订的农村房屋买卖合同无效的诉讼请求，本院予以支持。庭审过程中，宗某向本院提起了关于评估涉案房屋价值的鉴定，在目前宅地一体的情形下本院经综合考虑不予准许。原因如下：第一，鉴定农村房屋市场价值必须有该房屋所在区域的区位补偿价，但目前涉案房屋不涉及拆迁，其所在区域没有明确的区位补偿价，无法直接通过鉴定对房屋价值进行合理评估；第二，北京市通州区正在进行城市副中心建设，涉及大规模的占地拆迁，土地及农村房屋价值涨幅较大，不宜仅参考临近区域价格对涉案房屋进行估值。

对于宗某提出的要求王某腾退房屋的诉讼请求，本院不予支持，理由如下：第一，按照我国法律规定，合同无效后的法律效果需要一并处理，但在农村房屋买卖合同案件中，为保证公平公正，应将赔偿和腾退房屋一并处理。目前由于无法评估涉案房屋的价值，宗某无法对王某进行合理赔偿，故对于宗某要求王某腾退房屋的诉讼请求，证据不足，本院不予支持。

第二，涉案房屋买卖行为发生在2003年，钱物两清。2003年发生的行为虽在法律上无效，但系双方真实意思表示。该行为发生至今已经15年，涉案房屋始终由王某修缮居住。宅基地使用权作为一种用益物权，具有福利和社会保障功能，防止农民因出卖房屋失去土地及房屋致贫。本案中宗某在出卖房屋后，2017年之前从未主张房屋相关权利，现因其他原因违背曾经自愿订立的契约，不认可2003年的房屋出售行为，虽目前法律上确认房屋买卖合同无效，但宗某的行为不符合诚实守信、公平合理原则。综上，宗某要求王某腾退涉案房屋及院落的诉讼请求，本院不予支持。

特别需要指出的是，涉案房屋买卖合同虽然无效，但由于无效后的法律后果尚未处理，且涉案房屋的腾退问题应与补偿问题同时解决为宜，涉案房屋并未实际腾退，应由王某继续占有使用。宗某在合同无效法律后果处理之前，无权仅依据合同无效向王某或相关机关主张涉案房屋的有关权利。

二审法院认为：违反国家法律、行政法规强制性规定的合同属无效合同。王某并非涉案房屋所在集体经济组织成员，宗某与王某所签合同应属无效。根据合同法相关规定，因无效合同取得的财产，应当予以返还；不能返还或者没有必要返还的，应当折价补偿。本案中，因涉案房屋价值在诉讼阶段无法评估，一审法院考虑涉案房屋现状以及双方签订《买卖房屋协议书》

的意思表示、协议履行状况等因素，判令驳回宗某要求王某腾退涉案房屋及院落的诉讼请求并无不妥。

【简要评析】

本案属于“宋庄房讼”案的延续。主要原因是近年来宅基地拆迁利益太大，让卖房人实在按捺不住获得暴利的心，因此，纷纷找律师要求收回房屋；有些过分的，直接就堵门或强占购房人的宅基地院落。究其原因，利益驱动而已。

“宋庄房讼”案，开创了农村房屋买卖合同认定无效后，区位评估价的70%归购房人的创举，让村民想通过确认合同无效后以极低的价格收回房屋的如意算盘落空。

选取本案，是因为该判决将评估鉴定申请的问题、合同无效后腾退的问题，腾退后由谁占用收益的问题，全部一次性解决了，不失为一份好的判决。

三、外村村民购买农村宅基地房屋案例解析

案例8　一户一宅系管理性强制规定，不是效力性强制规定

【案情简介】

1995年3月21日，冯某与鲍某军自愿签订《买卖房屋协议书》，冯某将位于北京市顺义区杨镇地区某某号宅院内的正房五间、厢房三间卖予鲍某军，鲍某军给付冯某4万元，冯某将集体土地建设用地使用权证交予鲍某军，双方办理了《北京市房屋契证》、《买卖房屋草契》；2006年4月30日，鲍某军将上述宅院内正房五间、厢房三间卖予孟某云，双方签订《买卖房屋协议》，经中间人王某怀、杨某宁，孟某云给付卖房款七万一千元，鲍某军将集体土地建设用地使用权证、冯某与鲍某军的《买卖房屋草契》、《北京市房屋契证》及冯某与鲍某军买卖房屋协议均交予孟某云。

鲍某军系北京市顺义区杨镇地区二郎庙村村民，孟某云系北京市顺义区杨镇地区老庄户村村民。

鲍某军向法院明确表示，在购买涉诉宅院房屋后，没有对房屋进行翻建，后卖予孟某云时仍为原五间正房、三间厢房。

孟某云向法院明确表示购买时涉诉宅院内有正房五间、厢房三间，后进行了加建加盖。

【法院判决】

一审法院认为：农村宅基地属农村集体经济组织所有，该集体经济组织成员享有宅基地使用权。冯某红、冯某君、冯某福不认可冯某与鲍某军之间的《买卖房屋协议书》和鲍某军与孟某云之间的《买卖房屋协议》有效，认为孟某云虽为老庄户村村民，但鲍某军非该村村民，孟某云、鲍某军均认为买卖房屋协议有效。法院审核后认为，孟某云系涉诉宅院所在的老庄户村村民，系该集体经济组织的成员，涉诉宅院的集体土地使用权现归于孟某云，符合法律对农村宅基地使用权限于集体经济组织成员享有的规定，因此，法院认为，孟素云购买涉诉宅院房屋的买卖协议系有效，不违反法律规定，法院对此不持异议，予以确认。

二审法院认为：本案系对于农村房屋的连环买卖纠纷，应该联系在一起从整体上予以考虑和认定。

其一，我国土地管理法以及相应的政策法规之所以对于农村房屋买卖加以限制，主要是为了防止在房地一体主义下因为农村房屋买卖而导致土地流失到集体经济组织之外，损害集体经济组织权益。本案中，房屋的最终买受人孟某云系涉案房屋所在村集体经济组织成员，冯某将涉案房屋出售并最终由孟某云购买的系列交易，并未导致集体经济组织所有的土地流失或集体经济组织权益受损。

其二，我国土地管理法虽规定了“一户一宅”的宅基地使用原则，但并无禁止集体经济组织成员之间相互购买宅基地及地上房屋的强制性规定，且该法律规定非效力性强制性规定，而属于管理性强制性规定，故以农村房屋仅能“一户一宅”为由主张涉诉协议无效的意见，本院不予采纳。

其三，当事人一方以出卖人缔约时对标的物没有所有权或者处分权为由，主张某合同无效的，人民法院不予支持。故以冯某无权处分为由主张某合同无效，本院不予支持。

综上，孟某云与鲍某军、冯某关于北京市顺义区杨镇地区老庄户村环镇北街16号宅院内的五间正房、三间厢房的房屋买卖协议，系双方真实意思表示，不违反法律、行政法规的强制性规定，应为有效合同，本院予以确认。

【简要评析】

本案与前述连环买卖的案例相似，但区别在于二手购房人是在原房主提出确认合同无效之前就完成了购买，并在宅基地上进行了翻建与增建。目前审理该类连环买卖纠纷，法院大体都会将他们作为一个整体进行考虑和认定，即无论经过几手，最后一手的买卖如果又回到了本村的村民手里，除非原房主有足够的证据证明推翻后手的买卖系恶意串通，否则，法院基本上会认定前手无效，后手有效，而且前手无效不会影响后手的有效认定。

案例9 虽为同一区县的农村村民，宅基地房屋买卖合同可以认定为有效吗？

【案情简介】

2001年6月3日，顾某与陈某签订房屋买卖协议，约定：售房人顾某托中间人通过村负责人共同协商，同意出卖坐落在南火垈村后街东至杨某林、西至刘某、南至道、北至道，四至分明砖房，此房产凭中间人作卖价人民币15000元1套卖给陈某。陈某当中间人面将人民币15000元1套一次性付清不欠，此房产归于陈某名下，永远居住，无其他人相干，此系双方情愿，愿各无反悔，口说无凭，立字为据。

南火垈村××号院登记的土地使用者为顾某。顾某系北京市通州区张家湾镇南火垈村农民，陈某非该村农民。

庭审过程中，陈某向法院提交南火垈村委会于2017年11月16日出具的证明、居民供用电合同及电卡、购电记录、“煤改电”收据及协议、房屋现状的照片等，上述证据用以证明陈某对涉案房屋进行了翻建，并一直在涉案房屋内居住。其中村委会证明载明：兹有陈某于2001年购买村民顾某宅基地一处，院内原有前排三间正房，后排正房三间、西厢房三间，陈某于2005年翻建前排，翻建后四间正房，三间厢房，于2008年翻建后排，翻建后正房四间，东西厢房各三间。经法院核实，陈某及家人目前在涉案房屋内居住，系其唯一的住房。

【法院判决】

法院认为：违反法律、行政法规的强制性规定的合同无效。农村房屋买卖必然涉及宅基地的转让，根据相关法律规定，宅基地使用权是相应集体经济组织成员享有的权利，与特定的身份相联系，不允许转让。本案中买卖双方非同一农村集体经济组织成员，故双方签订房屋买卖协议因违反行政法规的强制性规定而无效。顾某要求确认涉案房屋买卖协议无效的诉讼请求合理，本院予以支持；合同无效后，因合同取得的财产，应当予以返还。但根据查明的事实，陈某购买涉案房屋后出资进行了翻建，且涉案房屋现为其及家人的唯一住房，目前尚不具备腾退的条件，故对顾某同时要求陈某腾退返还房屋的诉讼请求，本院暂不予支持。

【简要评析】

根据北京市高级人民法院会议纪要的规定，农村房屋买卖合同纠纷，以认定无效为原则，认定有效为例外。除了本村集体组织成员购买农村宅基地外，一般均认定为无效。本案中，购买方陈某虽然为村民，但其户口不在北京市通州区张家湾镇南火垡村，因此并非同一集体组织的成员，因此，其购买火垡村宅基地的行为应属无效。法院考虑到其翻建了房屋，并且系其唯一的住房，如果判决合同无效时一并处理合同无效的后果，即腾退房屋并进行评估，对于购房者来说显然会造成极大的困难，法院从公平公正的角度，只处理合同无效，将合同无效的后果放在拆迁之时，体现了司法的公平公正。

【笔者建议】

被告的代理律师是笔者多年前的同事，之前经常讨论宅基地买卖合同纠纷的案例。对于购买方而言，除非能被认定为合同有效的例外，维护购房人最大的经济利益，应当成为代理人的主要方向。本案中，很显然不具备认定合同有效的条件，缺少一个笔者认为较为核心的条件——如果陈某能将其户口迁入至火垡村，那么该案就基本具备认定合同有效的条件。

四、外省农村村民购买农村宅基地房屋案例解析

案例10　外省市的村民没有购买农村宅基地房屋的主体资格

【案情简介】

杨某与邱某1原系夫妻关系，婚后育有子女二人，即长女邱某2、长子邱某3。邱某2与赵某系夫妻关系。

王某在北京市房山区城关街道饶乐府村二区125号建有宅院一处，其中北房四间、东西棚子各一间、厕所一间。1990年6月23日，王某与邱某1在北京市房山区房地产交易所签订房产卖契一份，以1万元的价格将上述宅院售予邱某1，该份卖契经北京市房山区人民政府房山街道办事处、北京市房山区人民政府审核同意后邱某1交纳相应契税。1990年6月24日，邱某1向王某支付了购房款。

取得上述宅院后，邱某1将院内东西棚子拆除，新建东房两间。2008年11月7日，邱某1与杨某离婚，约定北京市房山区城关街道饶乐府村二区125号宅院归杨某所有。后杨某、赵某与张某签订房屋买卖合同一份，以13万元的价格将上述宅院售予张某。

另查明，张某户籍所在地为河北省定州市清风店镇王庄村1区105号。

【法院判决】

一审法院认为，违反法律、行政法规强制性规定的合同应属无效。农村房屋的买卖涉及相应宅基地使用权的转让，而宅基地使用权是集体经济组织成员享有的权利，与该集体经济组织成员的特定身份相联系。根据查明的事实，张某不是涉案宅院所在集体经济组织成员，因此张某不具备取得相应宅

基地使用权及购买案涉房屋的主体资格。杨某、赵某以此为由要求确认其与张某之间的买卖房屋协议书无效，理由正当，证据充分，法院予以支持。一审法院于2019年5月判决：杨某、赵某与张某签订的关于北京市房山区城关街道饶乐府村二区125号宅院的房屋买卖合同无效。

二审法院认为本案的争议焦点为：杨某、赵某与张某签订的房屋买卖合同是否无效。根据已查明的事实，张某并非案涉房屋所在地的集体经济组织成员。法律规定，宅基地使用权是集体经济组织成员享有的权利，与该集体经济组织成员的特定身份相联系。故一审法院以张某不具备购买案涉房屋的主体资格，支持了杨某、赵某要求确认其与张某签订的买卖房屋协议无效的请求，并无不当，本院予以维持。

【简要评析】

对于农村宅基地使用权而言，因其有强烈的福利特性，只能是本村的集体组织成员才拥有。除本村村民之外的村民、城镇居民，只有极特殊的情况才能购买宅基地房屋。本案中，由于张某系外省市的村民，不具备购买宅基地的主体资格，因此，一、二审法院均以违反合同法第52条之规定确认合同无效，但合同无效后的后果并没有在本案进行处理。

【笔者建议】

对于想拥有一块宅基地的城市居民或外地来京的农村村民或居民来说，可以在合同中约定售房人违反约定后付出更大的违约成本，因此，在购房时，找一位有经验的律师草拟相应的协议，让自己的权益得到更大的保障。

案例11　外省的村民购买宅基地，合同应认定为无效

【案情简介】

董某系北京市通州区宋庄镇辛店村农民。2001年6月15日，董某作为卖方、毕某作为买方，双方签订《房屋买卖契约》，约定：董某将个人所有的旧房16间以45000元的价格卖给买方毕某；合同还约定了其他事项。此外，涉

案买卖合同加盖有字样为“北京市通州区宋庄镇辛店村民委员会”的印章一枚。上述合同签订后，双方依约履行合同。

董某的配偶周某向法院提交落款时间标称为2002年4月11日的《辛店村集体房屋财产拍卖协议书》（以下简称拍卖协议）一份。并主张，董某在2001年前即已经与辛店村委会达成了包括本案涉案房屋内的原辛店村老大队办公旧址房屋的买卖手续，并于2002年4月11日补签了涉案拍卖协议。

董某与周某系夫妻关系，二人育有长子周某1、次子周某2、女儿周某3。董某于2019年2月25日因病去世。

另查，被告毕某系吉林省东辽县户籍，不是涉案房屋所在村的集体经济组织成员。

【法院判决】

法院认为，违反国家法律、行政法规强制性规定的合同应属无效。农村房屋买卖必然涉及宅基地使用权的处分，根据我国土地管理法、物权法的规定，农村土地的所有权属于集体所有，农民集体所有的土地的使用权不得出让、转让或出租用于非农业建设。依据本案查明的事实，涉案房屋所依附的土地为辛店村村集体所有的土地，而被告毕某并非辛店村集体经济组织成员，董某将该集体所有的土地及其地上房屋转让给非本集体经济组织成员毕某，明显违反了我国法律、行政法规的强制性规定，应属无效。现董某已去世，周某1作为董某的继承人，有权主张确认合同效力。故对于原告周某1要求确认涉案农村房屋买卖合同无效的诉讼请求，本院予以支持。但需要指出的是涉案房屋买卖合同虽然无效，但由于无效后的法律后果尚未处理，原告周某1无权仅根据合同无效向被告毕某或相关机关主张涉案房屋的有关权利。

【简要评析】

本案系宋庄房讼案的延续案件之一，辛店村作为当年宋庄房讼案第一起农民起诉艺术家李玉兰案的所在村，笔者非常的熟悉。也代理过该村的许多艺术家或村民。本案中，法院认定毕某系吉林人，非辛店村的村民，因此判决合同无效，但为了保证毕某的合法的权益，作出了原告无权根据合同无效向毕某或相关机关主张涉案房屋的有关权利。应该说，法院注意到保护购房人的利益。

但有一点需要注意的是，法院是通过公告送达的方式通知被告毕某，我个人认为欠妥。作为对宋庄地区非常熟悉的律师，通过打听，很容易就可以联系上被告，事实上，被告及其家属就住在辛店村。

【笔者建议】

本案的原告采取公告送达被告的方式，取得一纸判决，因此，建议购买了宅基地院落的读者，可以采取以下方式规避风险：

第一，购买宅基地后如果自己不住，最好出租给熟悉的朋友或可靠的房客，这样，法院找不到被告时，一定会前往诉争的宅院张贴公告或送达起诉状；

第二，如原房主找过购买方要求收回房屋，那么很可能他们会采取诉讼的方式，一般情况下，为防止出现公告送达的方式，购房人可以时不时上“人民法院公告网”（https：//rmfygg.court.gov.cn）查询，将自己的姓名及身份证号码输入进去，即可查询到自己是否涉诉；

第三，在原房主表现出想收回宅院后，考虑在自己宅院的门前安装一监控，时刻关注自己宅院的相关情况；

第四，如发生诉争的房屋被原房主以法定继承、分家析产纠纷为由进行了确权，第一时间找到律师，要求第三人撤销之诉，确认其调解或判决无效，要求撤销。

五、本村村民购买宅基地房屋案例解析

案例12　将宅基地卖给本村村民，合同有效原房主无权收回

【案情简介】

1997年3月9日，李某强（卖房方）与李某、李某梅（买房方）签订《买

卖房屋协议书》，约定沟渠庄村民李某梅购买本村李某强家房屋等内容。协议由李某梅的父亲李某代签字。

2017年左右，李某梅与李某强签订《买卖房屋协议书》，内容与1997年签署的《买卖房屋协议书》一致。

另查，李某与韩某伶系夫妻关系，二人共生育子女二人即李某梅、李某雪。李某于2016年因死亡注销户口，李某之父母先于其去世。李某梅系北京市通州区某镇某村农民。

李某梅称其于2007年新建了前排房四间，前排倒座房四间，锅炉房一间，后又翻建北房五间，其自己出资翻建，房本上是北边正房五间。

【法院判决】

一审法院认为，本案的争议焦点在于：一是确定《买卖房屋协议书》的买方；二是《买卖房屋协议书》的效力；三是涉案房屋的权属。

关于争议焦点一，根据《民法通则》第63条“公民、法人可以通过代理人实施民事法律行为。代理人在代理权限内，以被代理人的名义实施民事法律行为。被代理人对代理人的代理行为，承担民事责任。依照法律规定或者按照双方当事人约定，应当由本人实施的民事法律行为，不得代理”、第65条“民事法律行为的委托代理，可以用书面形式，也可以用口头形式。法律规定用书面形式的，应当用书面形式。书面委托代理的授权委托书应当载明代理人的姓名或者名称、代理事项、权限和期间，并由委托人签名或盖章。委托书授权不明的，被代理人应当向第三人承担民事责任，代理人负连带责任”的规定。因此一审法院认为《买卖房屋协议书》的合同的买方主体为李某梅。李某与李某梅构成代理人与被代理人关系，李某签字的行为直接约束李某梅，应由李某梅承担民事责任。

关于争议焦点二，根据查明的事实，李某强将登记在其名下的房屋出售给李某梅，系双方当事人真实意思表示，且不违反法律法规的强制性规定，李某强亦未就双方的买卖行为符合合同无效的情形提交相关证据予以佐证。李某强认可已经将涉案房屋出售，双方的买卖行为与协议载明的内容相吻合，且李某梅系本村农民，房屋购买后一直由李某梅居住在涉案房屋，双方签订的关于房屋买卖的《买卖房屋协议书》应属合法有效。

关于李某强主张李某梅家中已经有宅基地，故合同无效的答辩意见，因农村村民一户只能拥有一处宅基地的相关法律规定，是农村集体土地方面的管理性规定，并非效力性规定，李某强以合同违反了该规定为由认为双方所签协议无效，依据不足，法院不予支持。

关于争议焦点三，李某梅作为《买卖房屋协议书》的买方和本村村民，有权依据合同取得涉案房屋的所有权。关于李某雪辩称的涉案房屋属于遗产的答辩意见，因涉案房屋属于李某梅所有，不属于李某的遗产。故对其该项答辩意见，法院不予支持。关于李某梅新建房屋，涉及规划审批，另行处理。

综上所述，一审法院判决：一、确认李某梅与李某强签订的签署日期为1997年3月9日的《买卖房屋协议书》有效；二、坐落于北京市通州区某镇某村的283号院内的北数北房五间归李某梅所有。

一审判决后，原告不服上诉，以双方买卖房屋宅基地的行为违反了《北京市农村建房用地管理暂行办法》第十条、第十一条的规定；根据【1991】国土函字复53号答复第一条的规定，凡是土地所有权、使用权变更的，只有按照规定办理变更的才具有法律效力。因本案《买卖房屋协议书》违反《合同法》第52条第5款的规定，应属无效。

二审法院认为：首先，关于本案的合同效力问题。《最高人民法院关于适用〈中华人民共和国合同法〉若干问题的解释（一）》第四条规定："合同法实施以后，人民法院确认合同无效，应当以全国人大及其常委会制定的法律和国务院制定的行政法规为依据，不得以地方性法规、行政规章为依据。"《最高人民法院关于适用〈中华人民共和国合同法〉若干问题的解释（二）》第十四条规定："合同法第五十二条第（五）项规定的强制性规定，是指效力性强制性规定。"根据查明的事实，李某强将登记在其名下的房屋出售给本村集体经济组织成员李某梅，系双方当事人的真实意思表示，并不违反全国人大及其常委会制定的法律和国务院制定的行政法规的效力性强制性规定，应属有效。李某强上诉主张合同无效的依据是《北京市农村建房用地管理暂行办法》第十条、第十一条以及【1991】国土函字复53号答复第一条的规定，而上述规定并不属于全国人大及其常委会制定的法律和国务院制定的行政法规的效力性强制性规定，故李某强以此主张合同无效没有法律依据，本院不予支持。

其次，关于涉诉房屋是否属于遗产的问题。《买卖房屋协议书》第一句即写明“今有沟渠庄村民李某梅欲买本村李某强家房屋……”，《买卖房屋协议书》第二条又明确“宅基地使用证转交李某梅，宅基地使用权为李某梅所有”，且李某梅系本村农民，房屋购买后也一直由李某梅居住并翻建，其户口亦迁至该处，上述事实足以认定是李某梅买房，所购房屋归李某梅所有，并非属于李某的遗产。遂驳回其上诉，维持原判。

【简要评析】

本案属于比较典型的本村村民购买宅基地后，出卖宅基地的村民反悔想要回来，被一二审法院均驳回的案例。本案中，比较有趣的地方在于，原告（上诉人）将1984年《北京市农村建房用地管理暂行办法》及1991年的【1991】国土函字复53号答复作为其支撑合同无效的依据，这属于法律知识的欠缺还是故意为之，确实不太好评判，但二审法院有理有据，精准的引用法条驳回了其上诉的所有理由，维持了一审的判决。

【笔者建议】

从一、二审的判决可以看到，当把宅基地房屋出售给本村村民后，除特别特殊的情形，均会认定为合同有效，即使在签订协议的过程中，存在着瑕疵，比如本案中李某梅的父亲李某代为签字，但一、二审法院仍旧尊重事实，适用相应的法律规定维护交易的安全性。

本案中，原告的代理律师以合同无效应当适用1984年《北京市农村建房用地管理暂行办法》及1991年的【1991】国土函字复53号答复，作为其确认合同无效的依据。属于在法律条文中“合同法实施以后，人民法院确认合同无效，应当以全国人大及其常委会制定的法律和国务院制定的行政法规为依据，不得以地方性法规、行政规章为依据”的认识错误。

合同无效对于合同双方当事人均属于重大的事项，如果由一个地方性的法规或行政规章就可以确定合同无效，必将造成经济生活极大的混乱，对于交易的安全性而言，将会是极大的破坏。因此，合同法实施后，随后颁布实施的司法解释明确了以全国人大及其常委会制定的法律和国务院制定的行政法规为依据才可以确认合同效力。

案例13　不符合农村交易习惯的买卖合同，被法院认定为无效

【案情简介】

1996年11月17日，张某林与张某锦在北京市平谷区王辛庄镇贾各庄村干部参与下签订《买卖房屋契约》，双方约定：张某林将位于北京市平谷区王辛庄镇贾各庄村大街73号的房屋售给张某锦，房价款为11000元。随即，张某锦向张某林支付了购房款，张某林将上述房屋交转给了张某锦。次日，张某锦向原北京市平谷县贾各庄农工商经济总公司交纳了管理费1000元。1997年3月12日，经原北京市平谷县王辛庄乡人民政府批示：黄某华购买张某增房屋的申请，经该乡政府审查，符合买房并将宅基地转移给黄某华使用的条件，予以批准。当日，原北京市平谷县土地管理局将原颁发给张某增的宅基地使用证（临时）的户主姓名变更为黄某华。后张某锦、黄某华将上述房屋予以翻建，并新建一南倒座房。

2016年2月15日，徐某荣、张某林以张某锦、黄某华为被告诉至一审法院，请求：确认徐某荣、张某林与张某锦、黄某华间签订的《买卖房屋契约》无效；判令张某锦、黄某华将位于北京市平谷区王辛庄镇贾各庄村大街73号房屋返还给徐某荣、张某林。

2016年7月22日，一审法院经审理后作出（2016）京0117民初1611号民事判决：张某林与张某锦于1996年11月17日签订的《买卖房屋契约》无效；张

某锦、黄某华将位于北京市平谷区王辛庄镇贾各庄村大街73号的房屋返还给徐某荣、张某林。

2016年8月30日，张某俊以张某锦、黄某华为被告诉至一审法院，请求判令张某锦、黄某华立即从北京市平谷区王辛庄镇贾各庄村大街73号院搬出，将该院南倒座3间半平房腾退给张某俊。

2017年2月3日，一审法院对徐某荣、张某林诉张某锦、黄某华农村房屋买卖合同纠纷案立案重审。该案审理过程中，一审法院追加张某俊为第三人。

2017年2月23日，（2016）京0117民初7396号案件中的张某俊向一审法院提出撤回起诉，一审法院裁定准许。

（笔者备注：本案之所以有案中案，是因为原房主张某林出售宅基地房屋给张某锦后反悔，起诉张某锦要求确认合同无效，返还房屋。张某锦未在该案一审中声明其已出售给第三人张某俊，在一审判决出来后，张某俊将张某锦告上法庭，要求腾退，二审法院认为，张某俊案已受理，遂发回重审。）

【法院判决】

该案在追加张某俊为第三人后，重新进行了审理，一审法院认定了几个焦点问题：

张某林系本村的村民，张某锦及其配偶黄某华不是本村村民，张某俊是本村的村民。

张某俊未提交购买该房屋的银行流水等证据，声称其通过现金的方式完成了支付义务。一审法院认为，纵观黄某华与张某俊之间的房屋买卖合同及相关事项及对此提供的依据，或仅有一方当事人陈述，或仅提供单一证据而无其他证据附证。从买卖房屋这一对于黄某华来说属于重大事项的角度考虑、从张某俊支付购房款的款额来源考虑，均存在不符合通常的房屋交易习惯的问题。此外，张某俊向一审法院提交北京市平谷区王辛庄镇贾各庄村民委员会、北京市平谷区王辛庄镇人民政府盖章确认的《房屋证明（有门牌）》，依据一审法院调查取得的证据，不能证实张某俊的证明目的。综合考虑本案的具体情况，张某俊及张某锦、黄某华向一审法院提供的证据，不足以证实张某俊与张某锦、黄某华确实存在房屋买卖合同关系，故一审法院对张某俊所持涉案房屋已被其购买的抗辩理由不予采信。

关于张某林与张某锦签订的《买卖房屋契约》。依一审法院查明的事实，该《买卖房屋契约》的实际买受人为黄某华，虽该合同的签订系当事人双方的合意，但因张某锦、黄某华均非贾各庄村村民，未取得北京市平谷区贾各庄村集体经济组织成员身份，依据我国《土地管理法》中“农民集体所有的土地依法属于村农民集体所有的，由村集体经济组织或者村民委员会经营、管理”之规定，本案双方买卖合同之标的物虽为房屋，但在房地一体的格局下，处分房屋的同时必然处分宅基地，而宅基地使用权是集体经济组织成员享有的权利，与特定的身份关系相联系，故处分房屋的同时也处分了宅基地，损害了集体经济组织的权益，与上述法律规定相悖，为法律所禁止。因此，张某林与张某锦签订的《买卖房屋契约》应属无效。而合同无效，将导致合同双方基于合同的成立所享有权利及所负义务灭失，合同双方回归至合同成立前之状态，故张某锦虽与黄某华存在购买房屋的事实，但涉案房屋因合同无效导致所有权回归至徐某荣、张某林名下。所以，一审法院对徐某荣、张某林的诉讼请求予以支持。对黄某华所持辩解，不予采信。另外，经一审法院释明，张某锦、黄某华明确表示在本案中暂不向徐某荣、张某林主张涉案宅基地区位补偿价和房屋重置成新价，故一审法院对此不予处理。需要说明的是，若张某俊、张某锦、黄某华有确实可信的证据证实三人之间存在房屋买卖合同关系，可另行主张权利。

二审法院认为：关于张某俊所称其与张某锦、黄某华签订的《房屋买卖合同》一项，从本案审理中查明的事实看，张某锦、黄某华、张某俊虽主张三人间存在房屋买卖关系，但是，该买卖关系的签订、履行过程中有多个事项令本院就该法律关系的真实性难以形成内心确信，一审法院已经进行列举，本院不再赘述，张某俊及张某锦、黄某华向一审法院提供的证据，不足以证实张某俊与张某锦、黄某华确实存在房屋买卖合同关系，故一审法院不予采信张某俊关于涉案房屋已被其购买的主张，并无不当，本院对此予以支持。

关于张某林与张某锦签订的《买卖房屋契约》。依一审法院查明的事实，该《买卖房屋契约》的实际买受人为黄某华，虽该合同的签订系当事人双方的合意，但张某锦、黄某华均非贾各庄村村民，未取得北京市平谷区贾各庄村集体经济组织成员身份。本案房屋买卖合同的标的物为农村宅基地房屋，该房屋的买卖涉及宅基地使用权的处分。农村宅基地属于农民集体所有，由村集体经济组织或者村民委员会经营、管理。宅基地使用权是农村集体经济组织成员享有的权利，与特定的身份关系相联系，根据相关法律规定禁止转让。张某锦、黄某华均不是贾各庄村的集体经济组织成员，无权取得诉争房屋所对应的宅基地使用权，因此张某林与张某锦、黄某华之间签订的《房屋买卖契约》因违反我国法律、行政法规的强制性规定，应属无效。

合同无效后，张某锦、黄某华应将所购房屋返还徐某荣、张某林，一审法院在处理合同效力的同时一并判决腾退涉案房屋并无不当。针对合同无效后的补偿问题，经一审法院释明，因当事人表示不在本案中主张权益，一审法院不予处理并无不当，当事人可另行解决。

【简要评析】

本案中，核心的问题取决于后手张某俊是否真实的购买了张某锦、黄某华的宅院，一、二审法院均认为，两者之间的交易不符合农村的交易习惯，一、二审的法官们就该法律关系的真实性难以形成内心确信。因此认定两者之间的买卖交易不是真实的交易。一旦确定了后手系虚构的交易，只需要解决前手的合同即可，张某锦、黄某华非本村集体组织成员，因此合同当然无效。

【笔者建议】

纵观北京市一中院、二中院、三中院的判决，对于合同无效后的处理，均有所不同。甚至就北京第三中级人民法院的终审判决，对于合同无效后的处理，都不尽相同，有些判决是认定合同无效后，将房屋腾退给原房主，但不处理赔偿的问题。有些判决是只认定合同无效，因赔偿问题无法达成，等到拆迁时再处理腾退与赔偿的问题。笔者认为后者的处理更加符合法律的精神与公平原则。如果认定的合同无效后在不赔偿的情况下，就判决腾退房屋，那么不诚信的售房人则可以通过法律，不用花一分钱就拿回房屋，甚至许多购房人投巨资翻建的房屋，这明显是显失公平的做法，这种判决，不仅起不到普法的示范效应，还会让售房村民占到便宜，进一步让更多的售房村民起诉要回已出售多年的房屋，社会的诚信体系必将遭到严重的破坏。而后者的判决方式，腾退与赔偿同时解决，直到拆迁时再解决腾退与赔偿问题，一方面，解决购房人住房之困，另一方面，也对不诚信的行为进行了有力的阻击。事实上，正是由于拆迁时巨额的补偿，才让众多的售房人反悔。

六、宅基地房屋连环买卖案例解析

案例14　原房主在收回宅基地院落前，买主将该宅院出售给本村村民，合同认定为有效

【案情简介】

2003年11月23日，王某禄与龙某云签订《买卖房协议》，约定王某禄将北京市大兴区魏善庄镇某某村东兴街南一条8号的5间北房及院落（以下简称8号院）以16000元价格出售给龙某云。

2017年5月15日，王某禄以农村房屋买卖合同纠纷将龙某云诉至一审法院，要求确认其与龙某云于2003年11月23日签订的买卖房屋协议无效。一审法院于2017年6月28日作出（2017）京0115民初10029号民事判决，判决王某禄与龙某云于2003年11月23日签订的《买卖房协议》无效。

2016年10月5日，甲方龙某云与乙方李某库签订《房屋买卖协议书》，约定：一、甲方转让8号院。二、附属设施同时转让。三、甲方房产状况和承诺如下：1.甲方保证对该项房产有所有权；2.保证该房产无任何经济纠纷。四、转让价格为170万元。五、乙方付款方式一次付清。六、房产交付时间为2016

年10月5日。……九、乙方受让该房产，有权出租和转让等，如出租、转让或经营需要甲方配合办理相关手续等，甲方当积极配合。李某库称龙某云于合同签订当日将8号院交付李某库，交付后李某库进行了出租，但未进行翻建、装修。

对于170万元房款的给付问题，龙某云及李某库称，其中70万元为龙某云拖欠李某库的盖房款，与购房款进行折抵，75万元是现金支付，剩余25万元未给付。对此，李某库提交了2016年10月5日龙某云出具的收条一份，载明：今收到李某库给付购房款75万元，另70万元与购房款进行折抵（建造某某房屋工料款共计50万元，魏善庄中学房屋修建，岳家务、刘家场平房装修改造及黄村房屋装修共计20多万元，以上几项共计折合购房款70万元），还有25万元尚未给付。对此证据王某禄称在（2017）京0115民初20432号案件审理中法院现场勘验时李某库陈述是以转账形式给付房款。龙某云对此收条予以认可，称李某库确实说以转账方式付款，但其让李某库直接给付现金。李某库认可在（2017）京0115民初20432号案件审理中其陈述是以转账形式给付房款，但后来龙某云说没有账户无法转账故以现金形式给付。

2017年9月28日，王某禄以农村房屋买卖合同纠纷将龙某云诉至一审法院，要求龙某云立即腾退8号院。2018年一审法院作出（2017）京0115民初20432号民事裁定，经审理认定事实部分载明："经法院到现场勘查，8号院内居住着打工的租房客，案外人李某库负责管理8号院。"法院认为部分载明："现龙某云辩称已经将房屋进行了转让，并提供了房屋买卖协议书等初步证据，经法院现场调查，涉案房屋确实由案外人管理。在后手交易是否存在及效力问题尚未解决的情况下，涉案房屋的腾退义务人无法确定，王某禄直接要求龙某云腾退并返还房屋缺乏前提条件，故本案应予裁定驳回。"最终驳回王某禄的起诉。王某禄不服提起上诉，本院作出（2018）京02民终6965号民事裁定，裁定驳回上诉，维持原裁定。

一审庭审中，李某库提交了一份编号为兴集土（籍）字第某某号《集体土地宅基地使用证》，其中户主姓名为王某录，人口1人，现住址为大兴区魏善庄镇某某村，占地时间为2004年3月23日，占地类别为非耕地200平方米，翻建200平方米，建筑面积正房5间90平方米，总面积90平方米，四至为东至李某宽，西至道，北至李某，南至张某。李某库称该证据为龙某云交给李某库的，王某禄对该证据真实性认可，但认为证书上名字是王某录，不是原始的凭证。龙某云对该证据予以认可，称此为王某禄交给龙某云的。

另查，李某库的户别为农业家庭户，住址为北京市大兴区魏善庄镇某某东兴街南二条9号内1号。

【法院判决】

一审法院认为，本案中根据双方提交的证据可知，王某禄将8号院出售给龙某云后，龙某云又将8号院出售给李某库并已实际交付。在（2017）京0115民初20432号案件审理过程中，法院到现场勘查确认8号院内居住着打工的租房客，李某库负责管理8号院。经查李某库为农业家庭户，且为8号院所在村村集体经济组织成员，虽王某禄与龙某云签订的买卖房协议已被确认为无效，但8号院现在的买受人为本村集体经济组织成员，且王某禄未提交证据证实龙某云与李某库签订的《房屋买卖协议书》存在合同无效的其他情形，故李某库购买8号院并未违反法律法规的强制性规定，王某禄要求确认合同无效的诉讼请求，法院不予支持。综上所述，对王某禄的诉讼请求，法院不予支持。依照《合同法》第44条规定，判决：驳回王某禄的诉讼请求。

二审法院认为：首先，王某禄上诉称龙某云与李某库签订的《房屋买卖协议书》是虚假协议，二人恶意串通损害王某禄之利益。对此，王某禄应当提供证据加以证明，且其举证应达到排除合理怀疑的程度。但根据本案举证质证的情况、各方所述房屋使用情况以及王某禄所述李某库关于房款支付的陈述情况，不足以得出龙某云与李某库恶意串通、损害王某禄利益的结论，故对其该项上诉理由，本院不予采信。

其次，王某禄上诉称龙某云无权处分8号院，但根据《最高人民法院关于审理买卖合同纠纷案件适用法律问题的解释》第3条规定，当事人一方以出卖人在缔约时对标的物没有所有权或者处分权为由主张合同无效的，人民法院不予支持。故王某禄据此主张合同无效，于法无据，其该项上诉理由，本院亦不予采信。

再次，王某禄上诉称龙某云与李某库之间的《房屋买卖协议》未经村委会和镇政府同意，违反我国法律、行政法规的强制性规定，于法无据。

最后，虽王某禄与龙某云签订的买卖房协议已被确认为无效，但李某库系北京市大兴区魏善庄镇某某村村民，农业家庭户，故李某库购买8号院并未违反我国法律法规的强制性规定，亦未损害村集体经济组织的权益。

【简要评析】

一审法院认为一手买卖合同无效的确认，并不能对抗后手将该宅基地院落出售给本村村民，除非有证据表明，后手的出售行为违反了法律法规的强制性规定，因此，驳回其诉讼请求。

二审法院认为，原房主如无证据证明后手的买卖行为是恶意串通的，那么其认为后手的合同无效的理由就不能成立。当最后一手的买卖，又将诉争的宅基地回到本村村民手里时，并不违反我国法律法规的强制性规定，亦未损害村集体经济组织的权益，因此，不能以前手被法院认定为合同无效，而必然的确认后手的买卖合同无效。

【笔者建议】

由于我国不允许本村集体组织成员之外的人享受宅基地的权益，加上近几年来宅基地拆迁补偿日益增加，有些面积较大的宅基地的货币补偿能达到千万之巨。因此，许多卖房人基于利益的冲动，背信弃义，反悔要求收回房屋。许多买房人一怒之下，直接将宅院出售给本村的村民。法院的一、二审判决，对于原房主来说，属于鸡飞蛋打，竹篮打水一场空。因此，无论是原房主，还是购房人，建议在拆迁来临之前，尽可能的协商解决，避免出现类似的局面出现，一旦出现本案的情形，无论是原房主，还是购房者，都遭受巨大损失。

案例15　村民将房屋出售给本村村民后又出售的，只能以最后一手本村村民作为原告起诉合同无效

【案情简介】

案外人井某奇原在北京市通州区宋庄镇辛店村有一处房屋及院落（以下简称争议房屋院落），该处宅基地登记在井某奇名下。《北京市土地登记审批表》载明该处院落的四至分别为：东至马某库，西至道，南至马某成，北至道。20世纪90年代，井某奇将争议房屋院落以4000元的价格卖给案外人刘某军。此后，案外人刘某军将争议房屋院落卖给原告景某军。2000年左右，原告景某军将争议房屋院落以2.4万元的价格卖给被告康某。此后，争议房屋院落又被转卖给第三人张某国。

2006年10月19日，张某国（甲方）与杨某（乙方）签订《房屋买卖合同》，双方约定：此房屋位于北京市通州区××村前街，现有北房四间，西厢房三间，东厢房三间，锅炉房一间，客人卫生间一间，门房两间。甲方将以上房屋包括房中暖气系统，水电系统，卫星电视收视系统，家具、电器、院子以及院中树木花草，约定房价为22万元卖给乙方。

一审法院查明井某奇、刘某军、景某军均为北京市通州区宋庄镇辛店村农业家庭户口，均为同村村民。康某、张某国、杨某均不是北京市通州区宋庄镇辛店村村民。

【法院判决】

法院认为：宅基地使用权是集体经济组织成员享有的权利，与特定的身份相联系，不允许转让。井某奇将争议房屋院落卖给刘某军，刘某军又将争议房屋院落卖给原告景某军，由于井某奇、刘某军、景某军均为同村村民，故上述买卖有效，景某军取得了争议房屋的所有权。此后，景某军又将争议房屋卖给康某，后争议房屋又被卖给张某国，张某国再转卖给杨某，由于康某、张某国、杨某均不是北京市通州区宋庄镇辛店村村民，故景某军与康某之间的房屋买卖无效；杨某购买上述房屋院落的行为亦无效。现景某军要求

确认与康某的房屋买卖合同无效，要求第三人杨某腾退诉争房屋，理由正当，证据充分，本院予以支持。

【后续解决】

该案系笔者代理本案的案外人井某奇诉杨某确认合同无效，要求将宅基地房屋收回案，在该案中，当事人未向笔者交代刘某军、景某军系本村的村民，因此在代理井某奇诉杨某农村买卖合同纠纷一案时，通过法庭审理，发现刘某军、景某军系辛店村本村的村民，因此，井某奇在笔者劝说下撤回了起诉。

连环买卖案裁判规则是，如果该宅基地经过连环买卖后，回到村民手里，因宅基地重新回到本集体组织成员手中，因此并未造成集体土地流失，合同认定为有效。如果回到村民手里后，又重新开始出售，那么最后一手的村民有权主张合同无效，但原房主无权要求起诉。本案就是生动的体现了这个裁判规则。

景某军起诉杨某，景某军一审胜诉，杨某不服提起上诉。第二中级人民法院发现在程序上有瑕疵，发回重审，在该案中，笔者参与协调景某军与杨某案的调解，经过不懈的努力，最终将井某奇重新纳入至调解程序中后，杨某同意调解，即杨某可以居住该宅院至拆迁，拆迁时，地上物的补偿全部归杨某，区位补偿的60%归杨某。至此，本案圆满结束，各方均对该结果都感到满意。

【简要评析】

本案属于比较典型的连环买卖宅基地房屋案，在这个案件中，出现了多达五手的购买方，有本村村民，有外地的农民，也有著名的作家康某（笔名北村，代表作《周渔的火车》），最后一手杨某，其爱人是荷兰籍。可以说这个案件，将连环买卖案中所有代表性身份的人均纳入了，极为典型。但无论卖了多少手，法院其实就遵循一个裁判规则，宅基地使用权回到本村村民手里，合同有效；否则，合同无效。

案例16　本村村民从城市居民手中购买了宅基地房屋，合同有效

【案情简介】

1997年9月27日，北京市通州区宋庄镇摇不动村村民田某将位于北京市通州区宋庄镇摇不动村某号院（以下简称涉诉院落）卖给柳某，双方签订了《购置房产契约》，约定：田某有北房四间、西厢房三间、棚子一间、门楼、院落、厕所等固定财产；此宅院经中间人介绍，出售产权人田某，购置产权人柳某，双方协商同意售价壹万贰仟元整售予柳某；从执笔之日起，所有房屋、院落、厕所等一切固定财产均归柳某所有，其他人不得干预，款项也在执笔之日起，一次付清出售产权人田某。此外，田某保证房产出售后，不得申请房基地。在该契约的落款处出售产权人有“田某”的签名，购置产权人处原签有“柳某”的姓名，后经涂改将柳某的姓名划掉，改成“詹某某”的名字，并有中间人和公证人及代某等各人的签字。

2006年1月1日，柳某与詹某某签订《购置房产契约》，约定：柳某有北房四间、西厢房三间、棚子一间、门楼、院落、厕所等固定财产（该契约约定的固定财产及宅院四至与1997年9月27日田某和柳某签订的《购置房产契约》约定的四至完全一致，可以确认为同一处宅院即本案涉诉院落），此宅院经中间人作证明双方协商同意售价壹万叁仟元整售给詹某某名下为业，从执笔之日起房价壹万叁仟元一次付清，其他人不得干预一切房产之事。在该契约的落款处的出售产权人签有“柳某”姓名字样，置产权人加盖了詹某佐的人名章。

本案涉诉院落系1993年登记在田某名下的农村宅基地，田某的户口登记在北京市通州区宋庄镇摇不动村。被告朱某2、朱某1、朱某3、朱某4系柳某的子女，柳某并非北京市通州区宋庄镇摇不动村村民，户口也并非登记在涉案院落所在的村集体。被告詹某1、詹某2系詹某某的子女和继承人，詹某某非北京市通州区宋庄镇摇不动村村民。现原告田某以柳某和詹某某均非北京市通州区宋庄镇摇不动村村集体经济成员为由，要求确认1997年9月27日原告

田某和柳某签订的《购置房产契约》以及2006年1月1日柳某和詹某某签订的《购置房产契约》无效。柳某和詹某某均已去世，故原告田某将柳某和詹某某的子女及继承人列为被告。被告朱某2、朱某1、朱某3、朱某4在答辩中提出经人介绍柳某于1997年在儿女不知情的情况下与詹某某走到一起搭帮过日子，并私自买下了涉诉院落，后又被詹某某买下并被詹某某篡改了契约。詹某某的子女即本案被告詹某1、詹某2在诉讼中提出涉诉院落于2014年1月1日出售给了北京市通州区宋庄镇摇不动村村民黄某1，詹某1、詹某2系通过父亲詹某某所立遗嘱继承了涉诉院落。本院依法追加黄某1为本案被告。被告黄某1在庭审中认可与被告詹某1、詹某2签订了《房屋买卖合同》并提交了该合同，根据被告黄某1提交的合同约定，甲方：詹某1、詹某2，乙方：黄某1，乙方地址：北京市通州区宋庄镇摇不动村某号；位于北京市通州区宋庄镇摇不动村某号院系詹某某购买所得，詹某某于2013年6月19日去世，甲方詹某1、詹某2根据《继承房产契约》合法继承了父亲詹某某的该财产，因急需用钱，甲方同意将该宅院卖给乙方，经双方协商，达成以下条款：甲方同意将位于北京市通州区宋庄镇摇不动村某号卖给乙方，宅基地使用证使用人系田某；甲乙双方一致同意该宅院的整体转让价款为贰拾捌万元整，签订本协议之日起五日内即2014年1月6日前一次性支付该款项。此外，双方还约定了其他内容。被告黄某1还提交了一份收条，载明：兹收到黄某1交来购房款贰拾捌万元整（280000元）。收款人：詹某1、詹某2。被告黄某1称已经支付了全部价款，该款项的来源系被告黄某1从其弟弟黄某2处借来大部分款项，剩余部分系其自行支付。同时，黄某2在买卖合同上作为中间人签字确认。原告田某在庭审中主张詹某1、詹某2与黄某1之间的买卖合同系虚假的，并提交了证人证言。本院依法传唤了黄某2到庭进行询问，黄某2在庭审中陈述认可合同的真实性，并称大部分的款项系其支付，其为了给自己的姐姐黄某1置下一份产业，故愿意借钱给黄某1让其购买。根据黄某1提交的户口本确认黄某1在购买涉诉院落时系北京市通州区宋庄镇摇不动村村集体经济组织成员，户口已经迁入了摇不动村。现涉诉院落的集体土地建设用地使用权证的原件及《购置房产契约》两份（1997年9月27日签订的及2006年1月1日签订的）原件均由被告黄某1持有。

【法院判决】

法院认为：当事人对自己提出的诉讼请求所依据的事实或者反驳对方诉讼请求所依据的事实有责任提供证据加以证明。没有证据或者证据不足以证明当事人的事实主张的，由负有举证责任的当事人承担不利后果。本案中，原告田某坚持主张1997年9月27日原告田某和柳某签订的《购置房产契约》以及2006年1月1日柳某詹某某签订的《购置房产契约》无效，理由系柳某和詹某均非北京市通州区宋庄镇摇不动村村集体经济成员，但根据被告詹某1、詹某2提供的证据显示涉诉院落现又出售给了被告黄某1，被告黄某1系北京市通州区宋庄镇摇不动村村集体经济成员，户口登记在北京市通州区摇不动村。故涉诉院落系北京市通州区宋庄镇摇不动村村集体经济成员才有权使用的宅基地，因宅基地在同一集体经济组成员间可以自由流转，从本案涉诉院落的最终使用人来看，原告田某在本案中主张涉诉院落流转合同无效的依据就是以并非同一集体经济组织成员购买宅基地的合同应属无效合同，但从本案的情况来看现在涉诉院落最终系由同一集体经济组织成员所得，系由与原告田某为同一集体经济组织成员被告黄某1所得，被告黄某1基于其身份关系有权购买并有权使用该处宅基地。故原告田某的主张缺乏事实与法律依据，本院不予支持。如果原告田某坚持主张或有证据足以证实被告詹某1、詹某2与被告黄某1系恶意串通虚构买卖合同，以达到规避诉讼的目的，原告田某可以针对被告詹某1、詹某2与被告黄某1之间的买卖合同行为另行解决，不是本案所能解决的。故综合以上情形，本院认为原告田某主张某1合同无效的理由不能成立，证据不足，本院不予支持。

【简要评析】

本案是笔者代理的一起案件，这案件的审理过程中，原告一致认定我的当事人与最后一手的购买人黄某1是恶意串通，但其拿不出任何的证据来证明此事。后法院谨慎起见，要求黄某1的哥哥黄某2出庭接受调查，黄某2接受了各方的盘问并质证后，法院认定原告主张黄某1与詹某之间的合同有效，属于连环买卖中，最后一手回到本村集体组织成员手里，应当认定合同有效。

【笔者建议】

涉及农村房屋买卖的纠纷增加许多，特别是近年来，一些村民因新的宅基地审批已停止，又急需用房给成年孩子结婚等，就考虑购买一所宅基地。因从本村村民手里购买很难有机会，只能从购买了宅基地的城镇居民或外村村民手里购买。通过本案可以看到，即使是本村村民，购买本村的宅基地院落，也要注重合同细节，以避免法院认定为恶意串通导致合同无效，或在诉讼中增加自己的难度。

第四章　宅基地房屋继承纠纷法律实务与案例解析

一、宅基地房屋继承纠纷的法律实务与类型

司法实践中，法院在涉及宅基地的继承纠纷中，只会对房屋进行处理，对宅基地使用权不予处理，特别是对于有些原告要求继承宅基地使用权的诉讼请求，全部予以驳回。

在宅基地房屋继承纠纷中，须遵循有关继承的规则，如按法定继承、遗嘱继承、遗赠扶养协议等来处理继承纠纷。但因宅基地使用权的特殊性，涉及宅基地房屋的遗赠扶养协议效力的问题，目前北京的法院普通的做法是，除非是本村的村民作为受遗赠人，遗赠扶养协议可以认定为有效，其他的非本村村民作为受遗赠人的协议一律认定为无效。另外，其中一位继承人在涉案宅基地上翻建房屋后所有权如何确认、如何分配，北京市高级人民法院出台会议纪要给出了指导意见。本节中涉及一些特殊的裁判规则时，会特别说明，以供读者在阅读时方便对照。

二、宅基地房屋法定继承纠纷案例解析

案例17　尽了主要赡养义务的丧偶儿媳有权多分宅基地房屋

【案情简介】

赵某元和刘某系夫妻关系，赵某元于2001年2月21日去世，刘某于2014年5月21日去世，二人父母均先于二人之前去世。二人生前共生育五个子女，分别为：长子赵某1、次子赵某生、长女赵某芹、二女赵某5、三女赵某4。赵某生于1999年2月17日去世，被告王某与赵某生系夫妻关系，生育儿子即被告赵

某2和被告赵某3。赵某芹于2016年10月29日去世，赵某芹与被告穆某1系夫妻关系，生育一子即被告穆某2。

北京市通州区宋庄镇任庄村×号有院落一处（以下简称×号院），该院落所处土地登记在两份集体土地建设用地使用证上，土地使用权人分别登记为赵某元（东侧）和赵某生（西侧）。两块土地相邻，面积均为204.4平方米。原、被告诉争的房屋范围为×号院内北排正房五间（平均坐落于赵某元及赵某生名下的宅基地，各两间半），东厢房三间（坐落于赵某元名下宅基地），西厢房三间（坐落于赵某生名下宅基地）。

对于上述房屋的建设情况，其中关于北排正房五间，原告赵某1及被告穆某2、赵某5、穆某1、赵某4主张最早系赵某元与刘某所建，1996年由赵某元与刘某翻建，并且子女均出资出力；被告王某、赵某2、赵某3主张最早系赵某元与刘某所建，1998年7月，因赵某生患有重病，其所在单位为解决其后顾之忧，由其单位将北排正房五间翻建，而被告赵某4、赵某5给的钱是因赵某生治病借的钱，并非用于建房，并提供了单位经手人出具的证明及账目明细予以证明。其中关于东厢房三间，原告赵某1及被告穆某2、赵某5、穆某1、赵某4主张系赵某元与刘某于1996年翻建正房五间时新建的；被告王某、赵某2、赵某3主张系由赵某生生前所在单位于1998年7月新建。其中关于西厢房三间，原告赵某1及被告穆某2、赵某5、穆某1、赵某4主张西厢房最早系两间，系赵某元与刘某所建；被告王某、赵某2、赵某3主张原西厢房两间系赵某生与王某于1984年所建，于1998年将两间西厢房翻建成三间石棉瓦的棚子，于2005年将三间棚子拆除建为三间西厢房。另，被告王某还主张诉争房屋有其再婚配偶陈某林的份额。

关于被告王某主张尽了主要赡养义务，应作为第一顺位继承人参与遗产分割的问题。双方当事人均称赵某元和刘某生前居住在×号院，与王某家一同居住，住在东大屋。其他当事人也主张尽到了相应的赡养义务。赵某元、刘某去世后，×号院一直由被告王某一家居住使用。

【法院判决】

法院认为：综合考虑双方当事人的陈述及举证情况，特别是涉案院落宅基地的登记情况，确认×号院内正房五间中二分之一的份额及东厢房三间系赵某元与刘某的共同财产，正房五间二分之一的份额及西厢房三间系赵某生与王某的共同财产。被告王某、赵某2、赵某3主张1998年7月赵某生所在单位为解决赵某生的后顾之忧，将×号院正房五间翻建，新建东厢房三间，故赵某元与刘某的份额已经灭失，需要指出的是，所谓后顾之忧，不仅指配偶、子女，父母更应该是赵某生的后顾之忧，赵某生生前所在单位为其父母翻建、新建房屋，并不能使其父母的份额灭失，相反这仍然应属于其父母的房屋。故被告王某、赵某2、赵某3主张×号院内房屋系王某与赵某生的夫妻财产，本院不予采纳。关于被告王某主张涉案房屋有其再婚配偶陈某林的份额，证据不足，本院不予采纳。

本案中，原告赵某1、被告赵某4、被告赵某5、赵某生、赵某芹均为赵某元和刘某的子女，均为第一顺位继承人。被告赵某2及被告赵某3，其二人父亲赵某生在赵某元和刘某之前去世，因此被告赵某2及被告赵某3代位继承其父亲赵某生有权继承的遗产份额。被告穆某1及被告穆某2系赵某芹的继承人，二人有权继承赵某芹应继承的遗产份额。被告王某系赵某元及刘某的丧偶儿媳，在被继承人生前与被继承人一同居住，尽了主要的赡养义务，因此应作为第一顺位继承人参与分割。另外，刘某在赵某元之后去世，因此，刘某是赵某元的第一顺位继承人。赵某生在赵某元和刘某之前去世，因此赵某元和刘某与被告王某、被告赵某2、被告赵某3一同为赵某生财产的第一顺位继承人。

本案中赵某生夫妇生前一直在涉案院落居住，被告王某一家必然付出了更多的精力对老人的日常生活起居进行照料，尽到了更多的赡养义务。并且在赵某生去世后王某将涉案房屋修缮翻建，同时考虑到双方居住条件及生活状况，本院对遗产分割予以酌情确定。

位于北京市通州区宋庄镇任庄村×号院北排正房五间中东数第一间及东厢房南数第一、二间由原告赵某1、被告赵某4、被告赵某5各享有四分之一的份额，由被告穆某1、被告穆某2各享有八分之一份额，北排正房五间中东数第二间由被告赵某2所有，北排正房五间中东数第三间由被告赵某3所有，北排正房五间中正房东数第四、五间及西厢房三间、东厢房南数第三间由被告王某所有。

【简要评析】

继承从被继承人死亡时开始。遗产按照下列顺序继承：第一顺序：配偶、子女、父母。被继承人的子女先于被继承人死亡的，由被继承人的子女的晚辈直系血亲代位继承。代位继承人一般只能继承他的父亲或者母亲有权继承的遗产份额。丧偶儿媳对公、婆，丧偶女婿对岳父、岳母，尽了主要赡养义务的，作为第一顺序继承人。同一顺序继承人继承遗产的份额，一般应当均等。对生活有特殊困难的缺乏劳动能力的继承人，分配遗产时，应当予以照顾。对被继承人尽了主要扶养义务或者与被继承人共同生活的继承人，分配遗产时，可以多分。本案中，法院认定王某系尽了主要赡养义务的丧偶儿媳，因此应当多分财产。

【笔者建议】

本案从案情看并不复杂，笔者关注的并非法定继承的继承人认定以及丧偶儿媳多分遗产的问题，笔者在接触许多涉及农村宅基地继承案件中，或多或少的，在众多兄弟姐妹中，丧偶儿媳的地位极为尴尬，被排挤出继承人之列。但事实上，他们才真正起到了照顾老人的主要作用。

因此，建议老人在生前对身后事进行处理，避免死后子女们为争财产而发生纠纷。

案例18　新中国成立后的《土地房产所有证存根》能作为宅基地所有权的凭证吗?

【案情简介】

王某尧与姚某孝系夫妻关系，二人共育有七个子女：王某清、王某1、王某7、王某3、王某2、王某4、王某平。王某尧于2009年9月25日去世，姚某孝于1966年9月去世，二人均未留遗嘱，二人之父母均分别先于其去世。王某清与温某宝系夫妻关系，二人共育有三个子女：温某1、温某2、温某3。王某清于2014年1月25日去世，温某宝于2011年11月7日去世，二人均未留遗嘱。王某平与焦某系夫妻关系，二人共育有两个子女：王某5、王某6。王某平于2000年11月15日去世，未留遗嘱。

北京市通州区宋庄镇宋庄村前街东头的房屋包括院内北侧正房五间、东西厢房各三间、东西侧南房各两间、正房北侧棚子五间系王某尧、姚某孝的遗产。经法院现场勘察，涉案院内有北排正房五间、东西厢房各三间、东西厢房南侧各有房屋两间，正房北侧并无棚子，该院东侧还有一院，两院南侧立有通州区文物保护单位平津战役指挥部旧址的石碑，并有关于旧址的介绍，内容为："平津战役指挥部旧址位于通州区宋庄镇宋庄村中街北侧。新中国成立前乃王姓地主宅院，1949年1月2日，解放军平津前线指挥部驻此，一面指挥战争，一面谈判和平解放北京。后一直为乡、公社、镇机关所在地。面南并列两所同制三合院。二门楼箍头脊与歇山脊相融合，筒瓦，砖雕仿木飞檐，正房五间，进深一间，硬山合瓦清水脊，吊顶，步步锦棂门窗，如意石阶。后改水泥地面和玻璃门窗。厢房各三间，进深一间，形制、装修若正房。鞅子路井二间进深一间，硬山仰瓦箍头脊，门窗俱同正房。2014年进行整体修缮。是和平解放北京的重要历史见证。"

另查，1950年6月4日，涉案院落土地及房屋所有权登记在王某尧名下，土地及房屋证的名称为："土地房产所有证"，当时行政区划名称为河北省顺义县第五区宋庄村，后由于历史变迁，涉案院落及房屋一直由乡、公社、镇机关实际占有使用。关于涉案院落及房屋，政府至今未再向任何人颁发过宅基地使用权证或相关权属证书。

【法院裁判】

一审法院认为，《北京市农村建房用地管理暂行办法》（以下简称《暂行办法》）自1985年3月1日起施行，第四条规定："郊区农村的土地除由法律规定属于国家所有的以外，属于集体所有。村民对宅基地只有使用权，没有所有权。本办法公布实施前由当地人民政府发给村民的各种私有的地照或土地证自然失效。宅基地及乡镇机关、企业、事业单位建设用地，由区、县人民政府颁发使用证。使用权受法律保护，除国家依法征用和村镇建设规划需要外，长期不变。"《中华人民共和国土地管理法》自1999年1月1日起施行，第八条规定："城市市区的土地属于国家所有。农村和城市郊区的土地，除由法律规定属于国家所有的以外，属于农民集体所有；宅基地和自留地、自留山，属于农民集体所有。"本案中，虽然1950年涉案院落土地及房屋所有权登记在王某尧名下，但《暂行办法》实施前由当地人民政府发给村民的各种私有的地照或土地证自然失效，且政府至今未再向任何人就涉案房屋颁发过宅基地使用权证或相关权属证书，王某1、王某2、王某3、王某4、温某1、王某5、王某6、焦某、温某2、温某3继承的前提是涉案房屋系王某尧与姚某孝的遗产，而该房屋的权属问题系历史遗留问题，故王某1等人的起诉，不属于人民法院民事诉讼的受案范围。据此一审法院于2018年12月29日作出裁定：驳回王某1、王某2、王某3、王某4、温某1、王某5、王某6、焦某、温某2、温某3的起诉。

二审期间，二审法院认为：《中华人民共和国民事诉讼法》第一百一十九条规定："起诉必须符合下列条件：属于人民法院受理民事诉讼的范围和受诉人民法院管辖。"本案中，上诉人虽提交1950年6月4日的《土地房产所有证存根》，证明涉案院落登记在王某尧名下，但该证现已失效，且上诉人亦未能提交任何现行合法有效的用以证明涉案院落权属的证据，进而证明涉案院落属于王某尧与姚某孝之遗产，而房屋权属的认定并非人民法院受案范围，故一审法院据此裁定驳回上诉人之起诉，并无不当，本院予以维持。

【简要评析】

一、二审法院均认为，诉争的房屋系历史文物，是建设在集体土地所有权土地的房屋，虽然1950年6月4日的《土地房产所有证存根》可以证明系王某尧的房屋，但自1985年3月1日起施行《北京市农村建房用地管理暂行办法》规定，《暂行办法》公布实施前由当地人民政府发给村民的各种私有的地照或土地证自然失效。因此，涉案房屋的权属证明问题，属于人民政府处理的范畴，不属于人民法院受案范围，因此，依据《暂行办法》的规定，裁定驳回了原告的起诉。

【笔者建议】

在笔者十几年的律师执业过程中，碰上许多类似案件的咨询，有一些当事人手持新中国成立初期的房产证明，要求确认土地及房屋系其父母的房产。还有当事人手持当时政府发给其父母的跟本案一样《房产所有证存根》，要求确权并继承该房屋。我均以《北京市农村建房用地管理暂行办法》的规定，所有权证已失效为由，告诉他们法院不会受理这类案件。司法文书网公布的这个案例，很具有代表性，诉争的房屋现在还存在，属于平津战役指挥部遗址，权属问题由于当时未解决，属于历史遗留问题，属于应当由政府部门处理的问题。

考虑到许多读者也有类似的问题，笔者结合相关的法律法规的规定，建议如下：

1.在起诉之前，一定要弄清楚房屋所有权证是否已失效；

2.当发现自己的所有权证明已失效，一定要搞清楚如何主张自己的权利，是什么原因造成的，是否已过时效等；

3.并不是所有的权属证明无效后，就不能主张自己的权利，在特定的状态下，仍旧可以主张相应的财产权益。

三、宅基地房屋遗嘱继承纠纷案例解析

案例19　没有遗嘱人、代书人签字的代书遗嘱属于无效的遗嘱

【案情简介】

吕某芳与王某系夫妻关系，二人育有子女三人，即吕某1、吕某2、吕某3。坐落于北京市通州区宋庄镇辛店村某号院内有正房5间、东西厢房各3间，其中正房5间及西厢房3间系吕某芳与王某出资所建，关于东厢房3间，王某陈述系吕某2结婚时所建，吕某2对此表示认可，但吕某1称其当时也有出资。

吕某1提交了一份遗嘱，该遗嘱立遗嘱人处有吕某芳、王某签名，其中吕某芳签名上盖有吕某芳的印章，王某名上摁有手印，时间为2011年4月16日，有三个证明人签字摁手印，时间为2011年5月1日。该遗嘱系由崔某文代书的，但没有代书人签字，崔某文陈述其在当日书写该遗嘱时有其爱人殷某珍以及吕某芳、王某共四人在场，当时书写完毕后，吕某芳、王某均未在该遗嘱上签字。关于继承问题，经本院释明，吕某1坚持要求按照该遗嘱继承吕某芳的遗产。

【法院判决】

代书遗嘱应当有两个以上见证人在场见证，由其中一人代书，注明年、月、日，并由代书人、其他见证人和遗嘱人签名。下列人员不能作为遗嘱见证人：（一）无行为能力人、限制行为能力人；（二）继承人、受遗赠人；（三）与继承人、受遗赠人有利害关系的人。

本案中，吕某1所出示的遗嘱属于代书遗嘱，但不符合代书遗嘱的法定形式，在此情形下，该遗嘱应属无效，现吕某1坚持要求按照该遗嘱继承吕某芳的遗产，依据不足，法院对此不予支持。

【简要评析】

遗产是公民死亡时遗留的个人合法财产，个人承包应得的个人收益，依法可以继承，继承开始后，有遗嘱的，按照遗嘱继承或者遗赠办理；有遗赠

扶养协议的，按照协议办理。公民可以依照法律规定立遗嘱处分个人财产，并可以指定遗嘱执行人。公民可以立遗嘱将个人财产指定由法定继承人的一人或者数人继承。

【作者建议】

本案系由邻居代书的遗嘱，据笔者的当事人吕某2陈述，其父亲会写字，并且有相当的文化，该份遗嘱由邻居代书，本身就让人怀疑。在该份遗嘱中，代书人与遗嘱人均未签字，而且日期不一致，很难让法院认定为符合代书遗嘱的法定形式要件，因此驳回原告诉讼请求完全符合法律的规定。

目前法院在审理继承类纠纷时，对遗嘱的形式要件要求极为严格，因此，并不是随便一人就能写好遗嘱，遗嘱有严格的形式要件，需要由专业的律师进行指导。为了避免纠纷，建议老人们在专业的律师指导下进行自书遗嘱或找人代书遗嘱。

案例20　录像遗嘱的真实性以二位见证人以上的作证为准

【案情简介】

刘某4（2012年去世）与李某1（2019年去世）系夫妻关系，共生育三个子女，分别为刘某3、刘某5（1993年去世）、刘某1，刘某2系刘某5之女。刘某4与李某1的父母均在二人之前去世。

位于北京市通州区某某某10号院的宅基地登记在李某1名下，院内有北房五间、东厢房三间。李某1夫妇生前居住在涉案院落房屋内，刘某3因照顾李某1亦在院内居住。

2003年3月16日，李某1、刘某4定下共同遗嘱，主要内容为：我与老伴刘某4、李某1因年岁以（已）高（80岁），儿子刘某5因病去世十一年，儿媳对我们多年没有尽到赡养义务，有病没能照看，多年没有联系。在我们生命的最后十多年中，都是我女儿刘某3、刘某玲（伶）对我们照看，因此我们特立遗主（嘱）：我们百年后将我院所有财产全给我女儿刘某3、刘某玲（伶）（其中北房五间，东厢房三间），共有使用权面积438平方米。对于该份遗嘱刘某2认可其真实性，但其称当时刘某4有老年痴呆，因此不认可其合法性。

2017年9月3日，李某1在录像中表示，她叫李某1，今年95了，有两个闺女，大的叫刘某3，平时都是大的伺候她，（大的）买一分钱东西她也给我搁这来，小的什么都不管，来也不来，百年之后房子所有财产都给刘某3等。录像过程中，有郭某、李某2等多人作为见证人。

关于涉案院落房屋建设情况，刘某3称系李某1、刘某4夫妇所建，并提供村委会证明一份，村委会证明显示涉案院落北房五间、东厢房三间均系李某1、刘某4夫妇所建；经质证，刘某1、刘某2均不予认可。刘某1称父母当时没有钱，北房和厢房都是其与刘某5所建；刘某2最初称北房是李某1、刘某4与刘某5出资所建，厢房系刘某1及刘某5出资所建；但随后其称北房是李某1、刘某4、刘某1及刘某5出资所建，厢房系刘某5个人出资所建。刘某1、刘某2对其陈述均未提供证据。

【法院判决】

一审法院认为：该案的争议焦点有二，其一是涉案房屋是否属于李某1、刘某4夫妇遗产；其二是遗嘱是否有效。

就第一个争议焦点而言，刘某3主张涉案房屋系李某1、刘某4夫妇遗产，并提供了村委会证明、集体土地建设用地使用证予以佐证，刘某1、刘某2虽不予认可但未提供有效证据予以反驳，结合刘某4生前工作情况、涉案房屋的居住使用情况，一审法院对刘某3该项主张予以采信。

就第二个争议焦点而言，一方面，关于2003年3月16日所订立的遗嘱，双方均认可其真实性，一审法院不持异议。刘某2主张刘某4有老年痴呆因此不认可其合法性，但未提供任何证据佐证，结合该遗嘱的用语、内容等，一审法院对刘某2该项主张不予采信。另一方面，就2017年的录音（录像）遗嘱而言，该录音（录像）中李某1对其姓名、年龄、子女情况等均有清晰的陈述，亦表示了所有财产都给刘某3，因为刘某3对其尽到了充分的赡养义务，据此一审法院对该份证据予以采信。

至于涉案院落房屋的具体分割方式，由一审法院按照利于生产和生活需要的原则进行处理。判决位于北京市通州区某某某10号院内北房五间中东数三间及东厢房三间均归刘某3继承；位于北京市通州区某某某10号院内北房五间中西侧两间归刘某1继承。

二审法院认为：根据本案查明的事实及各方当事人的诉辩意见，本案二审的主要争议焦点主要有两个方面：一是涉案院落的北房五间、东厢房三间是否属于刘某4、李某1的遗产；二是房屋的继承方式，也即2003年3月16日遗嘱与2017年9月3日遗嘱的效力如何认定。

本案中，涉案院落集体土地建设用地使用证显示土地使用者为李某1，根据南阳村村委会出具的《房产所有人证明》，涉案院落内房屋系刘某4、李某1夫妻二人共同出资建造，因此涉案房屋属于刘某4、李某1共同所有。刘某2上诉主张刘某5对建设北房有所出资且东厢房是刘某5独资所建，首先刘某2并未提供充足证据证明刘某5对建设北房和厢房有所出资，其次刘某2自认建设东厢房时刘某5并非本村集体经济组织成员，故即使刘某5有相应出资，亦不因此取得房屋的所有权。刘某1主张北房和厢房都是其与刘某5所建，一方面刘某1未提交相应的证据予以证明，另一方面刘某1认可2003年3月16日遗嘱的真实性，亦能反证刘某1认可房屋属于刘某4、李某1所有的事实，本院对刘某1该部分意见不予采纳。一审法院认定涉案院落的北房五间、东厢房三间属于刘某4、李某1的遗产，并无不当。

本案中，刘某3提交了2003年3月16日遗嘱和2017年9月3日遗嘱。关于遗嘱的效力问题。刘某3、刘某1、刘某2均认可2003年3月16日遗嘱是刘某4亲笔书写，故该份遗嘱属于自书遗嘱性质。一审期间遗嘱见证人南阳村村委会工作人员郭某亦出庭陈述了遗嘱签订的过程，故本院对于遗嘱的真实性予以确认。刘某2上诉主张刘某4在立遗嘱时患有老年痴呆、遗嘱不是其真实意思表示，但刘某2未提供充足证据证明刘某4在2003年3月16日设立该份遗嘱时精神存在问题并导致行为能力有所欠缺，本院对其主张不予采纳。

关于2017年9月3日遗嘱，根据《中华人民共和国继承法》第十七条第四款规定，以录音形式立的遗嘱，应当有两个以上见证人在场见证。李某1设立该份录音（录像）遗嘱时有四位见证人在场，符合法律规定的形式要求。录音（录像）中李某1对其姓名、年龄、子女情况、立遗嘱的原因等均有清晰的陈述，本院对该份录音（录像）遗嘱的真实性和合法性均予以确认。刘某1、刘某2上诉主张该份遗嘱是李某1在受人诱导的情况下作出的、并非其真实意愿，首先，刘某1、刘某2未提供相应的证据对其主张予以证明，且综观视频资料的内容，李某1的精神状况尚可、意识比较清晰，难以推断出设立遗嘱不是其本人真实意愿。刘某1和刘某2上诉主张视听资料有可能被编辑以及篡改，但其并未申请对遗嘱的完整性和连贯性进行鉴定，故本院对其主张不予采纳。

根据《中华人民共和国继承法》第二十条规定，遗嘱人可以撤销、变更自己所立的遗嘱。立有数份遗嘱，内容相抵触的，以最后的遗嘱为准。本案中，刘某4的遗产应以2003年3月16日遗嘱作为分配依据。李某1通过2017年9月3日遗嘱变更了2003年3月16日遗嘱中其对于房屋分配的意愿，应以2017年9月3日遗嘱作为分配李某1遗产的最终方案。刘某1主张以2003年3月16日遗嘱内容继承全部房屋的意见无事实依据，本院不予采纳。一审法院按照利于生产和生活需要的原则判决涉案院落内北房五间中东数三间及东厢房三间归刘某3继承、北房五间中西侧两间归刘某1继承，有事实及法律依据，本院予以确认。

【简要评析】

在两份遗嘱没有其他事实证明可以推翻的情形下，一、二审法院均认定了两份遗嘱的真实性。因后面的遗嘱变更了前面的遗嘱内容，根据继承法的规定，以后面变更后的遗嘱为准。

录音（录像）遗嘱，在继承纠纷中并不多见，因为一般发生在比较紧急的情况下才会有录音（录像）遗嘱，其对证人的要求较高，必须是二人以上证明。本案中，法院认定四位证人均符合证人的要求，因此该录音（录像）遗嘱合法有效。

【笔者建议】

在现实生活中，经常会有子女要求老人将其财产在活着时进行处理。有些老人迫于形势，会在子女们都在的时候，写一份遗嘱交给各位子女，但许多子女在拿到遗嘱后，就不再照顾父母，甚至打骂父母。更有甚者，虐待父母。因此，许多老年人在得到保姆无微不至的照顾后，将财产给了保姆，引发许多涉及继承的纠纷。本案中，刘某3在2003年遗嘱生效后，仍旧尽心尽力赡养老人，其他子女却没有尽心照顾，在去世前，老人变更了遗嘱，将财产给了刘某3，符合被继承人的意愿，也得到了一、二审法院的支持。

四、宅基地房屋遗赠扶养协议纠纷案例解析

案例21　受遗赠人非本村集体组织成员，即使尽了扶养义务，遗赠扶养协议仍旧无效

【案情简介】

孙某是顺义区某镇地区某村村民，位于北京市顺义区某镇地区某村某街某号宅院系其所有。被告何某系外埠村民，现居住在顺义区某镇某村。双方于2008年左右经人介绍相识。

2012年6月4日，原告与被告签订了《遗赠抚养（应为扶养）协议》.在该协议中载明：因甲方（孙某）年老，无子女，无配偶，家中无人照料，长期以来依靠乙方（何某）照顾。经双方约定，愿意签订遗赠抚养（扶养）协议，并请北京市顺义区某镇地区某村村民委员会作证，双方承诺履行以下协议：1.甲方愿将自己所有的位于北京市顺义区某镇地区某村某街某号宅基地上的四间正房及宅院（房屋及宅院共计440平方米）全部赠与乙方。乙方在甲方去世后即接受上述全部财产。2.乙方保证继续悉心照顾甲方，让老人安度晚年。在甲方去世之前，乙方保证供给其衣、食、住、行、医疗等全部费用。甲方去世后由乙方负责送终安葬。3.如果抚养（扶养）人有虐待行为，遗赠人可以解除此遗赠抚养（扶养）协议。4.如果遗赠人把上述房产又处置给他人，构成对此遗赠抚

养（扶养）协议的违反，遗赠人的处置行为无效。5.甲、乙双方应信守承诺，自觉履行本协议书的权利义务，永不反悔。6.双方指定北京市顺义区某镇地区某村村民委员会负责监督见证本协议书的履行。

另，何某经孙某同意，于2013年3月份开始，出资将涉案宅院内原有的四间正房拆除，将该宅院分为前后两个院落，在前院落内新建了正房三间、南倒座三间，后院落内新建了正房六间、厢房三间。

【法院判决】

孙某与何某所签订的《遗赠扶养协议》，所针对的赠与标的物系宅基地院落，而农村集体土地的宅基地使用权系村集体经济组织成员方可享有的权利，与特定的身份关系紧密相连，依照有关规定村民个人不得擅自处分，因此本案涉案宅院的宅基地使用权系本村集体经济组织成员才能享有的权利，孙某与何某所签订的《遗赠扶养协议》在赠与房屋及院落的同时，根据我国农村房地一体的基本原则，必然也同时处分了该房屋及院落所占有的宅基地，此行为损害了集体经济组织的利益，违反了相关法律法规的强制性规定。因此，孙某与何某所签订《遗赠扶养协议》当属无效，而无效的合同，自始不具备法律效力。

【简要评析】

目前北京法院的裁判规则为：遗赠人生前将宅基地上房屋遗赠本集体经济组织以外的人，受遗赠人在遗赠人死后主张因遗赠取得宅基地上房屋所有权的，人民法院不予支持。

在现行的法律体系下，法院的判决无可指责，因为根据目前房地一体的情况下，宅基地是只有本村的村民可以享有的权利，因此，在现行法律体系下，宅基地房屋权利人，即使是签订《遗赠扶养协议》，也无权将自己的宅基地房屋遗赠给自己认可的外村人。因此，法院判决本案的宅基地《遗赠扶养协议》自始无效，不具备法律效力。

【笔者建议】

考虑到农村的孤寡老人越来越多，面临着自身养老的问题，如果本村无人愿意养老，会导致许多老人的生活出现问题。虽然随着社会福利待遇的提高，农村老人可以选择的养老地方也越来越多，但毕竟，如果有年轻人愿意扶养老人，老人将自己的财产遗赠给扶养人，也是尊重权利人意愿、符合公平原则。随着全国宅基地33个城市试点的推进，相信涉及宅基地房屋的《遗赠扶养协议》会越来越被人们所接受并得到法律的认可。

在签订《遗赠扶养协议》时，各方当事人一定要搞清楚扶养人是否有资格取得相关财产，不然一旦发生纠纷，扶养人将处于极为不利的境地。

案例22　未尽妥善看护义务导致遗赠人走丢，遗赠扶养协议解除

【案情简介】

2012年2月28日，遗赠人张某1（甲方）、扶养人陈某（乙方）与监督人杨家园村委会（丙方）签订了遗赠扶养协议书一份，三方约定甲方因老弱多病，生活不能自理，经甲方推荐、乙方同意，并征得丙方认可，由乙方照顾甲方的生活起居。经三方协商，签订遗赠扶养协议如下：1.甲方将其位于怀柔区的楼房遗赠给乙方。楼层为一层，建筑面积为84.1平方米，楼号、单元号、居室号待定。2.乙方在本协议生效后，与甲方共同生活，悉心照顾甲方生活起居，使甲方安度晚年。甲方的衣食住行以及医疗费用，全部由乙方承担，并保证甲方的生活水平不低于所在社区（村）老人的一般水平。甲方去世，由乙方安葬。3.鉴于甲方所有的楼房中有丙方121号院地上物补偿收益部分在内，乙方应当交纳该楼房的差价款，该款740元/平方米。交清前，丙方拥有该楼房部分产权，交清后甲方享有该楼房全部产权。……5.乙方无正当理由不履行本协议，致使协议解除的，甲方不给付乙方经济补偿，有权拒绝乙方接受遗赠的要求。丙方另行推荐他人扶养或自行扶养甲方。……8.丙方作为监督人，有权监督甲乙双方履行本协议。在甲方或者乙方没有按照本协议交清房屋差价款的前提下，丙方享有上述楼房的相应部分产权。任何一方违反本协

议，丙方有权作为有独立请求权的第三人主张权利。甲乙在交清房屋差价款后，该楼房所有权由甲方享有。

遗赠扶养协议签订之后，张某1即被接至桥梓镇峪口村随陈某一起居住生活。2013年3月29日，张某1自桥梓镇峪口村走失。随后，陈某多方寻找未果。

2015年7月16日，因张某1走失满二年，杨家园村委会申请法院宣告张某1失踪，并指定其为张某1的财产代管人。2015年11月11日，北京市怀柔区人民法院作出（2015）怀民特字第04465号民事判决书，判决宣告张某1失踪，杨家园村委会为张某1的财产代管人。

2015年12月29日，陈某、张某2将杨家园村委会诉至法院，要求依法变更二人为张某1的财产代管人。2016年2月23日，北京市怀柔区人民法院作出（2016）京0116民初34号民事判决书，判决变更张某2、陈某为失踪人张某1的财产代管人。杨家园村委会不服，提起上诉。北京市第三中级人民法院于2016年4月20日作出（2016）京03民终4916号民事判决书，判决驳回上诉，维持原判。

杨家园村委会作为原告，起诉张某2要求解除2012年2月28日签订的《遗赠扶养协议》。

【法院判决】

一审法院认为：公民可以与扶养人签订遗赠扶养协议。按照协议，扶养人承担该公民生养死葬的义务，享有受遗赠的权利。遗赠附有义务的，受遗赠人应当履行义务。没有正当理由不履行义务的，经有关单位或者个人请求，人民法院可以取消他接受遗产的权利。本案中双方的争议焦点主要有两个：

一是杨家园村委会作为原告的主体是否适格。

首先，基于张某1、陈某与杨家园村委会签订的遗赠扶养协议书以及张某1、张某全与杨家园村委会签订的分家析产协议，遗赠扶养协议所涉房产并非遗赠人的个人财产。在陈某与杨家园村委会均一致认可未交清差价款的情况下，上述房产仍属杨家园村委会与张某1共有。因遗赠扶养协议涉及共有财产的处分，故杨家园村委会属于利害关系人。其次，张某1系杨家园村村民，无配偶、无子女，老弱多病、生活不能自理，且有一级精神残疾，并非完全民事行为能力人；根据庭审中陈某的陈述，在遗赠扶养协议签订之前，张某1实际由杨家园村委会扶养照顾，杨家园村委会应为张某1的临时监护人。再次，三方在遗赠扶养协议中明确约定了丙方（杨家园村委会）作为监督人及有独立请求权的第三人的身份。综上，杨家园村委会作为涉诉房产的共有权人、遗赠扶养协议签订之前张某1的临时监护人以及协议中三方认可的监督人、有独立请求权第三人，作为本案的原告主体适格。张某1的财产代管人虽变更为陈某及其母亲张某2，但并不能否定杨家园村委会作为本案原告的主体资格。

二是受遗赠人陈某是否完全尽到扶养义务。

首先，遗赠扶养协议约定乙方应悉心照顾甲方的生活起居，而陈某明知张某1智力有缺陷、不识字、无语言表达能力，却未采取预防措施、未尽到妥善的看护义务而致其走失。其次，张某1早起后走失一直未回，陈某直到下午才派人去寻找，亦存在重大的过失。再次，遗赠扶养协议约定的乙方义务还包括甲方去世后的安葬义务。综上，受遗赠人陈某并未完全尽到遗赠扶养协议约定之“扶养义务”。

据此，原审法院判决：解除2012年2月28日北京市怀柔区怀柔镇杨家园村村民委员会、陈某及张某1三方签订的遗赠扶养协议书。

二审法院认为：杨家园村委会作为遗赠扶养协议中的丙方，系协议的一方当事人，合同也约定杨家园村委会有权作为有独立请求权的第三人主张权利，并非仅是见证人，而且杨家园村委会系该协议涉及房产的部分所有权人，与本案具有利害关系，再有张某1系精神、言语一级残疾，属于不完全民事行为能力人，签订遗赠扶养协议前张某1系由村委会扶养照顾，村委会实际作为张某1当时的监护人代张某1与陈某签订了遗赠扶养协议，因此杨家园村委会有权提起本案诉讼，是本案的适格主体。

因扶养人陈某在履行协议中明知张某1精神、言语一级残疾而未尽到妥善看护义务导致张某1走失，存在明显的过错，且陈某只履行了一年的遗赠扶养协议，并未尽到遗赠扶养协议所约定的生养死葬义务，现张某1走失并被法院宣告失踪，故该遗赠扶养协议的目的无法实现，杨家园村委会作为本案的适格主体起诉要求解除该协议，符合相关法律规定，原审法院据此判令解除遗赠扶养协议，认定事实和适用法律并无不当。

【简要评析】

本案是一起较为典型的遗赠扶养协议纠纷案，涉及被扶养人宅基地拆迁后房屋作为遗赠的财产。

首先需要确认的是，如果是宅基地房屋，那么需要查明陈某是不是本村的集体组织成员，如不是，该遗赠扶养协议也因被遗赠人非村集体组织成员而归于无效。本案中，由于是拆迁后安置的房屋，不属于宅基地房屋，因此不存在这方面的问题。

其次，遗赠扶养协议中，因扶养人的失误，导致被扶养人走丢，属不属于重大过失，有没有尽到妥善看护义务。本案中，一、二审法院明确扶养人未尽到生养死葬的义务，因此，村委会要求解除遗赠扶养协议的要求得到一、二审法院的支持。

最后，关于本案村委会是否适格主体的问题，本案中，村委会不仅在遗赠扶养协议中明确了其有独立第三人的主体资格，而且诉争的房屋其也有相应的权利，因此，其有作为原告是适格主体资格。一、二审法院均认定其具备原告的主体资格。

【笔者建议】

随着农村孤寡老人的增多，类似遗赠扶养协议的纠纷会增加，在签订《遗赠扶养协议》的过程中，一定要注意对老人财产的法律性质的认定，还需要对主体资格进行认定。事实上，北京市的法院是不认可城里人作为扶养人去农村扶养孤寡老人的，因为法院认为，如果认可城市居民或外村的人去赡养老人，必然存在着宅基地使用权流转到本村集体组织成员之外的人员手里，这与国家要求宅基地使用权只能由本村集体组织成员享有相悖。

五、继承人对宅基地进行翻扩建后的案例解析

案例23　被继承人死亡后所遗宅基地房屋被翻扩建，如何处理？

【案情简介】

坐落于北京市通州区张家湾镇某村的89号院，其土地使用者登记为张某珍。张某珍（因死亡，2007年3月13日注销户口）与李某纯（因死亡，1991年9月23日注销户口）系夫妻关系，生育有子女李某1、李某3、李某2。89号院原有北房三间，系张某珍、李某纯于1970年前后建造。后李某3出资对上述北房三间进行了翻建，翻建后仍是三间。同时，李某3另出资新建了东西厢房各三间、倒座房二间。另查，张某珍、李某纯生前一直同李某3居住在89号院房屋。李某1户口于1990年前后迁出89号院房屋，李某2出嫁后离婚，于1993年回到89号院房屋居住，后因同李某3发生冲突搬离89号院房屋。李某3在本村未批新的宅基地。庭审中，当事人双方对翻建和新建房屋的时间存在争议，李某1、李某2认为李某3于1989年出资在89号院内新建西厢房三间，2001年翻建北房三间，2008年新建东厢房三间和倒座房二间，并称她们也都出力了。李某3认为，2001年其出资翻建北房三间同时新建东西厢房各三间和南倒座房二间，李某1、李某2没有出资出力。现89号院有北房三间、东西厢房各三间和倒座房二间，由李某3一家居住使用。

【法院判决】

一审法院认为：结合当事人诉辩和查明的事实，争议焦点可归纳为两个方面。其一，涉诉院落内房屋是否属于遗产；其二，如存在遗产，李某1、李某2、李某3应如何确定份额。

首先，关于89号院现有北房三间的认定。涉诉的宅基地使用权人登记在张某珍名下，宅院内原有北房三间建造于20世纪70年代，对于原有老房三间的修建情况，双方均认可系张某珍、李某纯生前所建，上述原有北房三间

系他们生前夫妻共同财产。继承开始后遗产未分割前当属全体继承人共同共有，各继承人可以主张对共有物继承分割。89号院内原有北房三间在李某纯去世后，其当为张某珍、李某1、李某2、李某3共同共有，各共有人都有管理的权利和义务。2001年，李某3将全体继承人共有的原北房三间进行了重大处分，即拆除旧房并进行翻建，以新北房三间替代了原有北房三间。此时，如果简单地认为翻建而成的房屋仅为李某3所有，则原有房屋的灭失将导致了其他继承人丧失其权利，显然有失公平。李某3不能因此翻建行为而当然取得现有北房三间的房屋所有权。鉴于李某纯、张某珍去世后，现有北房三间一直未分割的事实，现有北房三间应作为李某纯、张某珍的遗产由其继承人继承。

其次，关于89号院新建东西厢房各三间、倒座房二间的认定。鉴于双方均认可上述房屋系李某3出资建造，而李某2、李某1称自己亦出力但未向法院提交证据加以证明，李某3系同张某珍同户且长期在89号院居住生活，其亦是89号院宅基地的合法使用者，为了居住生活其有权在宅基地内建造房屋。现有证据不能证明新建东西厢房各三间、倒座房二间属张某珍、李某纯的遗产，亦不能证明李某1、李某2对上述房屋的建造存在贡献。

89号院现有北房三间系张某珍、李某纯的遗产，北房三间系李某3出资、出力，其贡献较大，在综合考虑上述因素及李某1、李某2、李某3生活居住状况的基础上，充分尊重当地的风俗习惯，考虑到李某1已经出嫁，离婚后回89号院居住、李某2出嫁后搬离89号院以及李某3在本村未新批宅基地的客观事实，确定李某3一方应适当多分，李某1、李某2应适当少分。确定北房三间由李某1、李某2共同继承享有三分之一的份额，由李某3继承享有三分之二的份额。

二审法院认为：89号院内原有北房三间系李某纯与张某珍在1970年前后所建，应属于二人夫妻共同财产。李某纯1991年去世后，李某纯在原北房三间中的份额并未进行分割，此时应认定原北房三间的共有人为张某珍、李某3、李某1和李某2。2001年，李某3将原北房三间进行了翻建，并不当然取得新建北房三间的所有权。2007年张某珍去世后，原北房并未进行分割，因此现北房三间应当认定为李某纯与张某珍的遗产。

关于89号院内新建东西厢房各三间、倒座房两间房屋的性质。李某1、李某2主张李某3在张某珍宅基地上建造的上述房屋亦应当属于张某珍的遗产。二审法院认为，虽李某1、李某2、李某3关于东西厢房各三间、倒座房两间的建造时间存在争议，但各方在庭审中均认可房屋系李某3所建。本案中需要探讨李某3建造房屋的行为及其性质。各方当事人均认可李某3在本村并没有其他宅基地，其与父母共同居住在89号院内，结合农村中宅基地的使用、审批及当地风俗，李某3属于89号院宅基地的合法使用权人。因此，李某3为便于居住使用在院内建造房屋的行为不属于在被继承人生前宅基地房屋翻扩建，而是对宅基地的合法使用。因此，东西厢房各三间、倒座两间房屋属于李某3的个人财产，而不属于张某珍的遗产范围。李某1、李某2主张李某3建造东西厢房各三间、倒座两间的时候，二人曾有出资出力，但没有提交相应的证据。据此驳回上诉，维持原判

【简要评析】

目前北京各级法院的裁判规则为：被继承人死亡后，未经继承人同意，擅自对被继承人生前所有的宅基地上房屋进行翻扩建的，不影响已确定的该宅基地上房屋遗产份额划分。

继承人有权要求上述擅自改扩建人承担恢复原状、赔偿损失等责任，但实际居住管理房屋的继承人出于居住使用、维护管理目的对房屋进行翻扩建的除外。

本案中，除了对三间正房进行翻建外，李某3还在宅基地其他的空地上建设了东西厢房与倒座房。一、二审法院在李某1、李某2不能提供证据证明其出资的情况下，认定这些房屋系李某3合法利用宅基地使用权的行为，东西厢房及倒座房均不属于遗产的范畴。本案中，一、二审法院均认定，翻建的行为，不等于必然地取得了所有权，仍旧应当按遗产进行继承，考虑到李某3与父母长期居住、出资进行翻建的事实，在遗产分配中，多分一部分，也是符合法律的精神的。

【笔者建议】

在本案中，可以看到一个比较特别的现象，就是外嫁的闺女，因离婚后回到娘家，作为父母，绝对不忍心将自己的孩子拒之门外，但弟弟李某3与姐姐发生冲突，不让其住在院子里。当父母均去世后，矛盾爆发，发生诉讼。在农村的生活中，这种事常常会发生，笔者经常接触类似的案件，也协助村干部处理过类似的纠纷。要防止类似的问题出现，无非就是老人生前要做好安排，以免身后出现子女不和的局面。

案例24　被继承人去世后，继承人之一对宅基地上房屋进行翻扩建的，如何处理？

【案情简介】

刘某春与张某茹系夫妻关系，二人共生育四名子女，长子刘某1、次子刘小某（刘晓某）、长女刘某清、次女刘某2。刘某春去世后于2004年4月9日注销户口，张某茹去世后于2011年1月4日注销户口。刘小某与刘晓某系同一人。刘小某（刘晓某）与许某荣系夫妻关系，生育一子刘某，后更名为王某。刘小某（刘晓某）于1996年1月31日去世，许某荣于1994年6月4日去世。刘某清与刘某3系夫妻关系，生育二子，长子刘某4，次子刘某5。刘某清于2015年9月6日去世。

北京市通州区路城镇东前营村××号院落（以下简称××号院）及北京市通州区路城镇东前营村32号院落（以下简称32号院）宅基地使用权登记在张某茹名下，××号院内现有北房5间，32号院内现有北房4间。

被告刘某1提交北京市通州区路城镇东前营村村民委员会证明1份、村民建房申请表1份，欲证明××号院落内北房5间系其2007年出资翻建。被告刘某1系该村农民，一直在该村居住生活。

庭审过程中，被告刘某2称被继承人张某茹在世时，冬天由其将张某茹接至自己住处照顾，被告刘某1称平时张某茹与其一家共同在东前营村生活。被告刘某3、刘某4、刘某5亦表示其一家人对张某茹尽到了赡养义务。

【法院判决】

法院认为：本案中，关于刘某春与张某茹的遗产，刘小某（刘晓某）与被告刘某1、刘某2、刘某清系同一顺序法定继承人，故均有继承权。刘小某（刘晓某）先于刘某春、张某茹去世，其继承权由其子即原告王某享有。刘某清的继承份额，由其第一顺位继承人享有，即由被告刘某3、刘某4、刘某5享有。

根据××号院及32号院房屋及院落的坐落位置，对于××号院内北房5间作出如下认定。首先，根据《中华人民共和国土地管理法》中农村居民一户一宅的规定，宅基地使用权的主体资格是以户为单位的家庭，而户内人口由于生老病死、婚丧嫁娶等情况，往往处于流变之中。在部分年长家庭成员死亡后，由于该户尚存，宅基地使用权应当由剩余户内成员继续享有。被告刘某1系东前营村农民，一直在××号院内居住，且在本村内未有登记在其名下的其他宅基地。其次，继承过程中，除继承人协商确定各自的遗产份额外，应按照法律规定的考量因素确定各继承人的遗产份额。因此，被继承人死亡继承开始后，如对被继承人生前所有的宅基地上房屋进行翻扩建的，除经过继承人协商并同意据此确定各自的遗产份额外，并不能影响依法应确定的该宅基地上房屋遗产的份额划分。被告刘某1与被告李某翻建××号院内房屋时，被继承人张某茹尚在世，且翻建前后张某茹与其他继承人亦未提出异议。考虑到被告刘某1、李某系该村农民户口，其对于涉案房屋的贡献以及长期与被继承人共同生活的事实，对于涉案的××号院及32号院的分割应综合考虑。本院认定××号院内北房5间中，自东向西第1、2、3间北房为被告刘某1、李某的共同财产，归二人所有，自东向西第4、5间北房为刘某春与张某茹的遗产，由被告刘某1继承所有。

对于××号院内房屋，本院结合查明事实，考虑被告刘某2对于被继承人尽到的扶养义务较多，故本院对于32号院内北房4间作出如下分割：32号院内北房自西向东第1间北房由被告刘某3、刘某4、刘某5共同继承所有，自西向东第2间北房由原告王某继承所有，自西向东第3、4间北房由被告刘某2继承所有。××号院内自东向西第4、5间北房由刘某1继承。

【简要评析】

本案继承的宅基地房屋中，涉及两个比较核心的法律问题，其一就是登记在被继承人名下的房产，一起生活的子女在其去世后，宅基地使用权归谁享有的问题，本案中法院判决中明确宅基地使用权的主体资格是以户为单位的家庭，而户内人口由于生老病死、婚丧嫁娶等情况，往往处于流变之中。在部分年长家庭成员死亡后，由于该户尚存，宅基地使用权应当由剩余户内成员继续享有。

其二，被继承人死亡继承开始后，如对被继承人生前所有的宅基地上房屋进行翻扩建的，如何处理的问题。根据北京市高级人民法院2018年6月出台的《北京市高级人民法院关于审理继承纠纷案件若干疑难问题的解答》规定，被继承人死亡继承开始后，如对被继承人生前所有的宅基地上房屋进行翻扩建的，除经过继承人协商并同意据此确定各自的遗产份额外，并不能影响依法应确定的该宅基地上房屋遗产的份额划分。据此，法院对该宅基地院落前院中北房5间，作出了3间系刘某1夫妻所有，剩下2间为遗产的判决。

此外，本案的判决，遵循了有利于居住的原则，即××院5间房屋中有3间给了刘某1，剩下的2间在遗产继承时一并判给刘某1，使其院落成为一个整体使用。32号院的4间，给了其他的几位法定继承人。

【笔者建议】

本案非常典型，即儿子与父母住在一起，宅基地确权时将宅基地登记在父母的名下。其他子女要么分家单过，要么出嫁到其他地区。父母在世时，与父母一起居住的儿子儿媳出资翻扩建了居住的房屋，但均以父母的名义进行翻扩建。父母去世后，未留下遗嘱，其他子女要求继承财产。本案就是这种情况，因此法院注意到这些问题，先进行了析产，即与父母一直生活的儿子儿媳翻扩建5间时是主要出资方，确定该5间中的3间归儿子夫妻所有。

考虑到目前宅基地院落拆迁利益巨大，而许多老年人不想得罪任何子女，不愿意找邻居或村领导代书遗嘱，怕传出去后子女们反目。因此，有这种担心的老年人，可以考虑找律师进行遗嘱见证，让律师事务所作为遗产分配的执行人，以避免在世时发生各种纠纷。

六、帮父母翻建房屋，父母去世后如何处理案例解析

案例25　在被继承人生前对宅基地房屋翻扩建存在贡献的人，主张宅基地房屋权利的，如何处理？

【案情简介】

刘某5与李某系夫妻关系，二人婚后育有刘某1、刘某4、刘某2、刘某3四名子女。刘某5于2017年10月12日去世。

刘某5名下原有宅基地院落一处即4号院，2010年4号院落及房屋被拆迁，在拆迁时4号院内有北房4间（112.88平方米）、北房南侧棚子搭建房屋4间（36.52平方米）、东房4间（71平方米）、西房5间（4大间1小间共计70.4平方米）、东西房之间南北朝向2排房屋，每排各2间（共75.24平方米），建筑面积共计366.04平方米。关于建房情况，李某等四人主张北房4间系老房，由刘某5、李某夫妇于1980年建成，于1989年又翻盖一次，东房亦是刘某5、李某于2004年翻建，其他房屋不否认刘某4、王某的参与，但当时刘某5、李某也在场；刘某4、王某主张二人及刘某5、李某于1980年共同翻建北房4间、东房2间，于1989年共同翻建北房4间、西房2间，之后房屋的翻建、扩建、装修均系由刘某4、王某二人所为。

【法院判决】

一审法院认为，本案继承法律关系明确，诉争拆迁利益来源于拆迁前的4号院，故本案争议焦点在于各家庭成员对4号院房屋的贡献，对此各方应负相应举证责任。需要指出，在本案中，4号院已被拆迁，转化为包括回迁安置房及拆迁补偿款在内的拆迁利益，分家析产法律关系与继承法律关系无法严格区分，需要一并协调处理；还需指出，4号院被拆迁，院内房屋已被拆除，无

论是共同居住事实，还是建房事实，因经过多年，大量证据已湮灭，法院仅能根据双方当事人所提交证据材料，以及法院所调取证据材料，根据已知的事实和日常生活经验法则，运用逻辑推理和日常生活经验，对双方当事人主张进行判断，对案件事实进行认定。综合考虑各方当事人户籍情况、证人证言及所提交各类证据材料，法院认定拆迁前4号院中北房4间，东房3间和西房2间系刘某5、李某、刘某4、王某之共同财产；4号院内剩余房屋由刘某4、王某共有。

二审法院认为，本案中，当事人诉争利益包括4号院拆迁利益、承包地地上物补偿及奖励、存款、股权，上述财产系在刘某5、李某、刘某4、王某共同生活期间取得，故应当按照先析产后继承的思路处理。结合诉辩双方意见及本案查明的事实，法院按照财产类别分项认定分割。

根据本案查明的事实，4号院系祖宅，刘某4、王某结婚后与刘某5夫妇共同生活期间，共同或单独对院内房屋进行翻建、扩建，形成拆迁前的院落房屋状况。刘某4、王某在本案审理中虽主张刘某5、李某夫妇在拆迁前已将院落及房屋中属于二人所有部分赠予刘某4，但根据本案查明的事实，在案《产权变更证明》并非刘某5、李某夫妇本人签字，且李某明确主张对4号院拆迁利益进行析产继承，故法院对刘某4、王某上述意见不予采纳。4号院拆迁所得拆迁利益，应当在对拆迁前的房屋依法析产基础上，按照相关拆迁政策及继承法规定予以分配。

关于区位补偿，根据相关规定，区位补偿系针对农村居民宅基地使用权利的货币补偿，而农村宅基地使用权是农村集体经济组织成员依法使用集体所有的土地建设住宅房屋的权利。根据本案查明的情况，刘某4婚后与父母在4号院内共同生活未另批宅基地；4号院内户籍人口为刘某5、李某、刘某4，在案《入户调查明细表》亦显示三人为在册人口；王某虽在院内生活并建房，但因其户口已于1979年2月11日迁出4号院，在拆迁时亦非户内在册人口，故上述区位补偿应由刘某5、李某、刘某4三人均等分配。

关于房屋重置成新补偿，根据当事人在本案审理中的陈述，4号院在

1980年第一次建设之前原有北房3间、北房东西各有耳房1间、西房旧碎砖房和门道各1间、东房杂物房1间；在拆迁前翻建、扩建形成了北房4间、西房4间（含1间门道）、东房3间、北侧大厅、南侧大厅、过道封顶、锅炉房、厕所。上述房屋翻建、扩建系在刘某4、王某结婚后与刘某5夫妇共同生活期间发生，双方当事人对于翻扩建出资出力情况各执一词。根据相关规定，对被继承人生前宅基地上房屋翻扩建确存在贡献的人，据此主张享有宅基地上房屋共有权或增加相应继承份额的，人民法院不予支持。对于其据此主张的相应补偿请求，人民法院应根据相应证据，尊重风俗习惯，从公平角度出发，在判断法律关系性质属于赠与、亲属间无偿帮扶抑或债务的基础上，确定是否支持。综合4号院原有房屋及翻建扩建情况、翻建扩建时当事人年龄及共同生活情况，本院根据上述规定酌予认定北房4间、东房3间、西房2间系刘某5、李某夫妇共同财产，剩余房屋系刘某4、王某夫妇共同财产，一审判决对上述房屋认定与相关规定不符，本院予以纠正。

【简要评析】

目前北京各级法院对此类案件的裁判规则为：对被继承人生前宅基地上房屋翻扩建确存在贡献的人，据此主张享有宅基地上房屋共有权或增加相应继承份额的，人民法院不予支持。对于其据此主张的相应补偿请求，人民法院应根据相应证据，尊重风俗习惯，从公平角度出发，在判断法律关系性质属于赠予、亲属间无偿帮扶抑或债务的基础上，确定是否支持。

本案中涉及其他财产的分配，基于本书的重点系宅基地，因此摘取了涉及宅基地的部分。一、二审法院基于争议的重点即4号院的翻扩建，进行了论述，一审法院根据已知的事实和日常生活经验法则，运用逻辑推理和日常生活经验，对双方当事人主张进行判断，对案件事实进行认定。二审法院基于将区位补偿与房屋重置成新价进行分开论述，纠正了一审对上述房屋认定的错误。

本案属于比较典型的对被继承人的宅基地进行翻扩建后如何处理的案例，目前看，北京市范围内处理原则为：先析产，析产后根据各自的份额进行继承分配。

【笔者建议】

农村的风俗习惯中，接替父母一方去单位上班的，多数都不再继承宅基地使用权，而跟父母生活的子女，基本上在村里务农或就近打工。因此形成了宅基地登记在父母名下的情形。随着人口的增加出现房屋不够的情况下，又会在宅基地上翻建或扩建房屋。父母去世后，接替父母一方当工人的子女，因宅基地拆迁利益的增加，会发起法定继承之诉，进而形成类似本案的诉讼。各级法院的实务操作中，对于此类事件的处理，一般会按先析产后继承的原则进行。建议老人们生前找专业的律师代书遗嘱，以避免身后孩子们发生纠纷。

案例26　法院可依据宅基地上的房屋面积比例，对区位补偿款进行分配

【案情简介】

李某德与李某惠于1975年2月3日登记结婚，婚后未生育子女；李某1、李某2、李某4、李某3、马某均系李某惠与前夫所生之子，马某自小由其姨夫、姨母抚养。李某惠与李某德结婚后，李某1、李某2、李某4、李某3随李某惠与李某德共同生活；李某德于2006年11月4日死亡，2010年7月5日因死亡被注销户口，李某惠于2017年9月20日因死亡被注销户口。

李某德、李某惠原有宅基地一处即5号院，2010年，该房屋被拆迁，被拆迁时院内有北房5间、南房6间。李某惠与北京市大兴区旧宫镇人民政府于2010年4月23日签订《住宅房屋拆迁货币补偿协议》，于2010年6月8日签订补偿协议和拆迁安置购房协议，确认5号院宅基地面积为242.5平方米，合法建筑面积为209.5平方米，区位补偿价为452520元、房屋重置成新价446363元、提前搬家奖励费2000元、工程配合奖50000元、搬家补助费3143元、安置奖励费62850元、少建房奖励费11631元、停产停业综合补助费82220元、其他费用30000元、周转费113130元，李某惠选购3套回迁安置房，扣除购房款后，剩

余拆迁补偿款为458791元。该笔拆迁补偿款于2010年6月23日发放至李某惠账户内。

【法院判决】

法院认为：本案诉争5号院拆迁利益系李某德、李某惠、李某3、李某2共同居住生活期间取得，分家析产法律关系与继承法律关系无法严格区分，需按照先析产后继承的思路一并协调处理。

根据本案各方当事人的陈述及相关证据，5号院北房西数第一间房屋由李某2建造并长期居住，北房东数第一间房屋由李某3建造并长期居住，北房中间3间房屋由李某德、李某惠共同建造并居住使用，南房原由李某德、李某惠建造，后由李某3参与翻建。虽然李某4主张其曾参与部分房屋建造，但无相关证据及他人陈述相佐证，且即使其参与建造，但其另有宅基地，且并未在5号院内长期居住生活，根据相关规定，对被继承人生前宅基地上房屋翻扩建确存在贡献的人，据此主张享有宅基地上房屋共有权或增加相应继承份额的，人民法院不予支持。对于其据此主张的相应补偿请求，人民法院应根据相应证据，尊重风俗习惯，从公平角度出发，在判断法律关系性质属于赠与、亲属间无偿帮扶抑或债务的基础上，确定是否支持。故法院综合5号院原有房屋及翻建情况及共同生活情况，酌情确定拆迁前5号院内北房西数第一间归李某2所有，北房东数第一间归李某3所有，剩余北房归李某德、李某惠所有，南房归李某德、李某惠、李某3共同所有。

根据《房屋拆迁货币补偿估价结果通知书》，5号院内房屋实测建筑面积为180.08平方米，合法建筑面积为209.5平方米，较房屋实测面积存在29.42平方米溢出部分，法院综合此情况酌予认定上述209.5平方米合法建筑面积中127平方米属李某德、李某惠夫妇共同财产，24.5平方米属于李某2的财产，58平方米属于李某3的财产。李某德去世后，其与李某惠共有财产的一半（63.5平方米）应作为其遗产由其继承人继承。李某德与李某惠结婚时，李某1、马某均已成年，李某德与其二人并未形成继养关系，虽然当时李某2亦已16余岁，但其长期与李某德夫妻共同生活，履行了主要赡养义务，李某德死亡后亦参与丧葬事宜的操办，从抚养时间的持续性、家庭身份的融合性等因素综合进行判断，李某德与李某2形成继子女关系，故李某德的继承人为其配偶李某惠及李某2、李某4、李某3三名继子女，4人各继承15.87平方米或15.88平方米建筑面积。属于李某德的房屋面积继承分割后，李某惠应享有的房屋建筑面积为79.38平方米、李某2应享有的房屋建筑面积为40.37平方米、李某3应享有的建筑面积为73.88平方米、李某4应享有的建筑面积为15.87平方米。

根据上述确认的房屋面积，结合拆迁补偿情况，法院对拆迁利益认定分割如下。区位补偿价，李某2、李某4均非本户在户人口，区位补偿价由李某惠、李某3根据面积比例分配。关于安置房屋部分，实际选购的回迁安置房面积为260平方米，较房屋合法建筑面积存在50.5平方米溢出部分，法院综合考虑此情况，酌情确定应属于李某惠所享有的79.38平方米建筑面积可获安置面积98.5平方米，李某2所享有的40.37平方米建筑面积可获安置面积50平方米，李某3所享有73.88平方米建筑面积可获安置面积91.5平方米，李某4所享有的15.87平方米建筑面积可获安置面积20平方米。

【简要评析】

本案还涉及遗嘱、赠与等问题，出于篇幅的考虑，本文没有录入。本案主要是涉及一个裁判规则，即对被继承人生前宅基地上房屋翻扩建确存在贡献的人，据此主张享有宅基地上房屋共有权或增加相应继承份额的，人民法院如何处理的问题。结合本案判决可以看到，对于此类请求，法院是结合相关的规定不予支持的（该规定系北京市高级人民法院在2018年6月出台的《北京市高级人民法院关于审理继承纠纷案件若干疑难问题的解答》中的规定）。对于其据此主张的相应补偿请求，人民法院应根据相应证据，尊重风俗习惯，从公平角度出发，在判断法律关系性质属于赠与、亲属间无偿帮扶抑或债务的基础上，确定是否支持。本案中，法院注意到这些情形并进行了酌情处理。

【笔者建议】

关于宅基地上翻建时出资过的继承人，更多的是出于帮助父母翻建，改善父母的生活条件，从法律关系的角度来看，属于赡养的范畴。因此，北京市高级人民法院出台该规定进行明确是有法理依据。但因翻建投资较大，因此，可以在案件审理过程中，认定为尽了主要赡养义务的继承人，可以多分一些遗产。

第五章　宅基地分家析产纠纷法律实务与案例解析

一、宅基地分家析产法律实务与类型

司法实践中，单独提出分家析产的案例不在少数，在实务操作中，分家析产与合同效力、所有权确认、继承、赡养纠纷等经常混在一起。不同的当事人对诉求的不同，导致分家析产案也不尽相同。有的只要求确认效力，有的要求确认分家析产中涉及房屋的所有权，有些还涉及继承问题，更多的是涉及赡养。分家析产案中，因未履行赡养义务而发生争议的案件，在各地均有发生。

通过对此类案件的整理，笔者将分家析产案分为：因签名问题导致分家析产协议是否有效类的案例，未给残疾人留份额的分家析产协议是否有效的案例，分家析产后兄弟要继承父母的遗产如何处理的案例。在编辑的过程，笔者将结合案例提示签订分家析产协议时应注意的细节。

二、因签名产生纠纷的分家析产案例解析

案例27　分家单中父母均未签字，由他人代书仍应认定为有效

【案情简介】

郑某8与张某系夫妻关系，二人共育七个子女，即郑某9、郑某3、郑某4、郑某2、郑某6、郑某5、郑某1。郑某8于2002年4月26日死亡注销户口，张某于2005年12月26日死亡注销户口，郑某9于2008年1月7日死亡注销户口。第三人寇某系郑某9之妻，第三人郑某7系郑某9之女。涉案房屋位于北京市通州区西集镇杨家洼村×号（以下简称×号院），×号院的北京市土地登记审批

表编号为×1号，登记的土地使用者郑某10（又名郑某1）。1988年12月，郑某2等人签订一份《分家草单》，其中约定新建五间——郑某9（另给板材，拿出1800元）；西边相邻五间——郑某4（拿出1000元）；道南五间——郑某5（拿出800元）；东三间——郑某11（拿钱200元，另给柁二架，一粗一细）；西三间——郑某2，同时对父母的养老、医疗及部分财产内容作出了约定，并署有“郑某9、郑某3、郑某4、郑某12、郑某5”的签名。

2005年张某玺作为代笔人书写“证据”一份，其中落款处有立字人张某（摁有手印）、中证人于某、执笔人张某玺签名并盖有西集镇杨家洼村村委会的公章，内容为：经张某老人自述和要求，同意长子郑某9现居住的伍间房产权归郑某9所有。郑某4居住的伍间房产权归郑某4所有。郑某5分得张某华西街房的伍间房产权归郑某5所有。郑某3、郑某2兄弟二人分得王某山东街房的陆间房和玖棵树贰架柁，兄弟二人均分，每人三间房的产权归郑某3、郑某2所有。为了以后兄弟之间的团结和睦共同扶养好老母亲，使老人后半生生活幸福，空口无凭、立此证据为证。此证据伍份兄弟伍人每人各持壹份。

2016年5月28日郑某3及其爱人王某兰，郑某4，郑某5，郑某2，郑某9的爱人寇某及其女郑某7共同签署一份《证明》，内容为“2005年4月30日由母亲张某主持，全体家庭成员就已故父亲郑某8（曾用名郑之存）及母亲张某共同拥有的老房通过《证明》形式予以了处分。根据该《证明》的内容，现位于通州区西集镇杨家洼村×号院及院落东临一排正房共六间，其中西数第一、二、三间正房为郑某2所有，该房均在×号院内；与我村×号院相邻的西数第四、五、六间正房为郑某3所有（王某兰与郑某3为夫妻）。上述房屋自1988年初均由郑某2夫妻及郑某3夫妻各自居住使用。此事经村委会盖章确认，均属实。以上情况属实，特此证明”。

2017年9月30日，西集镇杨家洼村村委会出具证明，内容为“1988年12月在郑某8、张某夫妇的主持下，将自己拥有的四处房屋分配给之子郑某9、郑某3、郑某4、郑某2、郑某5。将其中现×号甲和×号各三间房屋分配给郑某3、郑某2。现×号甲和×号两门牌号原属于一个院，共有北房六间，东数第一间、第二间、第三间分给郑某3，西数第四间、第五间、第六间分给郑某2，分家后的1990年，郑某3在院中间砌墙分开两个院落。”

【法院判决】

一审法院认为：根据“房地一体”原则，当事人可以通过合法建造、分家析产约定、继承等方式而取得相应宅基地使用权，并不违反法律行政法规强制性规定。基于此，亦并不能将宅基地使用权的登记人作为权利确定的唯一依据。根据本案分家草单、张某的“证据”、证明并结合当事人的陈述，可以形成完整的证据链，法院据此认定涉案房屋的权属已经通过分家析产的方式予以确认。《分家草单》均系各方真实意思表示，不违反法律、行政法规的强制性规定，故该分家草单合法有效。郑某2主张×号院内北房东数第四、五、六间归其所有的诉讼请求，理由正当、证据充分，法院予以支持。对郑某1主张涉案房屋归其所有的意见，法院认为在涉案房屋通过分家析产归属他人的情况下，仅以宅基地使用权登记情况、涉案房屋居住情况以及对父母尽赡养义务的事实，并不能因此改变涉案房屋的权属，且郑某1提供的于某、张某喜的证明亦可以间接佐证张某对涉案房屋处分的意思表示，故对其意见法院不予采纳。对部分第三人主张相关证据中的署名情况，因未能举证证明，仅通过否认不能推翻证据本身的效力。一审法院判决：确认《分家草单》有效，并将坐落于北京市通州区西集镇杨家洼村×号院内北房东数第四间、第五间、第六间归郑某2所有。

二审法院认为：本案中，郑某2与郑某1对×号院内北房东数第四、五、六间房屋（以下简称涉案房屋）的归属发生争议。郑某2依据《分家草单》记载的内容主张涉案房屋应归其所有。郑某1对《分家草单》的效力不予认可，主张依据《土地登记审批表》涉案房屋应归其所有。本院归纳本案二审的争议焦点为《分家草单》的效力如何认定以及涉案房屋应归谁所有。

对于《分家草单》的效力。首先，《分家草单》经由郑某9、郑某5、郑某2、郑某4、郑某3签名，应认定为各方的真实意思表示，内容亦不违反法律、行政法规的强制性规定。虽郑某1主张《分家草单》存在缺乏落款日期，缺乏父母签名，缺乏郑某1、郑某6两名女儿签名，缺乏中证人等瑕疵，但本院认为，根据郑某2的陈述，《分家草单》形成于1988年，当时农村的老年人受教育程度不高，很多老年人不识字更不会写字，由儿子代父母在分家单上签字，在当时的北京农村亦符合当地的风俗和习惯，故不应仅基于上述瑕疵而否定《分家草单》的效力。而且，除《分家草单》外，郑某2还提供了2005年4月30日由张某口述并摁手印，于某、张某喜作为中证人签名，盖有杨家洼村委会公章的《证据》；2016年5月28日郑某3及其爱人王素兰、郑某4、郑某5、郑某2、郑某9的爱人寇某及女儿郑某7共同签署的《证明》；2017年9月30日杨家洼村委会出具的《证明》等证据，用以佐证《分家草单》中有关涉案房屋的处理属实。郑某1以及部分第三人虽对上述2005年4月30日的《证据》、2016年5月28日的《证明》、2017年9月30日的《证明》之真实性均不认可，但并未对此提供充分有效的证据予以反驳，亦未对上述证据中的签名、手印等申请司法鉴定，故本院对上述证据的真实性予以采信。根据郑某2提供的《分家草单》、2005年4月30日的《证据》、2016年5月28日的《证明》、2017年9月30日的《证明》等，结合各方当事人的陈述及本案查明的其他事实，能够形成完整的证据链，可以认定涉案房屋的权属已经通过分家的方式确认归郑某2所有。故一审法院判决确认《分家草单》有效，并将涉案房屋判归郑某2所有，并无不当，应予维持。

【简要评析】

在我国的司法实践中，分家析产协议，除非形式上有重大瑕疵或违反法律、行政法规的强制性规定，一般会认定为有效。在分家析产中，由于农村风俗习惯，许多母亲、外嫁的女儿均不会参与到分家析产的协议中，也不会在上面签字确认，但考虑到风俗习惯问题，即使没有父母、女儿的签字的分家析产协议，也会被法院认定为合法有效。本案中，一、二审法院均认定《分家草单》合法有效。

案例28　母亲在分家单上未签字，分家单是否有效？

【案情简介】

王某全与吴某芳系夫妻关系，二人生育子女六人即王某才、王某珍、王某华、王某利、王某荣、王某民。王某民于1982年10月13日死亡，王某全于2007年4月17日去世。王某全的父母均先于王某全去世。位于北京市通州区宋庄镇菜园村33号有院落一处，该院落宅基地使用证登记在王某全名下。王某华、刁某明在庭审过程中提交了一份2000年12月10日的《分房字据》及一份2015年3月24日的《分家字据补充协议》，《分房字据》的内容为：王某全自愿将自家前院房屋正房三间、厢房二间分给女儿王某华所有，王某华义务每月交父母生活赡养费一百元并负责母亲吴某芳的医药费。该字据下面房主处有王某才、王某华、王某全、刁某明的签字，证人处有张某英、夏某东的签字。《分家字据补充协议》的内容为：我叫吴某芳，与王某全是夫妻关系，本人郑重承诺，同意王某全生前于2000年12月10日所立字据，即原自家院落房屋正房三间、厢房二间归女儿王某华和女婿刁某明所有，王某华和刁某明继续履行其赡养义务，给我养老送终，空口无凭，立字为据。另：东边自留园子归王某华和刁某明耕种、经营。该协议下面立据人处有吴某芳签字和按捺手印，继承人处有刁某明、王某华签字和按捺手印，证明人处有张某英签字和按捺手印，见证人处有王某香等四人签字和按捺手印。对于上述两份协议的真实性，王某才、吴某芳、王某珍、王某荣、王某利均表示不予认可，吴某芳申请对于《分家字据补充协议》中其签字和指纹的真实性进行鉴定，经本院委托后，北京华夏物证鉴定中心出具了终止鉴定告知书，称检材上"吴某芳"签名字迹处指纹印纹线不清，特征点不足，不满足鉴定条件，样本签名字迹仅有案后样本，比对条件不充分，且笔录中已说明双方均无法提供同时期笔迹比对样本，故终止了此次鉴定。

庭审中，本院传唤了证人张某英出庭，张某英称2000年时其为菜园村村主任，2015年时已不是该村村主任了，参与了上述两份协议的签署过程，协议签署时吴某芳均在场，神志清楚，知晓协议内容，之所以2000年时未签字是因为当时王某全称自己说了算。

【法院判决】

法院认为：依法成立的合同，自成立时生效。当事人对自己提出的主张，有责任提供证据。在作出判决前，当事人未能提供证据或者证据不足以证明其事实主张的，由负有举证证明责任的当事人承担不利的后果。王某华、刁某明请求确认2000年12月10日的《分房字据》合法有效，吴某芳等五名被告不同意该请求，理由系该协议签订时吴某芳不在场，不知情，但根据王某华、刁某明提交的证据，本院认为吴某芳当时在场且知情的事实存在高度可能性，而吴某芳等五名被告亦未提交充分反证证明吴某芳当时不知情，因此本院对于被告的意见不予采信。另外，根据王某全和吴某芳年龄及生活背景，结合涉案家庭所处的村落的习俗和传统，吴某芳未在类似分家协议的字据上签字的情况，并不必然说明吴某芳对协议的内容不知情，对分家的结果予以反对。因此，涉案的2000年12月10日的《分房字据》并不违反法律、行政法规的强制性和效力性规定，属有效协议。

【简要评析】

分家析产协议并非一定要父母均在分家析产协议中签字才是生效的必要条件。可以根据签订分家析产协议时父母的年龄及生活背景，并结合涉案家庭所处的村落的习俗和传统进行确认。本案中，分家析产协议中没有母亲的签字，也有没外嫁到其他村的三位姐妹的签字，但这都符合当时的习俗与传统，不能因为母亲未签字，或外嫁的姐妹没有签字就认定分家单无效。在农村，绝大多数的分家析产，都是在儿子之间进行，不会涉及外嫁的女儿。在很长的一段时期，我国农村的分家析产协议中，多数的参与人为儿子，而不会涉及女儿。这种情形与习俗，估计将延续很长的时间。

【笔者建议】

这是笔者在2019年经办的一起案件，接手这个案件时，当事人找过许多位律师同行进行了咨询，律师们都认为就算不请律师，房产也有一半是当事人的。刁某称因为其父亲在字据上写得很清楚，父亲的那份，正房三间厢房二间已明确给了刁某夫妻。按法定继承也应该是刁某夫妻的。看完当事人提交的材料后，我觉得打分家析产纠纷，会对当事人更加有利，于是询问当时分家单的起草人张某英、见证人夏某东能否出庭作证，得到明确的答复后，笔者跟当事人达成一致，按分家析产来进行诉讼。并最终得到法院的支持。

分家析产纠纷看似简单，但里面涉及的财产利益一点不简单，而且因涉及人数众多，关系复杂，特别是证人因年代久远，记忆力衰退造成记忆模糊等，均有可能会被法院认定为分家单无效。因此，在涉及当事人重大利益面前，一定要做好证据的准备、制定好诉讼策略，进行合理的推演，发现漏洞后及时补上漏洞等。

案例29　共有人缺失的分家协议，法院认定为无效

【案情简介】

王某、周某夫妇育有五个子女，即长女王某5、长子王某1、次子王某2、次女王某6、三子王某3。王某2与井某系夫妻关系，二人于1976年9月25日登记结婚。王某3与曹某系夫妻关系，二人于1982年3月19日登记结婚。王某1于1958年12月24日入职国营北京有线电厂，户口随之迁出。现王某1为城镇居民户籍。

王某2、井某夫妇居住于2号院，该院东至王某7、西至宁某、南至王某3、北至佟某，王某2称该院系其于1978年申请的宅基地，其与妻子井某于1979年出资建造了北房5间，于1984年建造西厢房3间，于1987年在北房5间东侧建造了2间北房，于2008年将西侧5间北房翻建为3大间板房，于2009年建造南房6间（其中东数第1、2间为门道），于2017年建造东厢房3小间。对于2号院的北房建造情况，王某1称其不清楚，其没有参与建设。

王某3、曹某夫妇居住于4号院，该院东至刘某2、西至宁某1、南至王某8、北至王某2，王某3称该院是王某2于1969年申请的宅基地并建造了北房5

间，1986年王某2夫妇帮助王某3夫妇在该院内北房5间东侧加建北房2间，王某3夫妇另建造东厢房2间，后王某3夫妇于2008年建造西厢房3间并翻建了北房西侧5间，于2010年建造南房3大间（东数第1间系门道）。对于4号院北房建造情况，王某1代理人表示需要核实，应该没有出资，且分家单中称王某1给付王某2劳务费30000元。

2007年6月9日，由刘某1（王某1的干弟弟）代书的分家单，在刘某3、刘某2见证下，分家单载明："立单人王某1、王某2、王某3，现将所有房产分配如下：前后院各正房七间，共计拾肆间，其中前后院东边各两间共肆间分给老大王某1，后院西边五间分给老二王某2、前院西边五间分给老三王某3，以上分配包括房屋的使用权及所有权、房基地的使用权在内。南北院南边各有5米走道。王某1给王某2劳务补偿款及部分保险费共计叁万元整，款及时付清，立字为证，立分家单人：王某1、王某2、王某3，中人刘某2、刘某3，代笔人刘某1"。经询问，签署分家协议时，王某2、王某3表示上述分家单系王某1写好后让其二人签字的，井某、曹某并未参与。另王某1提交的分家单复印件一份，分家单的右上角有"王某"的字迹及手印；王某2、王某3不予认可，称分家单原件只有一份，"王某"的签字和手印都是后加的，并提交了分家单复印件一份，该份复印件右上角并无其他字迹及手印；对此，王某1并未提交分家单原件予以证明。

另王某1提交了1950年的土地房产所有证存根，证明房屋原所有权人为王某；王某2、王某3质证称认可该存根的真实性，但不认可证明目的，该存根记载的院落经过了几十年，相关院落的权属已经确权，应以现在确认的为准。王某2、王某3提交了：1.编号为×××集体土地建设用地使用证，登记土地使用者为王某3；2.编号为×××集体土地建设用地使用证，土地使用者为王某2。3.手记账，并称是4号院东侧2间房屋的支出明细，系王某所写，证明4号院东侧2间是由王某2、王某3夫妇四人所建。王某1质证称土地使用证真实性认可，不认可证明目的，手记账真实性不认可。

2018年11月，王某1向法院邮寄调查取证申请，要求调取兴07集建（93）

字第8-194号集体土地建设用地使用证及兴07集建（93）字第8-185号集体土地建设用地使用证的登记备案文件、信息。

【法院判决】

一审法院认为，本案争议的焦点问题是2007年王某1及王某2、王某3所签订的分家单是否合法有效。分家是农村传统习俗中常见的父母为子女分配财产的一种方式，所分配的财产一般是父母的财产或者是父母与子女共同置办的财产。首先，王某1所提交的分家单，仅有兄弟三人及中间人、代笔人签字，其分家单复印件右上角有其父的签字及手印，但王某2、王某3对此不予认可，并提交了另一份右上角无字迹及手印的分家单复印件，王某1未提交分家单原件予以反驳，法院对王某1提交的分家单复印件难以采信。即使王某1提交的分家单系真实的，若王某在签订分家单时在该单上签字，亦应与其他签字人一样在落款处签字。其次，分家的财产应系父母财产或家庭共同财产，而2号院北房7间系王某2夫妇所建，4号院北房西侧5间系王某2所建，东侧2间系王某2夫妇及王某3夫妇共同建造，并非双方父母财产或家庭共同财产，分家单签订时未经王某2之妻井某、王某3之妻曹某的同意，侵犯了该二人的合法权益。再次，王某1于1958年因工作原因搬至朝阳区生活，王某2于1976年结婚，王某3于1982年结婚，之后，王某2一家一直居住在2号院，王某3一家一直居住在4号院，而分家单签订于2007年，该分家与传统子女成家后分家的习俗不相符合。综上，王某1与王某2、王某3所签订的分家单应属无效，故对王某1要求确认分家单合法有效，并取得2号院东侧2间北房的所有权及4号院东侧2间北房所有权的请求，法院均不予支持。另王某1要求取得2号院和4号院宅基地使用权的请求，违反法律规定，法院亦不予支持。关于王某1要求调取案涉两个院落集体土地建设用地使用证的备案文件及信息的请求，因王某2、王某3提交了上述证件，且其所申请调取的证据与本案房屋所有权的确认亦无直接关系，法院不予调取。一审法院判决：驳回王某1的全部诉讼请求。

在二审庭审过程中，王某1提交分家单原件，证明存在分家情形及具体分家内容；王某1另提交签有“王某”名字的分家单（代遗嘱）、签有“王某”名字的说明各一份，证明2号院、4号院的变迁过程；王某1提交刘某2、刘某1的证人证言，证明分家单的形成过程。

二审法院认为，本案的争议焦点有二：一是王某1能否主张其对案涉宅基地使用权；二是分家单是否有效，王某1能否基于分家单取得案涉房屋的所有权。

关于争议焦点一：宅基地使用权是集体经济组织成员享有的权利，与特定的身份相联系。本案中，王某1为城镇户籍，并非集体经济组织成员，王某1上诉要求确认其有案涉宅基地使用权于法无据，本院不予支持。

关于争议焦点二：首先，分家单中仅有兄弟三人及中间人、代笔人签字，王某1提供分家单原件证明有“王某”签名且按手印，但与王某2、王某3持有的分家单复印件不符。且即使有“王某”签名及手印，但其将名字落款在右上角的方式明显与其他人不同。其次，分家单涉及的2号院和4号院已分别由王某2、王某3取得了集体建设土地使用证，且主张院内房屋均系其所建。王某1既未提供充分证据证明分家单所涉房屋系王某祖宅，亦未提供充分证据证明房屋系王某出资建设。再次，分家单所涉房屋建成于王某2与井某、王某3与曹某婚姻关系存续期间，且距今年代久远，应当包含有夫妻共同财产。分家单中没有井某与曹某签名，且王某1亦未提供证据证明井某与曹某对分家单内容系明知且同意。最后，王某1已于1958年搬至朝阳区生活，而该分家单形成于2007年。该分家单的形成时间与方式均与一般传统意义上的分家单迥异。故一审法院综合考虑分家单形式、内容及形成时间认定该分家单无效，有事实和法律依据。

综上所述，王某1的上诉请求不能成立，应予驳回；一审判决认定事实清楚，适用法律正确，应予维持。

【简要评析】

当事人对自己提出的诉讼请求所依据的事实或者反驳对方诉讼请求所依据的事实，应当提供证据加以证明，但法律另有规定的除外。在作出判决前，当事人未能提供证据或者证据不足以证明其事实主张的，由负有举证证明责任的当事人承担不利的后果。在共有的基础丧失或者有重大理由需要分割时，共有人可以要求分割共有财产。

分家单在我国农村存在广泛，通常会涉及赡养、分家析产、继承、赠与等几个方面的内容，处理的财产原则上为父母的财产或者父母与子女共同置办的财产。在司法实践中，对分家单的认定通常会考虑分家单的形成时间、参与人员、形成背景及具体内容，综合予以认定。一、二审法院综合了分家单的形成背景，加上有其他人未在分家单中签字并事后未追认的情形，认定该分家单无效，符合法律规定。

案例30　事后追认的分家协议被认定为合法有效

【案情简介】

冯某5与王某兰婚后共生育五名子女，长子冯某2、次子冯某3（曾用名冯某雪）、三子冯某9、长女冯某4（曾用名冯某）、次女冯某1。2005年9月22日王某兰死亡，未留遗嘱。

1974年冯某5在丰台区段庄71号将原有5间北房翻建为北房6间。1989年将北房6间翻建为5间，并翻建东、西房各两间。

2013年9月5日冯某5、冯某4、冯某3、冯某9、冯某1、杜某签订《房产契约》，内容为："经全家子女和村政负责同志参加共议，邻居老友朱某见证并代书。坐落于段庄71号正房五间，配房七间，冯某5留给自己两间北房居住，其余均归三子冯某9和儿媳杜某所有，老人冯某5晚年生活，所有儿女均应孝敬照顾，目前房产院落仍维持现状，不再进行修改变动。老人冯某5享有的全部房产份额及个人财产在老人冯某5临终前另立遗嘱处置。此证明一式八份，参加人每人各执一份，村政留存档一份"。丰台区花乡榆树庄村人民调解委员会加盖公章。

2016年6月28日，冯某5、冯某4、冯某1、冯某2、冯某3、冯某8签订《冯某5携子女分家协议》，内容为："丰台区段庄71号有北房五间，冯某5与王某兰是夫妻关系，王某兰已故，冯某5与子女五人即：冯某4、冯某2、冯某1、冯某3、冯某8代冯某9经充分友好商议同意，将院内北房东数两间房屋作如下分配：1.冯某5现居住北方（房）东数两间房屋，人健在时居住并享有分配权力（利），其他子女冯某4、冯某2、冯某1、冯某3、冯某8代冯某9，遇拆迁平均受分北方（房）东数两间房屋其中一间房屋的份额，冯某5放弃另一间房屋的份额。2.若冯某5百年后，未进行拆迁且冯某5对院内北方（房）东数两间中的一间房屋未作处分，子女冯某4、冯某2、冯某1、冯某3、冯某8代冯某9，平均受分北房东数两间房屋的份额。3.冯某5及子女冯某4、冯某2、冯某1、冯某3同意，放弃段庄71号院内其他房屋的权利，不在（再）主张。4.此分家协议经榆树庄调委会见证下，是签字各方真实意思，永不反悔。”

【法院判决】

法院认为，本案双方争议的焦点为：双方当事人签订的《冯某5携子女分家协议》是否有效。签订该分家协议时，冯某9不在场，由冯某9之子冯某8代签，庭审中，冯某9对该分家协议的内容认可，应视为对该协议的追认；因此该协议是双方当事人的真实意思表示，未违反法律、行政法规的强制性规定，应为有效。

【简要评析】

本案的内容笔者只节选了追认分家协议这一节，其他的未编入。在本案中，冯某9未在分家单中签字，由其子冯某8代签。假设冯某8的签字冯某9不认可，那么这份分家协议合法有效吗？抑或是部分有效？笔者认为也应该认定为合法有效。冯某9未参加家庭会议，但其子已成年，2016年的分家是在2013年分家的基础上完善，而且分家单也未损害其权益。其次，如果冯某9认为侵害了其权益，其撤销分家单已过时效，因为撤销协议的时效为一年，起诉时已过了一年的时效了。

三、未给残疾兄弟留下份额的分家析产案例解析

案例31　未留下份额给残疾的兄弟，分家协议无效

【案情简介】

赵某与彭某6系夫妻关系，二人共生育四子二女，分别为：长子彭某9、次子彭某10、三子彭某4、四子彭某5、长女彭某7、次女彭某8，再无其他子女。彭某6于1995年11月2日因去世户口注销，彭某10于2002年3月22日因去世户口注销，彭某7于2015年12月9日因去世户口注销。彭某9系残疾人。彭某1与彭某10系夫妻关系，二人共生育两女分别为彭某2、彭某3。彭某4与张某系夫妻关系，彭某5与朱某系夫妻关系。

涉诉宅院位于北京市顺义区××地区××村××街××号，对应的《集体土地建设用地使用证》编号为顺－××－××（证）字第××号，登记的土地使用者为彭某6。双方一致认可涉诉宅院内北正房五间系彭某6与赵某出资建造，就宅院内其他建筑物之建造情况双方各执一词，赵某主张系赵某与彭某6出资建造；彭某1、彭某2、彭某3主张系彭某10与彭某1出资建造。双方一致认可涉诉宅院现由赵某实际控制使用。

赵某于2017年12月22日将本案被告诉至法院，要求继承涉诉宅院内房屋。法院经审理查明：彭某6与赵某夫妻共育有四子二女，分别为长子彭某9、次子彭某10、三子彭某4、四子彭某5、长女彭某7、次女彭某8。其中，彭某9为智力残疾人，本案中，村委会指定彭某5为彭某9的监护人。彭某6于1995年去世。彭某6之父彭某11于1986年去世，彭某6之母彭某12于1976年去世。彭某10于2002年去世。彭某10、彭某1夫妻共生育二女，分别为彭某3、彭某2。彭某7于2015年去世。彭某7、任某1夫妻共生育二女，分别为长女彭某2、次女彭某3。该二人均表示，若涉及其财产权利，也不主张权利，也不参与诉讼。北京市顺义区杨镇××村××街××号宅院内现有北正房五间、东厢房一间、西厢房五间（含北侧瓦房三间、南侧平房二间）。

1995年11月21日，彭某1、彭某4、彭某5、彭某10等人进行分家，其中约定："1.东院五间归彭某10所有，西院五间归彭某5所有，彭某10、彭某5每人拿出贰仟元归彭某4的房产。2.母亲及大哥轮流居住，每户一年，先从国伟开始，第二年国发，第三年国海，如母亲不去国海家住，国海每月拿出30元钱归母亲的住房，如母亲生活不能自理，母亲轮流住，改为一个月。其余内容从略。"其中彭某1提交的复印件尾部签名处为"彭某1、彭某4、彭某5、彭某10、张某、朱某。中间调解人：彭某富、马某才。中证机关：××村民委员会（加盖公章为：北京市顺义区××地区××村村民委员会）"。彭某5提交的原件尾部签名处为"彭某4、彭某5、彭某10、张某、朱某、彭某7。大队调解人：彭荣（第三个字字迹不清）、马某才。中证机关：××村民委员会（加盖公章为：顺义县××乡××村村民委员会）"。赵某、彭某5、彭某4不认可彭某1、彭某2提交的分家单复印件，彭某1、彭某2表示，彭某5提交的分家单原件内容与其提交的分家单内容一致，但加盖的村委会公章不同。彭某5、彭某4表示，分家时间在彭某6去世之后。彭某1、彭某2表示记不清彭某6的去世的具体时间，也记不清分家与彭某6去世的先后顺序。彭某4表示，其分家单已经丢失，分家内容为：东院分给了彭某10、西院分给了彭某5。彭某5、彭某1、彭某2认可彭某4的上述陈述。赵某不认可分家单，并表示，分家时间晚于彭某6去世时间，子女无权进行处置。

赵某提交的村委会证明显示：北正房五间系彭某6与赵某共同出资建造，东厢房一间赵某出资建造，西厢房北三间为赵某建造，西厢房靠南两间平房系二儿媳彭某玲建造。彭某1、彭某2表示：北房系彭某1夫妇、彭某6夫妇共同出资所建，西厢房5间、东厢房1间系彭某1夫妇婚后所建。彭某5、彭某4表示，北房系1983年所建，当时彭某10、彭某1尚未结婚，当时全家均出力；此外，东厢房系赵某所建，彭某4、彭某5给赵某钱；西厢房南侧平房，彭某5、彭某4也有出资；西厢房北侧瓦房系赵某出资所建。针对西院房屋，彭某5表示，西院现有北正房5间、西厢房4间，均系彭某5出资翻建，宅院内原有房屋系彭某6所建。赵某表示，其在本案中不主张该西院房屋的权利。赵某表示，彭某1拒绝其在涉诉房屋内居住。彭某1、彭某2表示，其一直按着分家单的约定执行，赵某也一直在涉诉宅院内居住。

【法院判决】

法院根据本案中双方所提供的证据及陈述，可以认定，彭某10、彭某4、彭某5等人的确进行过分家，“东院分给了彭某10、西院分给了彭某5”。现双方对分家的时间与彭某6去世时间先后存在争议，同时对分家单的效力也存在争议。法院认为，赵某应先行确定分家单的效力，另案解决房屋分配问题。

根据庭审查明的情况，双方一致认可涉诉宅院内北正房五间系彭某6、赵某共同建造，宅基地登记使用者也为彭某6，彭某6去世后，彭某1、彭某4、彭某5等人签订本案中彭某1提交之《分家单》，该《分家单》内容处分了涉诉宅院内北正房五间，但并未留有赵某和彭某9的继承份额，也未体现出经过赵某、彭某9的同意，赵某作为所有权人和彭某6遗产继承人、彭某9作为彭某6遗产继承人，彭某1、彭某4、彭某5等人签订上述《分家单》的行为已经侵害到二人的合法权益，且二人作为老年人和残疾人，理应得到照顾和扶助，彭某1、彭某4、彭某5等人签订的《分家单》却没有分配财产给二人，故应属无效。综上，判决确认彭某10、彭某4、彭某5、彭某1、张某、朱某于一九九五年十一月二十一日签订之《分家单》无效。

【简要评析】

《中华人民共和国民法总则》第一百四十三条规定，具备下列条件的民事法律行为有效：（一）行为人具有相应的民事行为能力；（二）意思表示真实；（三）不违反法律、行政法规的强制性规定，不违背公序良俗。第一百五十三条规定，违背公序良俗的民事法律行为无效。第一百五十四条规定，行为人与相对人恶意串通，损害他人合法权益的民事法律行为无效。本案中，法院认为，《分家单》内容处分了涉诉宅院内北正房五间，但并未留有赵某和彭某9的继承份额，也未体现出经过赵某、彭某9的同意，赵某作为所有权人和彭某6遗产继承人、彭某9作为彭某6遗产继承人，彭某1、彭某4、彭某5等人签订上述《分家单》的行为已经侵害到二人的合法权益，且二人作为老年人和残疾人，理应得到照顾和扶助，彭某1、彭某4、彭某5等人签订的《分家单》却没有分配财产给二人，故应属无效。

四、分家单过的子女要求继承父母遗产案例解析

案例32　已分家单过的子女，在父母去世后有权要求继承宅基地房屋的份额吗？

【案情简介】

孙某2与张某芝系夫妻关系，二人育有三个子女，长子孙某1、次子孙某3、女儿孙某4。张某芝于2016年11月4日去世，去世时未留有遗嘱，其父母均先于张某芝去世。位于北京市通州区×村62号院的宅基地使用权人为孙某2，该院内建有正房五间、西厢房三间，分别建于1983年、1984年。后孙某2与张某芝出资加盖东厢房三间，但未取得相关建设规划许可。现孙某3户籍仍在×村，为农业人口，在本村并无宅基地。庭审中，孙某1认可其户籍先从北京市通州区×村迁移至北京市顺义区×村，并转为非农业户籍，现又从顺义区转回通州区×村，户籍仍为非农业户籍的事实；否认父亲孙某2曾在顺义区为其建过房屋，并述称该房屋系婚后自行建造，离婚后将该房屋三分之二的份额分给前妻，目前该房屋由前妻及孩子一同居住。经法院释明，孙某1坚持要求分割北京市通州区×村62号院内的房屋份额，不要求对宅基地上房屋的折算价值主张继承。

另查，位于北京市通州区×村76号院宅基地使用权人为孙某1，上建有北房五间。2018年9月21日，法院（2017）京0112民初38022号民事判决书判决确认，北房五间中的四分之一归孙某2所有。

【法院判决】

一审法院认为：本案中，62号院内的房屋为孙某2、张某芝的夫妻共同

财产，现张某芝去世且未留有遗嘱，62号院内房屋中的二分之一为张某芝的遗产，按照法定继承予以分割。现张某芝的父母均先于张某芝去世，孙某2、孙某1、孙某3、孙某4作为张某芝第一顺序合法继承人均享有继承张某芝遗产的权利。《中华人民共和国土地管理法》确立了我国农村居民实行“一户一宅”的宅基地使用制度，宅基地使用权的主体资格是以户为单位的家庭，在部分年长家庭成员死亡后，由于该户尚存，宅基地使用权应当由剩余户内成员继续享有；已分家另行取得宅基地的其他家庭成员再行主张获得父母宅基地上房屋的权利，其实际相应获得了宅基地使用权的利益，这违反了“一户一宅”的宅基地使用原则，既违背农村习俗、有失公平，也侵害了与父母共同居住儿女的宅基地使用权。因此，对于已分家另过的子女请求继承父母宅基地上房屋的，人民法院不予支持。本案中，76号院宅基地的使用权人为孙某1，且孙某3名下并无宅基地，现孙某1经法院释明，孙某1依旧坚持要求继承62号院内的房屋份额而不同意对宅基地上房屋折算价值主张继承，故对于孙某1的诉讼请求，法院不予支持。

二审法院认为，62号院房屋为孙某2、张某芝的夫妻共同财产，张某芝享有二分之一份额，现张某芝去世且未留有遗嘱，62号院房屋中张某芝的财产份额为其遗产，张某芝的第一顺序法定继承人孙某2、孙某1、孙某3、孙某4有权继承。对于继承方式，农户家庭中部分子女与父母分家另过；部分子女与父母共为一户且未新分宅基地。父母死亡时，已分家另过的子女主张对相应宅基地上房屋进行继承的，人民法院不予支持。人民法院应释明当事人可对相应宅基地上房屋折算价值主张继承。本案中，孙某1已与父母分家另过，其应通过主张62号院宅基地上房屋折算价值的方式行使继承权。但经一审法院释明，孙某1坚持要求继承62号院房屋份额而不同意对宅基地上房屋折算价值主张继承，故一审法院对其诉讼请求难以支持。孙某1虽享有继承权，但其亦需要按照一定的方式主张继承权，故对于孙某1的上诉请求和理由，本院不予支持。

【简要评析】

继承从被继承人死亡时开始。继承开始后，按照法定继承办理；有遗嘱的，按照遗嘱继承或者遗赠办理；有遗赠扶养协议的，按照协议办理。夫妻关系存续期间所得的财产为夫妻共同财产，另有约定的除外。农村村民一户只能有一处宅基地，其宅基地的面积不能超过省、自治区、直辖市规定的标准。

根据北京市的实际情况，北京市高级人民法院于2018年发文，对于部分子女与父母共为一户且未新分宅基地，父母死亡时，已分家另过的子女主张对相应宅基地上房屋进行继承的，人民法院不予支持。人民法院应释明当事人可对相应宅基地上房屋折算价值主张继承。

案例33　父母与儿子分家单过后，父母死后的宅基地房屋属于遗产

【案情简介】

才某6、马某夫妇育有才某5、才某1、才某2、才某3、才某4五名子女。马某于1998年3月11日死亡。1999年12月29日，才某6与杜某再婚。2015年1月5日才某6死亡。54号院和84号院均是才某6所在农村集体经济组织分配给其的住宅建设用地。

案件审理过程中各方表示：目前54号院内建有北房三间，东、西厢房各四间，均系才某6、马某夫妇所建，现杜某在该院内居住。目前84号院建有一座三层建筑物，一层、二层每层建有三排房屋，每排八间，三层建有两排房屋，每排十间，均系才某5于2014年出资所建，现才某5在该院内居住。

才某1于1986年从84号院外嫁到丰台区石榴庄。才某2于1988年从84号院外嫁到本村，现仍是本村村民，在本村另有宅基地。才某3于1992年从84号院外嫁到十八里店村。才某4于1995年从84号院外嫁到分钟寺村。才某5是×××村村民，户籍登记地在84号院。杜某是农村户口，户籍登记地在54号院。

案件审理过程中才某1、才某2、才某3、才某4表示，不同意通过折价补偿的方式实现自己对涉诉房屋的继承权。

【法院判决】

一审法院认为，54号院内所建房屋系才某6、马某夫妇的共有财产。才某1、才某2、才某3、才某4主张才某6生前将该院房屋分给了才某1、才某2、才某3、才某4，并主张上述房屋的所有权，但才某1、才某2、才某3、才某4提供的证据不足以证明自己的主张，一审法院不予支持。才某1、才某2、才某3、才某4作为才某6、马某夫妇的子女，有权继承夫妇二人所留遗产。但是才某1、才某3、才某4已经结婚另过，且不再是×××村的村民，才某2虽然仍是该村的村民，但也已分家另过且拥有自己的宅基地。四人要求分得才某6、马某夫妇在×××村农村集体土地上所建宅基地房屋所有权的诉讼请求，缺乏法律依据，一审法院不予支持。

二审法院认为，54号院内所建房屋系才某6、马某夫妇的共有财产。才某1、才某2、才某3、才某4主张才某6生前将该院房屋分给了才某1、才某2、才某3、才某4，并主张上述房屋各占四分之一份额，其提供的依据《房产权转让》才某5不认可，且《房产权转让》上并无才某5签字，不足以证明家庭内部对该房屋分配已经达成一致。但才某1、才某2、才某3、才某4作为才某6、马某夫妇的子女，有权继承夫妇二人所留遗产。

84号院宅基地使用证虽然登记在才某5父亲名下，但是才某5在本村没有自己单独的宅基地，84号院一直由其居住使用并进行了翻建，才某6与杜某居住在54号院内。因此，才某5事实上已经与父母分家另过。84号院内房屋权属应由才某5享有。

因此，关于才某6、马某的遗产即54号院内房屋，应按照法定继承由继承人继承。马某于1998年去世，其遗产为54号院内房屋的二分之一，应在其去世后由其第一顺位继承人即才某6、才某2、才某4、才某1、才某3、才某5各继承其遗产的六分之一，即54号院内房屋的十二分之一。才某6于2015年去世，其遗产份额为54号院内房屋的十二分之七，应在其去世后由其第一顺位继承人即才某2、才某4、才某1、才某3、才某5、杜某各继承其遗产的六分之一，即54号院内房屋的七十二分之七。

【简要评析】

本案一审的法官适用的系北京市高级人民法院在2018年6月20日出台的《北京市高级人民法院关于审理继承纠纷案件若干疑难问题的解答》中第8条规定。但一审法官应该忽视了一个问题，即本案中才某5目前居住的宅院是84号院，而本案诉争的房屋系54号院。因此，本案就不能再适用该条规定中的第一款内容。本案诉争的54号院，由于才某6与才某5形成了事实上的分家析产，各自单过的局面，因此，才某6去世后，54号院就成了遗产，不能再适用该条之规定了。二审法院发现了这个问题后，给予了纠正，将54号院作为遗产进行了分配。

【笔者建议】

由于2018年北京市高级人民法院出台了新的裁判规则，因此许多律师在没有看到该规定时，按旧的思维方式进行分析案件，包括涉及宅基地房屋的案件也是如此。本案中因涉及54号院与84号院两个院落，但这二个院落系同一个院落分割开后形成的两个院落，事实依据与法律依据均指向这是分家析产后形成的两个不同性质的院落，因此，应当按不同的法律性质来判断，这样才能维护好当事人的利益。

第六章　宅基地相邻权纠纷法律实务与案例解析

一、宅基地相邻权纠纷的法律实务与类型

在司法实践中，排除妨害的纠纷绝大多数发生在农村宅基地院落之中，基本上是因堆放物品而产生的邻里矛盾，也有因翻建超高导致的采光权纠纷。这类案件，法院审理过程中会走访现场，依据有利于生活的原则进行判决。但对于采光权纠纷案例，会结合隐私权等综合进行判断后作出判决。

二、宅基地排除妨害纠纷案例解析

案例34　堆放在公共用地上的杂物，不构成排除妨害的前提条件

【案情简介】

原告王某与被告郭某居住于北京市通州区宋庄镇高各庄村，双方系东西院邻居，原告王某家房屋位于东侧，门牌号为高各庄村118号，被告郭家房屋位于西侧，门牌号为高各庄村120号。现原告王某诉至法院，要求判令被告郭某拆除被告郭某于两院正房之间搭建的小房子，并要求被告郭某拆除南院墙，清除原告王某西山墙往西1米范围以内位于被告郭某院内的植物及杂物，并赔偿原告王某重建西院墙及西厢房的费用损失。

在审理过程中，就原、被告双方诉争事宜，法院组织双方当事人进行了现场勘验。经勘验、调查，现场情况确认如下：1.原、被告双方房屋东西相邻，原告王某房屋位于东侧，被告郭某房屋位于西侧。2.原告王某在其院内从北至南兴建有三排房屋，其中北数第三排房屋明显属于新近修建形成；被告郭某院落内有北房一排，在西厢房位置处建有彩钢房顶厢房数间及棚子一

处，被告郭某未建设东厢房及倒座房，被告郭某亦没有建设东院墙，原、被告双方院落事实上以原告王某的西院墙及西山墙为分割线。3.在被告郭某北房东山墙东侧与原告王某院落内北数第一排房屋西侧之间有宽约1米的空闲地，被告郭某以其北房北墙为北线，利用原、被告双方相邻的东西两侧墙体，建有一个约1平方米大小、高约2米的棚子一处（石棉瓦封顶，南侧没有砌砖，代以木板），被告郭某将一家用设备的外挂机器悬挂于该棚子内（位于其房屋一侧）；经核实，该处棚子即原告王某要求被告郭某拆除的房屋。4.原告王某院落内三排北房中，其北数第三排房屋的西山墙位置相较于其北数第一排、第二排房屋的西山墙明显向西挺进，与被告郭某南院墙相接。5.被告郭某在其院内靠近原告王某院落一侧即被告郭某院落东侧零散的堆放有部分建筑材料、杂物，但相关物件均未与原告王某房屋直接相接且留有一定间距。6.被告郭某院落内东侧即原告王某要求自其西院墙或西山墙往西1米范围以内，未见有明显种植物。

【法院判决】

法院认为：本案审查之关键在于原、被告双方诉争内容是否对一方构成妨碍，是否侵犯一方权利。针对原告王某提出的诉讼请求，结合审查认定的事实并结合现场勘验的实际情况，法院认为原告王某的诉讼请求均不能成立。具体分析如下：

第一，关于原告王某要求被告郭某拆除侵占原告王某宅基地新建的所谓“房屋”事宜，被告郭某确实利用原、被告双方院落的部分墙体在其院落东侧靠北的位置建有一处1平方米大小、高约2米的棚子，但是结合涉案棚子的实际状态、使用情况，并不能证明被告郭某修建的棚子对原告王某正常、合理、合法行使其房屋造成了不利影响；结合勘验确定的原告王某院内三排北房西山墙走向、位置等实际情况，现有证据亦不能证明该处棚子实际侵占了原告王某的宅基地使用权。故，关于原告王某的该项诉讼请求，法院不予支持。

第二，关于原告王某要求被告郭某拆除被告郭某侵占原告王某宅基地兴建的南院墙一节，根据查明的事实，原、被告双方院落当前事实上以原告王某家西院墙、西山墙为事实上的分割线，结合原告王某家最后修建的北数第三排房屋西山墙界墙较其他两排房屋西山墙事实上往西挺进及被告郭某北房东山墙位置的实际情况，现有证据亦不能证明被告郭某修建的南院墙侵占了原告王某宅基地使用权；根据原、被告双方院落布局及实际使用情况而言，诉争南院墙的现状亦没有对原告王某行使相关物权造成不利影响。故，原告王某的该项诉讼请求法院不予支持。

第三，关于原告王某要求被告郭某清除被告郭某院落内距原告王某西院墙、西山墙1米范围以内杂物、种植物的诉讼请求，根据现场勘验结果，在该范围内并未见种植物，所堆放的杂物亦没有直接接触墙体且存有一定距离，现有证据并结合现场勘验情况而言，被告郭某堆放的杂物并未对原告王某房屋、院墙造成不利影响；此外，被告郭某作为西侧院落的权利人，其当然亦有权合理使用自身院落，原告王某的相关主张明显超越了善良相邻关系人的合理范畴，法院不予支持。

第四，关于原告王某要求被告郭某赔偿其损失的诉讼请求，该项损失并未事实发生，结合前述第三项分析，原告王某的该项主张亦不能成立，法院不予支持。需要特别指出的是，原、被告双方作为相邻关系人，均享有合理、合法利用名下院落、房屋的权利，亦负有相互提供便利之义务；原、被告双方在日常生产、生活中，均应加强管理，尽到合理管理义务，妥善处理矛盾，和睦邻里关系，为彼此的生产生活提供必要的便利条件，排除或尽可能地减少对邻里的不当影响；任意一方因行使权利不当给相邻关系人造成损害的，应当承担侵权责任。

综上所述，判决驳回起诉。

【简要评析】

民事主体的人身权利、财产权利以及其他合法权益受法律保护，任何组织或者个人不得侵犯。不动产的相邻权利人应当按照有利生产、方便生活、团结互助、公平合理的原则，正确处理相邻关系。当事人对自己提出的主张，有责任提供证据。

本案中法官层层推进，将事实与法律相结合，论述了原告要求清除杂物、植物等无事实与证据证明，驳回其全部诉讼请求。

【笔者建议】

排除妨害纠纷案件中，需要证明的事项不容易获得法院的认可，而且造成的损失也不一定会得到法院的支持。

案例35　买卖合同确认无效后能要求买房人腾退吗?

【案情简介】

1999年5月5日原告丁某来与被告赵某凤签订《买卖房产契约》，约定丁某来将位于北京市通州区漷县镇漷县村十区××号院内正房5间、厢房3间及院落卖与赵某凤。合同签订后，双方依约履行了义务。涉案房屋土地登记使用人登记在丁某来名下。

2017年，赵某凤起诉丁某来确认合同效力纠纷，要求确认上述契约有效，丁某来起诉赵某凤确认合同无效纠纷，要求确认上述契约无效。后经法院审理，作出（2017）京0112民初11559号民事判决书、（2017）京0112民初15505号民事判决书，确认1999年5月5日被告赵某凤与原告丁某来签订《买卖房产契约》无效；后赵某凤不服，提出上诉，上级法院均维持原判。2018年11月，法院审理丁某来诉赵某凤排除妨害纠纷一案，要求腾退涉案房屋，后作出（2018）京0112民初40786号民事判决书，判决驳回原告丁某来的诉讼请求。该判决现已生效。

丁某来向法院提出诉讼请求：判令被告排除妨害，腾退位于北京市通州区漷县镇漷县村十区××号院落房屋，并将该院落及院内正房五间、西厢房三间、棚子两间交还给原告。

【法院判决】

本案审理过程中，丁某来申请对涉案院落房屋、附属物重置成新价与宅基地区位补偿价进行评估，经北京市高级人民法院摇号确定北京国地房地产土地评估有限公司进行评估，后出具《房地产估价报告》，评估结论包括房屋及附属设施重置成新价以及区位补偿价。法院发现评估公司作出的区位补偿价依据的《关于确定通州区集体土地房屋拆迁宅基地面积控制标准、区位补偿价标准》（通政发【2004】21号）已废止。经与评估公司沟通，评估公司出具《复函》，大致内容为评估报告中所依据的《关于确定通州区集体土地房屋拆迁宅基地面积控制标准、区位补偿价标准》已废止，现无法对涉案院落宅基地区位补偿价进行评估。后法院告知双方该情况，双方充分发表意见，赵某凤坚持不同意仅做地上物重置成新价评估。后评估机构发函申请撤销本次委托评估并退案。

法院认为，在农村房屋买卖合同被确认无效的情况下，基于公平原则的考虑，应综合考量双方当事人的利益，损失赔偿与腾退问题宜一并解决。现涉案合同无效，案涉宅基地区位补偿款标准未出台，区位补偿价的评估无法进行，买受人赵某凤亦不同意单独进行地上物重置成新价评估，称区位补偿价赔偿与地上重置成新价应同时赔偿。从平衡双方利益角度出发，在赵某凤损失赔偿问题未解决的情况下，法院认为本案以暂不判决返还涉案房屋为宜，故对丁某来的诉讼请求不予支持。

【简要评析】

本案是典型的农村房屋买卖合同纠纷案，一、二审法院判决了买卖合同无效后，原房主想用排除妨害纠纷之诉，要求购房人腾退返还宅基地院落。在北京，许多原房主采用这种办法并达到了目的。

本案从平衡双方利益角度，在购买农村房屋合同认定无效的情况下腾退，必然会给购房人造成极大的不公平，因此法院认定未解决赔偿问题前，不宜返还涉案房屋。

【笔者建议】

许多原房主为了能取回出售的宅基地院落，想出了许多办法，许多律师同行也琢磨出不少办法出来。但魔高一尺，道高一丈，法院基于公平原则，在未解决损失赔偿之前，不解决腾退的问题。就目前的情况而言，由于北京大多数地区关于区位补偿价的补偿价标准均已失效，因此，只能等到拆迁时一并解决。

三、相邻权纠纷中采光权纠纷案例解析

案例36　邻居房屋高于自己的房屋，影响采光，可否要求邻居拆除?

【案情简介】

原告诉称：原告与被告系东、西邻居，原告居西，被告居东。2008年，镇、村主管部门批准被告原址翻建旧房，但被告违反政府批示，将主体房前移两米多，同时加宽三米多，原告多次进行阻止未果。被告新建之房最终形成影墙，造成我冬天上午11点多无法采光，室温下降，严重侵害我的通风采光权、宅基地使用权、隐私权。

被告辩称，我的房屋是经镇政府和有关部门批准所建，并由区规划部门统一规划、设计并指派专业工程队施工，由区、镇政府派员监督执行，并没有任何违反政府指示的行为，建造房屋时也经过原告签字同意，不存在原告所说“多次阻止”的事实。另外，房屋于2008年建成后，至今已近10年，宽度和高度都是当时规划确定，不存在影响原告的通风、采光问题，我与原告从未因通风、采光产生过矛盾争执。故不同意原告的诉讼请求。

【法院判决】

法院认为：双方争议在于：1.被告所建房屋是否影响原告的通风、采光等相邻权。原告向法院提交了现场情况的照片3张，以证明被告房屋对原告

的通风、采光等相邻权造成影响。被告对现场照片的真实性无异议，但不认可影响原告的相关权益。因双方确认照片为现场拍摄，故其真实性本院予以认定。但是，根据照片显示，原告家有北正房、东厢房，之间的房岔上部已用玻璃封顶，东厢房房顶东部偏北有原告自家设置的两架太阳能热水器晒板，被告所建房屋为北正房，西山墙与原告房岔位置相对，高度与原告北正房大体一致，照片不能明确反映被告之房对原告通风、采光等权益构成严重影响。故此，法院对原告主张的证明目的不能予以认定；2.被告建房时原告是否多次进行阻止。对此，被告否认，原告亦未提供任何证据，故本院不予认定。

法院认为，邻里之间应该互相包容、和谐相处。原告与被告系东、西邻居，虽然被告的新房屋比照原来旧房的位置有所变化，规格有所改变，对于原告方的通风和采光可能存在影响，但是影响甚微，且被告房屋自2008年建成至今已多年，原告未能提供任何证据证明自己曾阻止被告建房或曾与被告产生相邻权纠纷，故原告现起诉要求被告拆除房屋，缺乏充足的事实依据和理由。综上所述，驳回原告的诉讼请求。

【简要评析】

在司法实践中，法院在认定采光权是否受到侵害时，一般会现场走访，进而达到内心确信的程度，最终得出结论，本案中，法院认为2008年被告房屋建成后直到近10年后原告才起诉，很难让法官内心中有妨害了其采光通风的确信，因此，驳回原告的起诉也在情理之中。

案例37　以开窗户后影响隐私为由要求封堵窗户，法院会支持吗？

【案情简介】

王某才与王某、刘某、王某竹双方涉诉宅院南北为邻，王某才居北。双方因王某、刘某、王某竹新建房屋发生纠纷，现王某才诉至法院，要求排除妨害。

王某才称：一、王某、刘某、王某竹未经村镇许可建起超过7米的房屋，侵犯了王某才的通风、采光、合理使用自己全部房屋的权利。再有王某并非本村村民，其建房行为是违法行为。依据土地管理法中关于非本村村民不得建房的规定，和我方提交的顺义区的整治办法的规定，不得翻建或是新建超过7米的房屋。全区所有超过红本范围及高度超过7米的翻建或是新建房屋一律停工。二、王某、刘某、王某竹方留出的窗户离地高度是1.65米，正好一个成人站在窗户前可以看到王某才家。王某、刘某、王某竹留的北窗对王某才家的隐私构成了侵犯，给王某才及其家人构成了巨大的精神压力。农村的说法是留了北窗户，对王某、刘某、王某竹的家庭是不吉利的。

王某、刘某、王某竹对此则称：首先，我方认为王某才该项诉讼请求没有道理。王某、刘某、王某竹新建的房屋并未对王某才的房屋构成影响。我方新建的房屋对王某才并未构成影响，我方并未侵占王某才宅基地范围，王某才起诉我方并无道理。我方是采用集中排水，高出的部分女儿墙是为了排水，也是为了美观。超出的大檐是一个装饰，也是为了美观，不是为了排水。其次，我方留窗户是为了通风，我方会做措施，不会看到王某才家。现在王某、刘某、王某竹的房屋还没有建完。

【法院判决】

一审法院认为：从本案现场勘验及现有证据来看，并结合双方当事人陈述，王某才要求拆除新建二层楼房7米以上的所有建筑物，依据不足，法院难以全部支持。王某、刘某、王某竹二楼屋顶北侧大檐超出过多，对王某才宅院有明显的影响，故超出部分应予以拆除。王某、刘某、王某竹二楼屋顶北侧女儿墙过高，也对王某才构成妨害，其超出部分亦应予以拆除。

王某、刘某、王某竹第二层的两个窗户，能够看到王某才宅院，构成妨害，应予以封堵。对王某才此请求，法院予以支持。

王某、刘某、王某竹第一层的两个窗户，离地高度足以阻挡王某、刘某、王某竹视线，故对王某才该请求，法院不予支持。但是，王某、刘某、王某竹在装修时玻璃应采用不完全透明材质如磨砂玻璃。据此，一审法院判决：一、王某、刘某、王某竹于判决生效之日起十日内自行拆除其二楼屋顶北侧大檐超出其北房后檐墙外墙皮零点三米以外的部分；二、王某、刘某、王某竹于判决生效之日起十日内自行拆除其二楼屋顶北侧女儿墙超过屋顶地面零点四五米以上的部分；三、王某、刘某、王某竹于判决生效之日起十日内自行封堵楼房第二层的窗户，且第一层窗户玻璃应采用不完全透明材质。

二审法院认为，综合双方诉辩主张及证据，本案二审的争议焦点主要在于王某、刘某、王某竹新建二层楼房的屋顶北侧大檐、窗户、女儿墙是否对王某才造成妨害。根据已经查明的事实，王某才与王某两家前后相邻，王某新建二层楼房屋顶北侧大檐超出过多，二层窗户及女儿墙在高度上能够清楚看到王某才家宅院，且女儿墙高度过高，该行为显然对相邻方王某才家的居住生活造成妨害，原审法院结合案件事实、现场勘查情况等判令王某、刘某、王某竹对二层屋顶北侧大檐、女儿墙高度以及窗户采取相应措施进行调整，是充分考虑两家生活便利的同时基于有利生产、公平合理的原则妥善作出的处理，应当予以维持。

【简要评析】

在农村的宅基地建房过程中，经常会碰上本案中的类似情形，但大多数类似纠纷经村委会调解就得到了解决，毕竟，每家每户都存在着重新翻建的可能，如果不能得到相互体谅，必然也会影响自己以后的翻扩建。

本案的被告大体上应该是属于比较强势的一方，村委员会显然没有成功劝说这二位邻居各退一步，因此产生了本次诉讼。一、二审法院结合本案的实际情况，作出了保住主体建筑，拆除女儿墙，二层的窗户堵上，一层的窗户应采用不完全透明材质如磨砂玻璃的方式进行处理，应该说本案的法官非常善于化解农村的矛盾，在不伤及各方根本利益的情况下，该判决做到了最好。

第七章 离婚纠纷中涉及宅基地的法律实务与案例解析

一、涉及宅基地的离婚纠纷法律实务与类型

在农村，宅基地是一个家庭中最重要的财产之一，许多夫妻穷尽一生之力，就是在宅基地上盖上新房。随着我国离婚率逐渐上升，农村的离婚现象也越来越多。宅基地房屋作为夫妻共同财产中最为重要的财产之一，必然是离婚纠纷中需要分割的财产。

司法实践中，如果夫妻双方对宅基地院落中的房屋无纠纷，法院会直接进行分割；如果涉及一方父母子女或其他兄弟姐妹，法院会让双方先进行确认所有权之诉后再进行分割。

在一些纠纷中，许多女方是在嫁入到男方家后，通过分家析产获得宅基地使用权，然后在夫妻存续期间共同建设的房屋，这类案件中，涉及了分家析产效力的法律问题。

在一些离婚纠纷案中，婚姻存续期内对房屋进行了翻扩建，离婚时翻扩建的部分拆迁，拆迁利益如何分配，非常考验法官智慧。

二、婚姻存续期间取得的宅基地如何分割案例解析

案例38　婚后取得的宅基地并建造的房屋，离婚时按夫妻共同财产处理

【案情简介】

刘某和田某经人介绍相识，于1976年登记结婚，婚后育有一女刘×1、一

子刘×2，现均已成年。

就双方的共同财产情况法院查明如下：

1.双方在北京市通州区马驹桥镇×××村有农村宅基地一处（土地登记审批表编号为01225），宅基地使用权人登记为田某。房屋格局为后排北房六间、前排北房五间、东厢房三间，上述房屋目前均向外出租。双方陈述，最初该处宅基地门牌号为321号院，2008年，因双方之女刘×1办理户口，该处宅基地新增一个门牌号为564号，即目前该处宅基地上有两个门牌号。

2.2001年7月26日与2002年10月11日，原通州区大杜社供销合作社因破产转制，刘某作为原大杜社供销合作社职工，分别购得原大杜社供销合作社房屋两处。一处房屋12间，位于大杜社红绿灯东侧街北，房屋及场地面积为971.55平方米，另一处房屋为二层楼房，每层七间，西侧房屋五间，位于大杜社红绿灯东侧街南，房屋及场地面积为637.05平方米，刘某居住于街南房屋内。经查，该两处房屋并未办理房屋产权证书。

【法院判决】

法院认为刘某与田某因生活琐事产生矛盾，双方无法相互沟通和理解，且自刘某第一次提起离婚诉讼后双方的感情未见改善，可见双方的夫妻感情已经破裂，故对于原告刘某要求离婚的诉讼请求，本院予以准许。

关于马驹桥镇××××牌号为321号（564号），该房屋所属宅基地使用权登记在田某名下，且地上房屋均为原被告双方在婚姻存续期间所建，应属刘某和田某的夫妻共同财产，结合房屋格局及双方的情况，本院认为后排北房六间归刘某所有，前排北房五间及东厢房三间归田某所有较为适宜；关于该处宅基地上有两个门牌号的情况，亦不影响宅基地上房屋权属的认定。

关于大杜社红绿灯东侧街南街北的房屋，根据原告提供的证据，两处房屋的转让协议均系刘某与转让方签订，且购买房屋的时间为双方婚姻存续期间，应系原被告双方的夫妻共同财产，因两处房屋均未办理房屋产权证书，本案无法分割所有权，仅处理居住使用的相关权益，本院结合房屋的购买价格、面积以及双方的居住使用情况，认为街南房屋归刘某居住使用，街北房屋归田某居住使用较为合适。

【简要评析】

本案的法官通过双方提供的证据，认定涉案的宅基地院落虽然有两个门牌号，但不影响对权属的认定，根据有利于生活的原则，对两个院落进行分割。对于婚内购买的没有取得产权证的房屋，仅对使用权进行处理。

【笔者建议】

本案中涉案的宅基地院落与小产权房，原告均出示了能证明权属关系证据，因此，即使简单的离婚纠纷案，证据准备也需要充分。

案例39　离婚纠纷中涉及案外人利益的宅基地房屋如何处理?

【案情简介】

2000年6月8日，张某与孙某登记结婚，双方均系再婚，婚后无子女。结婚后对各自的生活习惯不适应，夫妻感情日益恶化。现双方感情已经完全破裂，张某诉至法院，要求分割位于北京市通州区某1号、某2号的宅基地上的老房中属于夫妻共有的部分及因拆迁在北京市通州区新安置的宅基地上建造的房屋中属于夫妻共有的部分。孙某同意离婚，但不同意分割宅基地财产，认为系其婚前财产，不属于夫妻共同财产。

【法院判决】

一审法院认为：关于张某主张的位于北京市通州区相关宅基地上房屋，因涉及案外人利益，本案中不予处理。孙某主张的张某所在的宅基地内的房屋，亦涉及案外人利益，本案中不予处理。

二审法院补充查清以下事实：2001年5月25日，孙某与其兄弟姐妹7人签订了《关于对家中房产的协议》，其中约定家中的东院（位于北京市通州区某2号）、西院（位于北京市通州区某1号）由孙某等5人投资建造，如遇开发（拆迁），在返还5人投资本金及利息后，由7人平均分配收益。2010年9月30

日，上述宅基地被部分拆迁。张某称上述两处院落拆迁后尚余14间老房，且拆迁部门为被拆迁人另行安置了新宅基地，孙某等人在新宅基地上建有14间新房，故张某主张分得其中的新房2间、老房2间。经核实，上述某2号、某1号宅基地院落分别登记在孙某1、李某名下。

二审法院认为：原审判决认定事实清楚，适用法律正确，本院予以维持。

【简要评析】

本案还涉及存款、工龄买房后婚后共同还贷等纠纷，未将这些内容收入，仅将涉及宅基地的内容收入其中。一、二审法院均以宅基地相关的房屋涉及案外人的利益，不在本案中处理。这已形成了离婚诉讼中的惯例性操作，即双方当事人有一方不认可宅基地房屋系共同财产，并涉及第三人利益的，法院不作处理，由当事人另案起诉确权后，再诉离婚后财产纠纷进行分割。

【笔者建议】

该案由于是重组家庭，涉及各自的子女，利益之争在本案中较为明显，双方当事人都被子女的一些思路左右，能明显感觉出当事人其实对财产并不在意，希望离婚后各过各的。本案的原告及被告在自己村庄均有宅基地院落，并且被告的宅基地院落经过二次拆迁，第一次拆迁时置换，在离婚诉讼前，又经历了第二次拆迁，拆迁利益巨大。而女方的宅基地院落也将要拆迁。因此双方子女均认为应该分配对方宅基地拆迁后的利益。当时笔者为了查清新旧宅基地的位置，还特意去了现场进行勘查。本案的宅基地因涉及男方其他兄弟姐妹的利益，一、二审法官将该有争议的财产单独摘出来让双方另行起诉解决。

三、离婚纠纷中分割夫妻共同出资建房案例解析

案例40　婚姻存续期间共同在男方的宅基地上建房，离婚时如何分割？

【案情简介】

刘某与孟某于2002年登记结婚，2010年因刘某一直未生育，孟某提出离婚，诉至法院，刘某同意离婚，但要求分割婚后在男方宅基地上共同建设前后院房屋。孟某认为该宅基地系其父母名下的财产，不属于夫妻共同财产，因此不同意分割该房产。

一、二审法院在审理完该案后，基于双方均同意离婚，对于无争议的财产部分，进行了依法分割，因该房产涉及案外人的利益，让刘某另行起诉。

之后，刘某以孟某、孟某父母为被告，要求确认宅基地上的两个院落的房屋属于夫妻共同财产。并向法院提供了分家单证明宅基地系孟某分家所得，分家时在宅基地仅有旧房三间。婚后两年由其出资建房，向法庭提交了建房时的所有票据、工人工资单、施工队合同，施工队队长签收的收条、汇款记录。在庭审的过程中申请施工队队长出庭作证等。被告孟某及其父母坚持该宅基地是孟某父母的，翻建的南北两个院落均是其出资建设，但并没有提供任何的证据证明系其所建。

一、二审法院经过审理，确认分家单的效力，诉争的宅基地系孟某分家所得，在婚姻存续期间，刘某与孟某共同出资进行了翻建，刘某提交法庭的证据证明了诉争的两个院落的房屋系其投资所建。判决诉争的房屋系夫妻共同财产。

取得判决后，刘某以孟某为被告，以离婚后财产纠纷为由提出依法分割夫妻存续期间的共同财产。因有前述判决，一、二审法院根据有利于生活的原则，将较小的南院所有权归刘某所有。北院归男方孟某所有。

【简要评析】

第一个离婚诉讼时，一、二审法院均以宅基地相关的房屋涉及案外人的利益，不在本案中处理。这已成为离婚诉讼中的惯例性操作，即双方当事人有一方不认可宅基地房屋系夫妻共同财产，并涉及第三人利益的，法院不作处理，由当事人另行起诉确权后，再诉离婚后财产纠纷。

第二次诉讼其实才是最为关键的，因为在所有权确认之诉中，因宅基地登记在孟某父亲名下，如果没有足够的证据，很难让法院支持诉请。笔者作为刘某的代理人，在收集及整理其盖房的证据时，尽最大可能地将盖房时的证据一一收集，庆幸的是，刘某手里留存着建房时的所有票据及出账记录，还持有分家单，证明原告与刘某是在夫妻存续期间在宅基地原址上进行翻建扩建，因此，法院认定诉争的二排院落均属于在夫妻存续期间的共同财产。

第三次诉讼相对简单，毕竟已确认了两排院落系夫妻共同财产，因此，如何分配只需要采用有利于生活，避免矛盾扩大的原则就可以。

【笔者建议】

本案系笔者代理的一个案件，前后历经二年，做完这个案件的心得就是：证据的组织与收集，对于案件起着至关重要的作用。

离婚纠纷，往往并不是一次诉讼就能解决所有问题的，如果涉及案外第三人的利益，法院一定会将该部分的财产不作处理，而是让当事人另案解决，先解决所有权的问题后，再诉离婚后财产纠纷。正常情况，涉及案外人的宅基地的离婚纠纷案，需要经过三次诉讼才能解决。涉及宅基地的离婚纠纷案，本身就错综复杂，可能涉及分家析产、法定继承等法律关系，因此看似简单的离婚案，并不像表面看到的那么简单。

案例41　婚姻存续期间拆旧房加盖二层房屋，原址建的一层房屋算夫妻共同财产吗？

【案情简介】

张某、隋某于2001年9月14日登记结婚，双方均系再婚。双方于2010年11月22日调解离婚，离婚时未对婚后共同财产进行分割。隋某婚前有位于北京市朝阳区崔各庄乡善各庄村247号院北房五间、南房五间。

2002年张某、隋某在院内建东、西厢房各两间。2003年在院外建房六间。

2007年双方把原有的北房五间拆除翻建为上下二层北房十间。2009年对南房五间进行了装修和扩建。

2010年7月17日隋某与北京市朝阳区崔各庄乡拆迁腾退办公室签订了《房屋搬迁腾退补偿协议书》，协议约定乙方（被告）居住正式房屋建筑面积512.25平方米。乙方现有本村村民户口3户4人，应安置人口5人。乙方腾退补偿款为4360996元，其中被腾退房屋评估价格总额为3796626元；工程配合奖120000元；提前搬家奖15000元；规定限期内腾退奖励费256125元；过渡补助费15000元；搬家补助费10245元；周转费120000元；其他补助费包括有限电视安装费350元、分体空调移机费1600元、热水器安装费900元、危电改造费150元、安置特殊补偿15000元、残疾人补助费10000元。北房一层房屋结构价为161411元、北房二层房屋结构价为144886元、南房五间房屋结构价为93548元、南房扩建部分房屋结构价为28255元、院外六间房房屋结构价为86721元、东厢房房屋结构价为34466元、西厢房房屋结构价为36587元、封院子房屋结构价为20568元。512.25平方米的区位补偿总价为1126950元。房屋设备及附属物总价为782609元。城乡一体化配合费819600元，区位价格补贴461025元。隋某在领取腾退补偿款后以365000元的价格购买回迁安置房屋一套。

【一审法院判决】

一审认为，张某、隋某对夫妻共有的财产享有均等的权利。隋某在与张某结婚前有北房五间、南房五间，这属于隋某的婚前财产，在离婚时应当析出。虽然双方婚后对五间北房进行了翻建，但是属于对房屋的添附，并不因此改变房屋所有权的性质，故一层北房五间为隋某的婚前财产。对于东、西厢房和南房扩建的部分以及院外六间应为张某、隋某婚姻存续期间所建，对应的房屋结构款和区位补偿款应当平均分割。

关于张某要求的回迁安置房屋，属于夫妻共同财产，隋某以365000元的价款购得，该房屋购买时使用了张某购房指标，属于双方共同所有，张某应分得的腾退补偿款应当扣除其购买回迁安置房的房款，其要求分割房屋的请求，可待房屋取得所有权时再进行处理。

据此，北京市朝阳区人民法院于2011年6月24日作出（2011）朝民初字第04541号民事判决：一、隋某于判决生效后7日内给付张某房屋结构及装修款165457元、区位补偿款332200元、城乡一体化配合费241600元、设备及附属物补偿230695元、区位价格补贴135900元、工程配合奖20000元、提前搬家奖2500元、规定期限内腾退奖励费42687元、过渡补助费2500元、搬家补助费3020元、周转费20000元，以上合计1196559元，扣除购房款182500元，隋某应实际支付张某腾退补偿款1014059元。

【二审法院判决】

北京市第二中级人民法院二审查明，双方离婚前，隋某将院落封闭，二审查明的其他事实与一审查明的事实一致。

北京市第二中级人民法院二审认为，本案争议的焦点是涉案款项的分割问题。根据本案目前的证据和相关法律规定，一审法院对于涉案款项的数额认定是正确的，处理亦属妥当。上诉人张某认为给付数额少，但其所述理由不充分，故对其上诉请求，法院难以支持。上诉人隋某认为给付数额多，但其所述理由亦不充分，故对其上诉请求，法院亦难以支持。一审法院对此案认定事实清楚，程序适当，处理正确，应予维持。

【检察院抗诉】

北京市人民检察院抗诉认为，隋某将诉争房屋院落封闭的时间为离婚前，封闭面积所对应的各项腾退补偿款应属张某、隋某的夫妻共同财产，法院对此未按共同财产予以分割确有错误；终审法院关于规定期限内腾退奖励费的裁判有误；关于周转费的裁判存在错误；对其他补助费涉及的相关补偿项目未予分割，属于漏判。原审判决在离婚双方财产分割上存在明显不当，适用法律确有错误，请依法再审。

【北京高院判决】

北京市高级人民法院再审认为，张某、隋某夫妻在离婚时对共有的财产，享有均等的权利。原判认定双方婚后对北房一层五间进行了翻建，是属于对房屋的添附，并不因此改变房屋所有权的性质，故北房一层五间为隋某婚前财产，在离婚时应当析出，对于东、西厢房和南房扩建的部分以及院外六间认定为张某、隋某婚姻存续期间所建，对应的房屋补偿款应当平均分割是正确的。张某提出诉争房屋北房一层五间增加的面积应予分割的理由，本院不予支持。

有关封闭院落的问题，二审法院查明，婚前隋某将院落封闭，但对于封闭面积相对应的房屋补偿款是否分割未予进一步认定欠妥。再审审理期间，隋某称封闭院落虽然是在离婚前，但是张某未出资，但其对于出资情况未提交相应的证据。故封闭院落应认定为张某、隋某婚姻存续期间所建，封闭面积所对应的补偿款属于婚姻关系存续期间的共同财产应当平均分割。

关于规定期限内腾退奖励费和周转费的问题，《崔各庄乡城乡一体化建设住宅房屋腾退补偿安置办法实施细则》规定，规定期限内腾退奖励费按照每平方米500元计算，认定人口周转补助费每月每人1000元，周转期两年。隋某提出拆迁周转期间张某单独租住房屋，租金从其应得的周转费中抵扣的情况没有证据证实。故原判对于隋某给付张某规定期限内腾退奖励费、周转费的计算方式有误，应予纠正。

关于其他补助费的问题，一审法院庭审中，隋某明确表示同意给张某安置特殊补偿费五分之一，分体空调移机费200元，有线电视安装费、热水器安装费同意给一半，但法院对此未予处理。二审及此次再审审理期间隋某均称不同意给付，但未说明理由，亦未提供相应的证据，故原审法院对此未予处理欠妥，其他补助费应予分割，其中残疾人补助费是给隋某的不予分割，其余几项费用本院酌情予以分割。

【简要评析】

本案的最大争议点是婚姻存续期间翻建的五间房，算不算夫妻共同财产，在离婚后应不应该进行分割。

本案的一、二审，包括再审的北京高级人民法院，均认为在原址原样翻建的房屋，属于婚前的财产，而不应该算夫妻共同财产，关于这个问题，检察院在抗诉时没有涉及该问题，也间接说明检察院是认可原址原样翻建的房屋五间，应该属于男方的婚前财产。

笔者认为，认定原址原样翻建所得的五间房，作为男方的婚前财产，符合常理。

第八章　宅基地行政案件中的法律实务与案例解析

一、宅基地行政案件中的法律实务与类型

随着城乡规划法的实施，涉及宅基地的行政案件日益增多。在司法实践中，涉宅基地的行政案件有行政赔偿案件、不服限期拆除决定的行政纠纷案件、行政强制拆除案件、宅基地确权错误行政纠纷案件以及宅基地使用权审批行政纠纷案件。这些案件，与老百姓的生活紧密相关，特别是宅基地使用权的审批，由于许多地区目前处于城市化进程中，一些地区已纳入了棚改范围。再有，一些村民在自己的宅基地上，任意建设房屋，根据规定只能盖二层的房屋，在没有任何批示的情况下，盖起五层洋房，导致被限期拆除。而限期拆除决定未履行时，又会被政府行政强制拆除，这些都是行政机关依法行使法定的权力。但实务操作中，许多行政机关，在实体、程序上做得不够，特别是为了能尽快完成拆除的任务，只做到了实体上正确，但在程序上却存在瑕疵，在行政诉讼中可能存在败诉的风险。

二、宅基地行政赔偿案例解析

案例42　村庄整体搬迁后，老宅基地之上的房屋拆迁后可否向政府要求行政赔偿?

【案情简介】

1987年，因修建龙口水库，艾洼村因交通不便和吃水困难，整村搬迁到山下，在上岸村北侧建设新村。在整村搬迁过程中，根据当时的标准已给付村民搬迁费。在上岸村北侧建设新村时，每一户村民山上有几间房，山下给几间房

的房地基；如村民需多盖房屋，则每间房向村集体缴纳100元房地基费用。

1990年，艾洼村新村建设完毕。2010年，包括艾洼村在内，永定镇11个村进行拆迁。

2010年12月15日，赵某亮与北京某某房地产开发有限公司签订《北京市住宅房屋腾退补偿安置协议》，该协议中载明因门头沟S1线区域土地一级开发项目需要腾退赵某亮在腾退范围内门头沟永定镇艾洼南街6号所有的房屋及附属物。

2018年10月16日，北京市门头沟区永定镇人民政府（以下简称永定镇政府）组织对赵某亮位于艾洼村旧址北房4间、西房2间房屋实施了拆除行为。永定镇政府未提供证据证明履行了现场勘验、调查、询问、权利义务告知、作出限期拆除决定、催告、送达等行政程序，在此情况下，永定镇政府实施的强制拆除行为被确认为违法。

2019年9月16日，赵某亮向永定镇政府邮寄《行政赔偿申请书》，永定镇政府收到后未予答复。赵某亮不服，向一审法院提起行政赔偿诉讼，请求依法判决永定镇政府将赵某亮房屋恢复原状，或不能恢复原状时赔偿赵某亮房屋价值及其他合理损失共计人民币4763486元（房屋单价按照每平方米39901元计算，财产损失30430元）。

一审庭审中，赵某亮述称其搬迁至艾洼村新址重新获得了宅基地并建设了房屋，即上述安置协议中载明的永定镇艾洼南街6号房屋及附属物。

【法院判决】

一审法院认为：取得国家赔偿的前提条件是公民、法人或其他组织的合法权益，在国家机关和国家机关工作人员行使职权过程中受到了侵犯，同时原告应当对其合法权益受损害的事实承担举证责任。本案中，根据查明的事实，赵某亮搬迁至艾洼村新址后重新获得了宅基地并建设了房屋，故其对艾洼村旧址房屋已不再享有合法权益，其请求判决永定镇政府将房屋恢复原状或因不能恢复原状而赔偿房屋价值损失，没有法律依据，法院不予支持。对于赵某亮所主张的其他财产损失，因赵某亮并未提供合法有效的证据予以证明，应属没有事实根据，故对其该项请求，法院亦不予支持。综上，判决驳回了赵某亮的全部赔偿请求。

二审法院认为，在行政赔偿案件中，行政相对人应对其要求赔偿的对象享有相关权利，方有权提起行政赔偿请求。本案中，根据业已查明的事实，上诉人的老宅已经经过集体搬迁，且搬迁后的房屋业已达成补偿安置协议。故上诉人无论对其主张要求赔偿的房屋还是对于宅基地均已经不享有相关权利。因此，赵某亮提起的本案行政赔偿之诉没有事实及法律依据，一审法院判决驳回赵某亮的赔偿请求正确，本院应予维持。上诉人赵某亮提出的上诉理由缺乏事实根据与法律依据，对此提出的要求撤销一审判决等上诉主张，本院不予支持。

【简要评析】

本案一、二审法院均适用了《中华人民共和国国家赔偿法》第二条第一款规定："国家机关和国家机关工作人员行使职权，有本法规定的侵犯公民、法人和其他组织合法权益的情形，造成损害的，受害人有依照本法取得国家赔偿的权利。"《最高人民法院关于审理行政赔偿案件若干问题的规定》第三十二条规定，原告在行政赔偿诉讼中对自己的主张承担举证责任。被告有权提供不予赔偿或者减少赔偿数额方面的证据。

本案中，赵某亮提起本案的事实很清楚，赵某亮搬迁至艾洼村新址后重新获得了宅基地并建设了房屋，故其对艾洼村旧址房屋已不再享有合法权益，其再提出要求政府拆除旧址的房屋的赔偿，没有事实与法律依据了。因此，一、二审法院依法驳回其诉讼请求是正确的。

【笔者建议】

通过查询，笔者发现本案系一个串案，即艾洼村除赵某亮之外，还有十几位村民起诉了镇政府，要求其赔偿。不太清楚这些村民为何在搬迁后重新获得宅基地并建设房屋后，仍旧要求镇政府对旧宅房屋的拆除进行赔偿。但如果从法院查清的事实来看，无论从哪个角度，都不应该出现这种误判，毕竟，政府为了修建水库，将山上的艾洼村整体进行搬迁，是一件利民的事件，而且下山的村民都同等面积获得了对应的房屋，从法律的层面，村民在获得山下新址的宅基地与房屋的那一刻，就已将原址房屋的相应权利交还给了村组织及政府了。时隔十几年后再次起诉，笔者认为这是村民及代理律师的一种误判，是对法律理解的错误。

当然，异地搬迁，村民会有一种故土难离的感情在里面，但目前的法律并没有规定政府需要补偿这方面的损失。因此，这种群体性的案件，无论从事实，还是从法律层面，选择行政赔偿都不是一个好的选择。

三、不服限期拆除行政纠纷案例解析

案例43　在原宅基地上未批先建房屋，能否认定为违法建筑进而限期拆除？

【案情简介】

刘某艳系麻某琴之女，麻某琴于1990年4月24日经原北京市海淀区香山街道市容监察所批准，在北京市海淀区香山北辛村后街14号新建房屋两间，原有房屋五间，建筑用地东西长16.45米，南北宽16.45米。刘某艳及其子刘某泽一直生活在上述七间房屋中的三间房屋内。后因其所住房屋墙体开裂，刘某艳对上述房屋进行了翻建。刘某艳及其子刘某泽名下均无房屋登记信息。

2016年12月23日，海淀城管局香山执法监察队在检查中发现，刘某艳于2016年3月间对涉案房屋进行了翻建。当日海淀城管局进行了现场检查及勘验，经测量该房屋东西长16.1米、南北宽11米，总建筑面积为177.1平方米。海淀城管局拍摄了外观照片，绘制了平面位置图，当日对刘某艳进行询问，告知了刘某艳所享有的相应权利，听取了刘某艳的陈述和申辩。当日，海淀城管局对刘某艳建设涉案房屋的行为予以立案。2017年1月5日，北京市规划和国土资源管理委员会向海淀城管局出具了《关于北京市海淀区香山北辛村后街14号所建的一处建筑物规划审批情况的函》，函称："经查，位于北京市海淀区香山北辛村后街14号所建的一处建筑物（建筑面积177.1平方米），未依法取得建设工程规划许可证。”

2017年4月28日，海淀城管局对刘某艳作出京海城管罚字〔2017〕000174号限期拆除决定书（以下简称被诉限拆决定）。查明刘某艳未依法取得规划许可，擅自于2016年3月在北京市海淀区香山北辛村后街14号建设砖混结构房屋一处（以下简称涉案房屋），海淀城管局认为刘某艳的行为违反了《北京市城乡规划条例》第二十三条第一款之规定，所建房屋属违法建设。被诉限拆决定依据《北京市城乡规划条例》第六十六条第一款之规定，责令刘洪艳自接到本决定之日起15日内自行拆除上述建设，并接受复查。逾期不拆除的，依据《北京市城乡规划条例》第六十六条第二款之规定，将报经北京市海淀区人民政府责成有关部门予以强制拆除。刘某艳不服，向海淀区政府申请行政复议，海淀区政府于2017年7月31日作出海政复决字〔2017〕127号行政复议决定书（以下简称被诉复议决定），依据《中华人民共和国行政复议法》第二十八条第一款第一项之规定，决定维持被诉限拆决定。

【一审判决】

一审法院判决认为：《中华人民共和国行政诉讼法》第七十条第六项规定，行政行为明显不当的，人民法院判决撤销或者部分撤销。由此可见，人民法院审理行政案件，不仅要对被诉行政行为是否合法进行审查，还要对行政行为裁量是否明显不当进行审查。但需要注意的是，立法在规定人民法院可以对被诉行政行为进行合理性审查的同时，还强调必须行政行为“明显不当”的才可以予以撤销或变更，由此也可以看出法律对行政裁量进行司法审查的定位，即人民法院既要履行对行政裁量的审查职责，不能怠于履行，也要秉持谦抑态度行使自己的审查权力，给予行政裁量必要的尊重。

《中华人民共和国城乡规划法》第六十四条对未取得建设规划许可证进行建设的处罚裁量幅度规定为：尚可采取改正措施消除对规划实施的影响的，限期改正，并处罚款；无法采取改正措施消除影响的，限期拆除；不能拆除的，没收实物或违法收入，可以并处罚款。《北京市城乡规划条例》第六十六条第一款规定，城镇建设工程未取得建设工程规划许可证或者未按照建设工程规划许可证许可内容进行建设的，由规划行政主管部门责令停止建设；尚可采取改正措施消除对规划实施的影响的，限期改正，处该建设工程总造价百分之五以上百分之十以下的罚款；无法采取改正措施消除影响的，限期拆除，不能拆除的，没收实物或者违法收入，可以并处该建设工程总造价百分之十以下的罚款。可见，根据上述规定，针对本市范围内未取得建设工程规划许可证的城镇违建，尚可采取改正措施消除对规划实施的影响的，应限期改正；无法采取改正措施消除影响的，方可限期拆除或没收。

本案中，刘某艳所建房屋虽确属未批先建，但刘某艳系在原有宅基地上翻建，房屋用途系自住，房屋也未超过原有面积，更未加盖。且需强调的是，该房屋系刘某艳及其子刘某泽的唯一居所。如有权机关在确认该房屋为违建后直接作出限期拆除决定并最终履行，则刘某艳及其家人必将面临流离失所的可预见结局。针对上述情况，合议庭认为，法律并非仅是条文中所罗列的惩处性规定，其最终目的是为了维护人民的权益，保障社会的正常运行。针对刘某艳所面临的困境，海淀城管局应先选择采取责令限期补办规划手续等改正措施后，再针对相应改正的情况酌情作出决定。现直接作出限期拆除决定必然将对刘某艳的权益造成过度损害，应属明显不当，故对海淀城管局作出的被诉限拆决定依法应予撤销。因海淀区政府作出了维持的被诉复议决定，故应一并撤销。

二审法院认为：本案的焦点问题在于海淀城管局作出被诉限拆决定是否具有合理性。二审法院认为，海淀城管局作出被诉限拆决定不具有合理性，主要理由如下：

首先，被诉限拆决定将导致刘某艳的生活处于危险境地。从被诉限拆决定的内容看，其直接为刘某艳设定了自行拆除涉案房屋的义务，并告知了逾期不拆除的后果即强制拆除。故被诉限拆决定属于明显的侵益行为，会直接影响刘某艳的生活。上诉人主张涉案房屋是否最终强制拆除可以在执行过程中予以裁量，但显然该主张将导致刘某艳行使救济权的极度被动地位，甚至丧失提起救济的事实基础。

其次，行政裁量权的行使应符合比例原则。比例原则要求行政行为的作出应兼顾行政目的实现与相对人权益的保护。如果行政目标的实现可能对相对人的权益造成不利影响，则这种不利影响应被限制在尽可能小的范围和限度内。行政裁量行为应充分考虑手段与后果的关系，如行政裁量行为未充分考虑行为后果以及该后果背后的法益，则不符合比例原则的要求。本案中，无论是《中华人民共和国城乡规划法》第六十四条抑或是《北京市城乡规划条例》第六十六条第一款均对规划行政主管部门查处未取得建设工程规划许可证即开工建设的情形作出了明确规定。一般而言，规划行政主管部门应视违法建设的具体情节作出责令停止建设、限期改正、罚款、限期拆除、没收实物或者违法收入等措施或处罚。而对于何为“尚可采取改正措施消除对规划实施的影响的”，上述法律法规并无具体规定。对此，《住房和城乡建设部关于印发〈关于规范城乡规划行政处罚裁量权的指导意见〉的通知》（以下简称指导意见）第四条、第七条，若干规定第二十六条作出了进一步细化规定。应当认为，本案中海淀城管局作出被诉限拆决定符合上述规定。但上述指导意见及若干规定中的有关规定并非绝对条款，而“尚可采取改正措施消除对规划实施的影响的”从法律法规层面仍有进一步解释的空间。尤其是相对人在原房屋严重影响居住安全与生活质量进行翻建的情况下，违法建设的查处机关应当充分考虑其所作行政行为是否会对违法建设人的居住安全与正常生活产生过度侵害，即应在充分平衡规划秩序利益与安居利益的前提下，采取适当的处理。鉴此，海淀城管局作出的被诉限拆决定，未充分考虑违法建设人的居住安全利益，不符合比例原则的要求。

再次，行政行为的作出应当符合法规规范的目的。《北京市城乡规划条例》第四条规定，本市城乡规划和建设应当贯彻科学发展观，体现“人文北京、科技北京、绿色北京”的理念；坚持以人为本，创造人居和发展的良好条件，妥善处理和协调各种利益关系，维护人民群众的根本利益。根据上述规定，城乡规划建设以及执法机关相应的执法行为均应贯彻“以人为本”的理念，保障人民群众有所居、安于所居彰显的是人的基本权利与尊严，亦是依法行政的应有之义。城市管理综合执法部门的执法活动均须以此为依归，方能体现其正当性。

综上，一审法院判决结论正确，本院应予支持。海淀城管局及海淀区政府的相关上诉理由均依据不足，对其上诉请求本院不予支持。

【简要评析】

本案是2018年引起极大关注的一个行政案件，本案的被告海淀城管局及海淀区政府所作的行政行为看似符合法律的规定，但却没有顾及行政法的三个原则，即合理性原则、行政裁量权的行使应符合比例原则和合法性的原则。这三个原则性的规定是行政法立法的目的与本意。

首先，行政合理性原则是指行政行为的内容要客观、适度、符合人之常情。行政合理性原则是基于行政职权中的自由裁量权的存在和扩大而产生的。行政自由裁量权是指行政机关在法律法规明示或默示的范围内自行决定的处置权，即对其行为的方式、范围、种类、幅度等方面的选择权。行政的合法性原则和合理性原则都是依法行政的要求，合法性原则解决行政合法和非法的问题，合理性原则是解决行政合理与失当的问题。这两个原则是互相关联，相互依赖的。本案中，一审法院认为，原告刘某艳所建房屋虽确属未批先建，但刘某艳系在原有宅基地上翻建，房屋用途系自住，房屋也未超过原有面积，更未加盖。且需强调的是，该房屋系刘某艳及其子刘某泽的唯一居所。如有权机关在确认该房屋为违建后直接作出限期拆除决定并最终履行，则刘某艳及其家人必将面临流离失所的可预见结局。海淀城管局应先选择采取责令限期补办规划手续等改正措施后，再针对相应改正的情况酌情作出决定，这才体现了行政法中的合理性原则，而不是一上来就采取限期拆除的决定。

其次，行政裁量权的行使应符合比例原则，比例原则要求行政行为的作出应兼顾行政目的的实现与相对人权益的保护。如果行政目标的实现可能对相对人的权益造成不利影响，则这种不利影响应被限制在尽可能小的范围和限度内。行政裁量行为应充分考虑手段与后果的关系，如行政裁量行为未充分考虑行为后果以及该后果背后的法益，则不符合比例原则的要求。本案中，被告海淀城管局及海淀区政府在查处原告建设时，未充分考虑其所作行政行为是否会对违法建设人的居住安全与正常生活产生过度侵害。未充分考虑违法建设人的居住安全利益，不符合比例原则的要求。

再次，行政行为的作出应当符合法规规范的目的，任何一个法律的出台，均有其内在的规范的目的。就像本案的二审法官写道：保障人民群众有所居、安于所居彰显的是人的基本权利与尊严，亦是依法行政的应有之义。城市管理综合执法部门的执法活动均须以此为依归，方能体现其正当性。

【笔者建议】

并非所有的限期拆除决定都是合法或合理的，通过本案可以看到，在合法的宅基地上为了自身的居住安全与正常生活，可以进行原地原样的翻建。行政机关不能以翻建行为未经过政府有关部门的审批，就可以立即限期进行拆除。应当给予翻建房屋的当事人补充相关手续的合理时间。对于农村许多村民，由于对行政审批许可知识的缺乏，导致其在翻建时未履行相应的审批许可手续，因此造成行政机关作出限期拆除决定。建议村民翻建房屋要先咨询律师或相关行政主管部门。

案例44　在不是宅基地的土地上翻建房屋，会被限期拆除吗？

【案情简介】

李某斌并非北京市顺义区北石槽镇某村（以下简称某村）人。1998年案外人唐某从案外人李某处购买涉案地块上的原有院落及房屋。2002年6月，唐某与李某斌签订《院落（含附属设施）转让协议》，约定将其从李某处购买的院落（含附属设施）转让给李某斌。2013年11月左右，李某斌将上述受让取得的原有地上房屋全部拆除重新建设，至2015年年初建设完成一栋二层砖混结构建筑物，后用于出租。涉案建筑物位于某村东南侧，其所占用土地未取得集体土地建设用地使用证。

2019年9月5日，北石槽镇政府针对涉案建筑物对李某斌进行了调查询问，并进行了现场检查和勘验。经测量，涉案建筑物总面积为544平方米。李宏斌对测量结果无异议，且未能出示乡村建设规划许可证。

北石槽镇政府于2019年10月24日对李宏斌作出[2019年]第23号《限期拆除决定书》（以下简称被诉限期拆除决定），主要内容是："经查，你（单位）在北京市顺义区北石槽镇某村东南建设的砖混结构建筑物1处，经测量，该建筑物的建筑面积共544平方米。你（单位）的上述行为违反了《北京市城乡规划条例》第二十九条之规定，所建建筑物属于违法建设。本行政机关责令你（单位）于2019年10月30日前自行拆除上述违法建设，恢复原地貌，并接受复查。逾期未拆除，本行政机关将依法组织拆除。"

【法院判决】

一审法院经审理认为，北石槽镇政府作为顺义区乡镇一级人民政府，对其规划区内违反乡村建设规划进行建设的行为，具有作出责令限期改正的法定职权。

本案中，涉案建筑物位于北京市乡村规划区内，因李某斌未能提供涉案建筑物的规划许可手续，且涉案建筑物不属于可以责令限期补办手续的情形，故北石槽镇政府认定涉案建筑物属于违法建设，责令李某斌限期拆除，其认定事实清楚，适用法律正确。

北石槽镇政府在作出被诉限期拆除决定之前，对李宏斌进行了调查、询问，告知其享有回避、陈述和申辩的权利，并听取了李某斌的陈述和申辩，对涉案建筑物进行了检查、勘验，针对涉案建筑物是否取得规划许可手续调取了相关证据，并在作出被诉限期拆除决定之后依法送达给李某斌，故北石槽镇政府的上述执法程序并无不当。

综上所述，李某斌的诉讼请求缺乏事实和法律依据，一审法院不予支持。

二审法院认为，本市依法实行规划许可制度，各项建设用地和建设工程应当符合城乡规划，依法取得规划许可。建设工程未取得规划许可证件或者未按照规划许可证件许可内容进行建设，尚可采取改正措施消除对规划实施的影响的，执法机关责令限期改正，处该建设工程造价百分之五以上百分之十以下的罚款；无法采取改正措施消除影响的，限期拆除，不能拆除的，没收实物或者违法收入，可以并处该建设工程造价百分之十以下的罚款。

本案涉案建筑物位于北京市乡村规划区内，在李某斌未能取得涉案建筑物的规划许可手续，且涉案建筑物不属于可以责令限期补办手续的情形下，北石槽镇政府认定涉案建筑物属于违法建设于法有据。李某斌主张的北石槽镇政府曾向北石槽镇供电部门出具的“此处非违法建筑，准予安装三相电”的批复不能作为涉案建筑物已办理规划审批手续的证明。李某斌系涉案建筑物的建设者及实际管理者，北石槽镇政府以李宏斌作为被诉限期拆除决定的行政相对人，责令李某斌限期拆除涉案建筑并无不当。关于北石槽镇政府作出被诉限拆决定的程序问题，本院同意一审法院的认定意见。综上所述，一审法院判决驳回李宏斌的诉讼请求并无不当，本院应予支持，李某斌的上诉主张和请求缺乏事实根据和法律依据，本院不予支持。

【简要评析】

本案与案例43，都是翻建房屋，案情相似，但判决结果却大相径庭，为何两者差别那么大呢？二点原因：

一是本案涉案的土地不是宅基地，甚至不是集体土地建设用地。二是该土地虽然之前有建筑物，但该建筑已拆除，原来的房屋已灭失，重新翻建必然需要重新规划并取得建设许可。因此，一、二审法院依据《北京市城乡规划条例》、《北京市禁止违法建设若干规定》作出其没有取得规划许可，且涉案建筑物不属于可以责令限期补办手续的情形，因此判决驳回其诉讼请求，支持了镇政府的限期拆除决定。

【笔者建议】

虽然1998年案外人唐某从案外人李某处购买涉案地块上的原有院落及房屋。2002年6月，唐某与李某斌签订《院落（含附属设施）转让协议》，约定将其从李某处购买的院落（含附属设施）转让给李某斌。从这段事实可以看出，李某斌以为该院落是有宅基地使用权证的，因此他是按宅基地的翻建来进行的，这恰恰是老百姓思维，认为别人的院子扒了可以重新翻建，因此我的也可以。但李某斌忽略了一点，就是他们的院子，在1998年时能盖起来，因为当时的法律并不完善，城乡规划法及相关的规定并没有出台，因法不溯及既往，政府不会对存在的院落进行强制拆除。但2015年，李某斌翻建时，相关的法律法规已出台，其翻建行为，必然是需要适用这些法律法规，因此，一、二审法院依据这些法律法规，驳回其诉讼请求。

本案延伸出一些问题，在忽略宅基地院落购买后合同有效还是无效的问题前提下，如果想翻建购买的院落，有哪些路径可以实现？

根据过往的判决可以看到，如果买到自己心仪的院子，想翻建宅院的话，无非可以采取以下几种路径：

一是，跟卖主协商一致，要求其按自己设计的图纸，向乡镇一级政府的规划部门申请翻建，并取得相关的许可后进行翻建，但就目前笔者掌握的北京市一些实操情况看，规划部门批准的基本上就是原址原样翻建。但取得了翻建手续后，如果未出现超出原址面积过大的情形，一般情况下，全部认定为违章建筑的可能不是太大。但建议还是在原址原样上进行设计与改造。

二是，买到宅基地院落后，按照正常的途径递交相关的手续到所在地乡镇政府，进行审批后取得手续。这种情况也能实现，而且并非个案。

三是，将取得的院落，进行整体升级改造，不动房屋主体，以现状改造的方式进行设计，进而达到自己想要的效果，这种情况，以北部山区的宅基地改造最为典型，依山依水而进行改造，正常情况下，不会认定为违章建筑。毕竟从人性化的角度，对于院落中的局部进行升级改造，是可以允许的。但如果大动干戈进行翻建，没有规划许可，必然像本案一样，会被认定为违章建筑进而被限期拆除。

案例45　宅基地置换后未确定四至与面积，新建的房屋违法吗？

【案情简介】

1993年11月，原顺义县人民政府为段某长在某某某村居住使用的宅基地核发了顺北石槽乡某某某村集建（证）字第135号《集体土地建设用地使用证》（以下简称135号集体土地建设用地使用证），用地面积为326平方米，四至为：东至关道；西至段某；南至关道；北至关道。2009年12月18日，因某某某村修路占用段某长的上述宅基地，顺义区北石槽镇某某某村民委员会（以下简称某某某村委会）将段某长的宅基地调至村西，四至为：东至李某；西至曹某；南至道；北至道。某某某村委会在段某长持有的上述135号集体土地建设用地使用证“变更记事”一栏中记载了宅基地置换的理由和四至，并注明“只做宅基地互换，不做经济补偿”字样，但没有记载置换后的宅基地面积。

2013年，段某长在未取得规划许可手续的情况下，在置换后的土地上开始建设五层钢混结构的房屋。2014年，房屋建设完成。段某长欲将上述房屋用于经营敬老院，后因相关手续未能办理成功，敬老院未能开办，后段某长在该房屋处注册了建筑公司，并用于居住。段某长将置换后的土地分为两个院落，其在其中一个院落内建设了本案中被认定为违法建设的五层房屋，在另一个约1000平方米的院落内建设了一栋约400平方米的三层房屋。段某长称其有时在三层房屋居住，有时在五层房屋居住。

2019年4月24日，北石槽镇政府针对段某长所建的上述五层房屋对段某长进行了调查询问，并对房屋进行了现场检查和勘验。经用皮尺测量，上述房屋总面积为4829.25平方米。段某长对测量结果无异议，且未能出示乡村建设规划许可证。

2019年5月7日，北石槽镇政府向北京市规划和自然资源委员会顺义分局发出《北石槽镇人民政府关于核实段某长建筑规划审批情况的函》，要求核实段某长建设的上述建筑面积为4829.25平方米的砖混结构房屋的规划审批情况，并随函附上两张涉诉建筑物卫星影像图片和两张现场照片。北京市规划和自然资源委员会于2019年6月6日向北石槽镇政府出具京规顺执函〔2019〕第701号《关于段某长建设建筑规划审批情况的函》（以下简称701号函），主要内容是："经查，位于北石槽镇某某某村集体土地上的由段某长所建1栋5层砖混结构房屋，建筑面积4829.25平方米，未依法取得乡村建设规划许可证。"

2019年6月14日，北石槽镇政府对段某长作出并送达了被诉限期拆除决定，认定上述4829.25平方米房屋属于违法建设，并责令段某长于2019年6月19日前自行拆除上述违法建设，恢复原地貌，并接受复查。逾期未拆除，北石槽镇政府将依法组织拆除。因不服该被诉限期拆除决定，段某长遂在法定起诉期限内直接向一审法院提起涉案之诉。

【法院判决】

一审法院经审理认为，《中华人民共和国城乡规划法》第六十五条规定：在乡、村庄规划区内未依法取得乡村建设规划许可证或者未按照乡村建设规划许可证的规定进行建设的，由乡、镇人民政府责令停止建设、限期改正；逾期不改正的，可以拆除。《北京市城乡规划条例》第六十二条第一款规定：乡镇人民政府、街道办事处应当对本辖区内建设情况进行巡查，发现违法建设行为的，应当予以制止，并依法予以处理。根据上述法律、法规规定，北石槽镇政府作为顺义区乡镇一级人民政府，对其规划区内违反乡村建设规划进行建设的行为，具有作出责令限期改正的法定职权。

北石槽镇政府在作出被诉限期拆除决定之前，对段某长进行了调查、询问，告知段某长享有申请回避、陈述和申辩的权利，并听取了段某长的陈述和申辩，对涉诉房屋进行了检查、勘验，亦针对涉诉房屋是否取得规划许可手续调取了相关证据，并在作出被诉限期拆除决定之后依法送达给段某长，故北石槽镇政府的上述执法程序并无不当。

涉诉五层房屋和段某长所建的三层房屋所在土地系某某某村委会因修路

占用段某长家原来的宅基地而置换给段某长作为宅基地使用的，且置换后宅基地的面积、四至并不明确。现北石槽镇政府在段某长合法宅基地使用面积不明确的情况下，即径行认定涉诉五层房屋为违法建设，其主要证据不足，认定事实不清。

综上所述，北石槽镇政府作出的被诉限期拆除决定主要证据不足，依法应予撤销。依照《中华人民共和国行政诉讼法》第七十条第（一）项之规定，判决撤销北石槽镇政府于2019年6月14日对段某长作出的被诉限期拆除决定书。

北石槽镇政府不服一审判决，上诉理由主要为：一、被上诉人因宅基地置换所占用土地约为3800平方米，远大于《北京市人民政府关于加强农村村民建房用地管理若干规定》及《顺义区农村宅基地管理办法》中关于北京市远郊区县每户享有的合法建房用地标准。被诉限期拆除决定并未将被上诉人所建全部建筑认定为违法建筑，未被认定为违法建筑的部分及该部分建筑所占地块完全可以满足被上诉人一家正常生活使用，也远大于置换前的宅基地面积。二、被上诉人因宅基地置换使用土地并未取得任何使用手续，只是某某某村委会在被上诉人持有的135号集体土地建设用地使用证上写明置换原因和四至，且上述行为未履行相应民主程序，未经土地主管部门审批，未得到土地管理部门的确认。宅基地置换应重新取得宅基地审批手续，取得《集体土地建设用地使用证》。涉案建筑是五层钢混结构房屋，超过两层，不符合北京市宅基地建设标准，且被上诉人并非用于自住，而是要经营敬老院。

二审法院认为，根据《中华人民共和国城乡规划法》第六十五条、《北京市城乡规划条例》第六十二条第一款、《北京市禁止违法建设若干规定》第九条的规定，在北石槽镇政府辖区内未依法取得乡村建设规划许可证或者未按照乡村建设规划许可证的规定进行建设的，北石槽镇政府有权进行查处。

限期拆除决定直接认定违法建设的性质，是对相对人不利的强制性决定，因此，行政机关在作出限期拆除决定之前，应当积极进行全面调查取证。本案中，在案证据材料显示作出被诉限期拆除决定之前，北石槽镇政府虽进行调查询问、现场检查、勘验，并向北京市规划和自然资源委员会顺义分局发函核实段某长建设涉案建筑的规划审批情况，但对于段某长家系置换宅基地、置换后宅基地的四至、面积等问题在行政程序中并未进行充分的调查核实，一审法院据此认为北石槽镇政府径行认定涉案建筑为违法建设主要证据不足、认定事实不清，并无不当。北石槽镇政府的上诉请求不能成立，本院不予支持。

【简要评析】

本案一、二审法院依法撤销《限期拆除决定书》的依据是，北石槽镇政府未在宅基地置换后，对新的宅基地面积、四至等进行确认，直接认定诉争的五层房屋系违法建筑属于认定事实错误与证据不足，进而判决北石槽镇政府败诉。从行政法的立法本意来说，具体行政行为，必须程序合法，实体合法。很多读者可能会认为段某长在超出原宅基地十倍之多的土地上进行建设，不用说都是违章建筑，限期拆除实体上不会有任何的错误。但任何事都不能因为实体正确，在程序上就选择不按程序来。本案北石槽镇政府在前面均做得不错，进行调查询问、现场检查、勘验，并向北京市规划和自然资源委员会顺义分局发函核实段某长建设涉案建筑的规划审批情况，但却忽略了应该先确定置换后的宅基地的四至及面积。

【笔者建议】

通过本案可以看到，站在不同的当事人角度，有不同建议与做法。在评析中说到了，镇政府败诉的原因是没有确定置换宅基地的四至及面积，因此，本案中，镇政府应当先根据前期的调查，先行认定段某长置换的宅基地的四至及面积，在该面积上建设的房屋，符合城乡规划的，认定为合法。在此基础上，超过置换宅基地面积及四至的所有建筑物，均属于违法。那时再作出《限期拆除决定书》，就从程序到实体，均符合行政法的相关规定。

从段某长的角度看，这次诉讼的胜利并不意味着其建设的近5000平方米的五层楼以及在1000平方米的院子里建设了400平方米的三层楼层就合法了。

首先，就算宅基地置换，其原有的宅基地面积也仅326平方米，因征收而发生的宅基地置换，均按同等面积进行置换，并计算出地上物的拆迁补偿。本案中，虽然一、二审村委会均出具证明，证明在置换过程中，没有给予段某长地上物的货币补偿，但村委会没有任何的权利将面积近4000平方米的土地作为宅基地置换给段某长，本身这种置换就属于不合法的。《北京市人民政府关于加强农村村民建房用地管理若干规定》第六条明确规定，农村宅基地的审批不能超过0.3亩，1982年划定的不超过0.4亩。土地管理法也规定，农村宅基地使用权的审批权在区县一级政府，因此村委会无权将面积仅326平方米的宅基地置换成4000平方米的宅基地。

其次，如果段某长建设的五层楼房及三层楼房，在经过镇政府重新作出限期拆除决定后，如何维权的问题。本案后，大概率北石槽镇是会重新作出决定的，因此，段某长的五层楼房按法律规定是会被限期拆除的。毕竟在3000多平方米的土地上，建设了近5000平方米的建筑，地方政府不会允许这样的违法事件长期存在。一旦再次确定限期拆除，那么，段某长能维护自己利益的，就只能向村委会主张相应的损失，但这属于民事赔偿的范畴了。

四、行政强制拆除行为案例解析

案例46　因修建道路，镇政府强拆宅基地房屋，是否构成违法？

【案情简介】

1993年4月6日，原通县土地管理局向董某彪核发第7-145号《集体土地建设用地使用证》，核准董某彪使用宋庄镇辛店村集体土地兴建住宅，土地用途为宅基地。2006年3月4日，北京市通州区宋庄镇辛店村民委员会向董某彪核发《宋庄镇辛店村私人宅基地内建房许可证》，同意董某彪在本宅基地内兴建涉案房屋。

因潞苑北大街二期道路工程建设需要，董某彪在宋庄镇辛店村所建涉案房屋被纳入征地拆迁范围。该道路工程先后取得原北京市规划委员会283号《规划方案的批复》、原北京市国土资源局699号《用地预审意见的函》、北京市环境保护局151号《环境影响报告表的批复》、北京市发展和改革委员会1978号《项目建议书（代可行性研究报告）的批复》以及北京市通州区发展和改革委员会507号《通知》等批准文件。

2010年11月5日，宋庄镇政府委托宋庄文化创意服务中心代理其负责宋庄镇域内潞苑北大街（二期）的拆迁及相关工作。同日，宋庄文化创意服务中心转委托宋庄文化创意投资开发公司代理其负责宋庄镇域内潞苑北大街（二期）的拆迁及相关工作。

2013年，宋庄文化创意投资开发公司向涉案工程的被搬迁人作出《搬迁通知》，就相应搬迁补偿及安置事项作出规定，但未规定具体搬迁期限。2018年9月26日，宋庄镇辛店村召开村民代表会议，决定收回董某彪的涉案房屋宅基地，由董某彪按照其《集体土地建设用地使用证》标注的土地使用面积选择安置用地，并按照《潞苑北大街二期辛店村宅基地搬迁补偿计划与方案》给予其相应补偿。2018年9月26日，宋庄镇政府对董某彪所建涉案房屋进行了强制拆除。

【法院判决】

法院认为，本案中，由于潞苑北大街二期道路工程建设的需要，董某彪在宋庄镇辛店村所建涉案房屋已被纳入征地拆迁范围。宋庄镇政府作为属地政府，具有做好本行政区域内的房屋拆迁管理工作的法定职权。但是，在被拆迁人董某彪与拆迁人没能在搬迁期限内达成拆迁补偿安置协议的情况下，应当由当事人一方或者双方先行向有关国土房管局申请裁决，裁决后拆迁人仍拒绝搬迁的，方能由区、县国土房管局向人民法院申请强制执行。因此，在涉及对涉案房屋的强制拆除时，现行法律法规并未赋予宋庄镇政府强制拆除职权。宋庄镇政府所提其具有拆除董某彪涉案房屋职权的主张于法无据，本院不予支持。

此外，宋庄镇政府在对董某彪所建涉案房屋实施强制拆除时，并未依法履行相关公示、催告、听取当事人陈述、申辩、限期当事人自行拆除等程序义务，亦未制作并送达强制执行决定、告知当事人权利救济途径和期限等，构成程序违法。因此，宋庄镇政府所实施的被诉行政行为缺乏事实和法律依据，程序明显不当，应予撤销。鉴于宋庄镇政府已对涉案房屋进行了强制拆除，虽该被诉行政行为违法，但已不具有可撤销内容，故被诉行政行为应当确认违法。

【简要评析】

实体方面，在拆迁过程中，如拆迁方与被拆迁方在未达成拆迁补偿安置协议的情况下，应当由当事人一方或者双方先行向有关国土房管局申请裁决，裁决后拆迁人仍拒绝搬迁的，方能由区、县国土房管局向人民法院申请强制执行。本案在涉及对涉案房屋的强制拆除时，现行法律法规并未赋予宋庄镇政府强制拆除职权，宋庄镇政府也没有向国土房管局申请裁决，因此实体上是违法的。

程序方面，实施强制拆除时，应当依法履行相关公示、催告、听取当事人陈述、申辩、限期当事人自行拆除等程序，应当制作并送达强制执行决定、告知当事人权利救济途径和期限等。但宋庄镇政府均未按这些程序进行，因此，在程序上，宋庄镇政府也是违法的。

据此，一审法院认为，从实体至程序，宋庄镇人民政府的强制拆除行为，均构成违法。

【笔者建议】

宋庄镇政府为能达成协议，曾作出过很大的努力，但因董某彪一直就不满足于拆迁的置换政策，要求巨额拆迁补偿。因此拆迁安置补偿工作一直处于停滞状态，东西道路均已修通后，就其一户立在马路中间，导致无法修通潞苑北大街。因周边的所有宅基地均已拆迁完毕，水电均无法通到该宅基地院落，因此该宅基地也没有人居住了。本案的强制拆除行为发生的比较突然，不到一上午就被拆除了。拆除之后，道路很快就修通了，据笔者朋友说，拆迁补偿事宜还未启动，但即使启动，也应该会按原拆迁政策核算相关的补偿。这么看，拥有该宅基地的董某彪，并不会因为取得了一个镇政府拆除违法的胜诉判决就能得到更多的补偿。

在笔者接待过的咨询中，也有许多当事人想通过当“钉子户”来牟取一些利益。但随着目前法治进程的加快，各级政府均依法行政，不可能因为你是“钉子户”就满足其不合理的诉求。因此我均劝说当事人在合理合法的范围内行使自己的权利，不要因为过分的要求导致自己利益受损。本案的原告，如果一开始接受拆迁补偿方案，在置换的宅基地上建设房屋再出租的话，已有三四年的租金收益，但现在就算获得一纸胜诉判决，又有何益？

案例47 宅基地上的房屋被强制拆除后如何维护自己的权益？

【案情简介】

2018年11月12日凌晨4时许，一大队人马携带钢钎、八镑锤、铁锹、盾牌、催泪瓦斯等凶器，暴力打砸保某、王某的院落大门，砸破房屋门窗，强行闯入住宅内，对保某、王某喷射催泪瓦斯，对他们进行暴力殴打后强制捆绑。保某被强制捆绑抬出，被非法拘禁在金盏乡长店村委会的小黑屋，并受到由保安严密看守。保某、王某的院落、屋和附属设施被暴力强拆，夷为平地，室内财物毁于一旦。事后，保某、王某为依法维护自身合法权益，依法向北京市第四中级人民法院提起行政诉讼，要求确认北京市朝阳区人民政府于2018年11月12日强拆房屋的行为违法，北京市朝阳区人民政府称该强拆行为系乡政府所为，不应该起诉北京市朝阳区人民政府。保某、王某遂起诉乡政府，要求确认乡政府2018年11月12日强拆房屋的行政强制行为违法。

乡政府辩称，二原告声称在其诉北京市朝阳区人民政府强制拆除违法案件一、二审中，北京市朝阳区人民政府均称该强拆行为系被告所为，按照其提交的行政裁定书，只能说明被告是土地储备房屋拆迁腾退项目的腾退人，并不能证明被告实施了2018年11月12日对其房屋强制拆除行为。二原告根据上述裁定证明被告实施了强拆行为是断章取义，毫无事实根据。经了解，

2018年11月11日，北京市朝阳区金盏乡长店村（以下简称长店村）村民代表会议作出了决议，要求该村村委会无条件收回滞留未进行腾退的宅基地使用权及对外出租或承包的土地使用权。为执行该决议，2018年11月12日，长店村村民委员会组织人员帮助二原告对其位于长店村的房屋进行搬家，搬家后对该存在安全隐患的房屋进行拆除。该行为是经长店村村民民主决策程序后村委会实施的村民自治行为，非被告实施。综上，二原告的主张没有事实及法律依据，请求法院驳回二原告的起诉。

【法院裁决】

经审查，法院认为，公民提起行政诉讼应当具有相应的事实根据。本案中，保某、王某要求确认被告于2018年11月12日强拆二原告房屋的行政强制行为违法，但二原告并未提交有效证据证明被告实际实施了前述拆除行为，被告对此不予认可并提交长店村村民委员会出具的《情况说明》、《关于帮助长店村外来滞留户搬家的情况说明》及《长店村村民代表大会决议》等材料予以佐证，故二原告径行提起本次行政诉讼不具有相应的事实根据，依法应予驳回。

【简要评析】

法院依据谁主张谁举证的原则，判决原告败诉，应该说没有大的问题。问题的关键在于，谁会去强制拆除原告合法的房屋？虽然这不是法院管的问题，但却是值得深思的问题。

五、宅基地审批行政纠纷案例解析

案例48　不批准宅基地的申请，村民能否将村委会告上法庭？

【案情简介】

王某英与叶某忠于1974年7月30日登记结婚。王某英与叶某忠于2012年12月28日分别向新建村委会和新建村委会二分社邮寄宅基地申请书，后又于2013年5月10日再次向新建村委会提出宅基地申请，新建村委会于同年5月13

日作出涉案《答复》：新建村委会依据《中华人民共和国土地管理法》（以下简称《土地管理法》）第六十二条及《北京市关于加强农村宅基地审批管理有关问题的通知》（以下简称《通知》）等相关政策的规定，讨论决定王某英、叶某忠夫妻不符合宅基地申请条件，故不予办理。叶某忠、王某英以《答复》违法为由，诉至法院。

【法院判决】

法院认为，本案争议的焦点问题是新建村委会能否作为本案被告以及新建村委会的《答复》是否合法。

关于村民委员会能否作为行政诉讼被告的问题，本院认为，根据《村民委员会组织法》的相关规定，村民委员会在法律地位上属于村民自我管理、自我教育、自我服务的基层群众性自治组织。村民委员会不是一级政府机关，但可以协助乡、民族乡、镇的人民政府开展工作。在一定条件下，村民委员会承担部分行政管理职能。在农村村民宅基地的审核批准制度中，国土资源部《关于加强农村宅基地管理的意见》第二条第（六）项规定，农村村民建住宅需要使用宅基地的，应向本集体经济组织提出申请，并在本集体经济组织或村民小组张榜公布。公布期满无异议的，报经乡（镇）审核后，报县（市）审批。因此，由作为集体组织执行机构的村民委员会对村民的申请作出审批是整个用地审批程序中不可或缺的基本环节，村民委员会的审批意见直接影响到村民能否使用宅基地。因此在本案中新建村委会可以作为行政诉讼被告，其行为应当纳入行政诉讼受案范围。

关于新建村是否有可供审批的宅基地的问题，本院认为，永顺镇政府已经明确表示，新建村位于通州卫星城范围之内，没有空闲地可以用于宅基地审批，且自1991年以来通州区域内宅基地的审批均由规划部门具体审批操作。在本案审理过程中，北京市规划委员会通州分局出具了《复函》，其中明确了新建村位于通州新城规划城区范围内，该区域需要按照城市规划进行建设，不再批准村民的宅基地申请。本院认为，永顺镇政府作为新建村委会的上级主管部门，依法享有对新建村委会提交的宅基地审批申请进行审核的法定职权。本案中，永顺镇政府已经向新建村委会明确表示不再审核新建村的宅基地申请，故新建村委会作出被诉《答复》并无不当。在此情况下，王某英、叶某忠夫妻以被诉《答复》违法，侵犯其合法权益为由要求撤销《答复》缺少事实及法律依据，故对其诉讼请求本院不予支持。

【简要评析】

本案中，王某英、叶某忠夫妻起诉村委会涉及二个核心的问题，一是村委会能不能作为适格的被告？二是永顺镇政府不再进行宅基地审批有无依据，村委会依此批复作出的答复，是否正确。

一审法院关于村委会是否是适格的被告进行论述，具有典型性，村民委员会虽然不是一级政府机关，但可以协助乡、民族乡、镇的人民政府开展工作。在一定条件下，村民委员会承担部分行政管理职能。作为集体组织执行机构的村民委员会对村民的申请作出审批是整个用地审批程序中不可或缺的基本环节，村民委员会的审批意见直接影响到村民能否使用宅基地。因此在本案中新建村委会可以作为行政诉讼被告，其行为应当纳入行政诉讼受案范围。

【笔者建议】

本案在北京是较为典型的案件，北京许多地方目前均已不再审批宅基地。笔者在执业的过程中，每年至少接待几十件类似的咨询。许多当事人确实是因为家庭原因，住房不够居住，需要重新审批一块宅基地用于建房居住，也有许多村民是觉得宅基地拆迁能补偿一大笔钱，因此父母有宅基地的情况下，希望也能申请到一块宅基地。笔者在接待的过程中，均告诉他们，除非是边远的山区，多数的郊区都不再审批宅基地了。以通州为例，审批宅基地基本已停止，因为通州全区域范围，都纳入了通州新城及卫星城范围，特别是北京市政府搬至通州，成为首都副中心后，很少能有审批到宅基地的情形。

按照原北京市国土资源局制定的《关于加强农村宅基地审批管理有关问题的通知》第七、八条的规定，农村村民申请宅基地的，应当持《农村村民宅基地申请审批表》、户口簿及家庭成年成员的身份证复印件、法律、法规规定应提交的其他材料向村委会提出申请。村委会应在接到申请后依法召开村委会会议或者村民代表会议进行审议，在本村张榜公布征询本村村民的意见。张榜公布期间，本村村民未提出异议或者异议不成立的，村委会应当在《农村村民宅基地申请审批表》中签署意见，证明申请人的原住宅用地情况和家庭成员现居住情况，并报乡（镇）人民政府审核。

案例49　通过继承方式取得了宅基地部分房屋的情况下再申请宅基地，还能获批吗？

【案情简介】

李某林与李某华系夫妻关系，婚后生育李某旭、李某，李某患有精神分裂症。2012年3月起李某华以李某的名义向张家湾镇政府及××村委会递交审批宅基地材料。张家湾镇政府经审核后认为李某提交的宅基地申请不符合审批宅基地条件，且其申请材料存在形式欠缺，故口头答复李某华不予受理该申请。李某华认为张家湾镇政府怠于履行审核宅基地的法定职责，向法院提起行政诉讼。诉讼过程中，2013年5月7日，张家湾镇政府作出《关于××村李某华及李某申报新批宅基地一事的答复》（以下简称《答复》），主要内容为：申请人李某华已有宅基地，不具备再次申请宅基地的条件；申请人李某已通过北京市通州区人民法院的民事判决取得××号院内部分房屋，故不具备再次申请的条件，且其申请地块在张家湾镇土地利用总体规划中属一般农田，不符合土地利用总体规划；此外，李某的申报材料存在欠缺及错误内容。综上所述，对李某的申报新批宅基地申请未予受理。

【法院判决】

法院认为，《土地管理法》第六十二条规定：“农村村民建住宅，应当符合乡（镇）土地利用总体规划，并尽量使用原有的宅基地和村内空闲地。农村村民住宅用地，经乡（镇）人民政府审核，由县级人民政府批准；其中，涉及占用农用地的，依照本法第四十四条的规定办理审批手续。”故张家湾镇政府对其辖区范围内农村村民住宅用地的申请具有审核的法定职权。

国土资源部《关于加强农村宅基地管理的意见》第二条第（六）项规定，农村村民建住宅需要使用宅基地的，应向本集体经济组织提出申请，并在本集体经济组织或村民小组张榜公布。公布期满无异议的，报经乡（镇）审核后，报县（市）审批。《北京市人民政府关于加强农村村民建房用地管理若干规定》、北京市国土资源局《关于加强农村宅基地审批管理有关问题的通知》具体规定了村民申请宅基地的条件以及宅基地审批程序，其中明确规定子女已达到法定结婚年龄且无房分居、符合乡镇土地利用总体规划和村镇建设规划是村民申请宅基地的必备条件。同时，上述规定还明确村委会接到村民申请宅基地的相关材料后应依法召开村委会会议或村民代表会议进行审议，并在本村张榜公布征询意见，未提出异议或者异议不成立的，村委会应在《农村村民宅基地申请审批表》中签署意见，并报乡（镇）人民政府审核。乡（镇）人民政府收到上述材料后，对是否符合宅基地申请条件，村民代表大会决议是否有效，是否符合乡镇土地利用总体规划和村镇建设规划等事项进行审核。本案中，张家湾镇政府在对原告李某的宅基地申请材料进行审核后认为，李某已通过民事判决书取得北京市通州区张家湾镇××村××号院内部分房屋，其申请地块不符合张家湾镇土地利用总体规划，另一方面，李某申请材料中存在错误及涂改信息，未有召开村民代表大会的相关记录、公示信息及证明意见，故不予受理，该《答复》符合上述规定要求，并未侵害李某的合法权益，故对于李某要求撤销《答复》的诉讼请求，本院不予支持。

【简要评析】

本案中，一审法院认为张家湾镇政府在对原告李某的宅基地申请材料进行审核后认为，李某已通过民事判决书取得北京市通州区张家湾镇××村××号院内部分房屋，其申请地块不符合张家湾镇土地利用总体规划；另一方面，李某申请材料中存在错误及涂改信息，未有召开村民代表大会的

相关记录、公示信息及证明意见，故不予受理，该《答复》符合上述规定要求，并未侵害李某的合法权益，

【笔者建议】

宅基地使用权的审批，除了要符合申请的程序之外，还要符合土地管理法中关于“一户一宅”的管理性规定。本案中镇政府与法院认为，原告已取得了宅基地房屋的部分房屋所有权，属于有宅基地使用权的村民，因此不再审批新宅基地。

六、宅基地确权错误行政纠纷案例解析

案例50　行政机关在宅基地确权时确权错误，其他权利人是否可以请求法院撤销确权登记？

【案情简介】

孟某玲向一审法院起诉称，其与孟某兰、孟某泉系兄弟姐妹关系。孟某玲的爷爷孟某惠生前有一处宅基地院落。该址房屋经分家析产后，依法应属于孟某玲父母所有。现在，孟某玲的爷爷、奶奶、父母均已去世。孟某玲准备办理房屋继承，在查询房产档案时，发现市住建委擅自将该房屋产权登记在孟某兰名下。故请求人民法院依法撤销丰字第04206号《房产所有证》。

【法院裁判】

一审法院经审理认为，《最高人民法院关于执行〈中华人民共和国行政诉讼法〉若干问题的解释》第四十二条规定，公民、法人或者其他组织不知道行政机关作出的具体行政行为内容的，其起诉期限从知道或者应当知道该具体行政行为内容之日起计算。对涉及不动产的具体行政行为从作出之日起超过20年、其他具体行政行为从作出之日起超过5年提起诉讼的，人民法院不予受理。本案中，被诉《房产所有证》于1991年颁发。孟

某玲在提起本诉讼时，已超过20年的最长起诉期限，对其起诉应予驳回。故，一审法院依照《最高人民法院关于执行〈中华人民共和国行政诉讼法〉若干问题的解释》第四十四条第一款第（六）项，裁定驳回孟某玲的起诉。

孟某玲不服一审裁定，提起上诉。孟某玲主张其自知道被诉具体行政行为2年内提起行政诉讼，没有超过法定起诉期限。一审法院在审判过程中没有追加房屋产权登记人孟某兰为第三人属程序违法。故请求撤销一审裁定，指令一审法院继续审理本案。

二审法院认为，《最高人民法院关于执行〈中华人民共和国行政诉讼法〉若干问题的解释》第四十二条规定，公民、法人或者其他组织不知道行政机关作出的具体行政行为内容的，其起诉期限从知道或者应当知道该具体行政行为内容之日起计算。对涉及不动产的具体行政行为从作出之日起超过20年、其他具体行政行为从作出之日起超过5年提起诉讼的，人民法院不予受理。本案中，被诉《房产所有证》于1991年颁发。孟某玲在提起一审行政诉讼时，已超过20年的最长起诉期限。故，一审法院依照《最高人民法院关于执行〈中华人民共和国行政诉讼法〉若干问题的解释》第四十四条第一款第（六）项，裁定驳回孟某玲的起诉是正确的。孟某玲的认为其起诉没有超过法定期限的上诉主张，没有事实与法律依据，不予支持。因一审法院未对该案进行实体审理，裁定结果亦未对房屋产权登记人孟某兰的权利义务产生实质影响，一审庭审中未追加孟某兰为第三人并无不当。

【简要评析】

本案一、二审法院均适用了《最高人民法院关于执行〈中华人民共和国行政诉讼法〉若干问题的解释》第四十二条的规定，即最长诉讼时效为20年，本案原告发现自己权利被侵犯并起诉时，早就过去了20年了。因此，根据司法解释，一、二审的裁定没有问题。

【笔者建议】

本案是笔者的同事经办的案件，跟她交流这个案子，她说当初还没实行立案登记制，为了能立上这个案子，费了九牛二虎之力才立上案，结果因为最长20年时效给裁定驳回，深受打击。经过了解，该案原告的父母在世时，确实没有告诉她宅基地确权时登记在其姐姐名下，她也根本不知道有这回事，只是在父母均去世后，觉得诉争的房屋应该由兄弟姐妹们继承分割，就去查询房产档案，这才发现登记在其姐姐名下。协商不成，遂提出先撤销登记再打继承。计划很完美，但现实很残酷，笔者同事没有注意到20年最长诉讼时间的规定，费了九牛二虎之力立上案，结果被裁驳了。

其实很多律师同行都有盲区，笔者也不例外，很多案子拿到手里时，关注的是如何解决问题，没有去考虑最长诉讼时效的问题。本案就很典型，我的同事接手这个案子时，只考虑了二年的诉讼时效问题，认为其父母去世，继承开始到撤销不到二年，符合起诉的条件，因此采取了先撤销后继承的诉讼策略，对于20年的最长诉讼时效，确实没有注意。

在过往处理宅基地纠纷的案件中，我碰上过许多类似确权时，有些当事人觉得自己在1993年确权时，邻居家的地占了自己的地，尺寸不对，等等，要求起诉镇政府重新确权。在这个问题上，我均以无能为力为由回绝他们起诉的请求。因为我知道，就算立上了案，也过了20年最长诉讼时效了。因此，作为读者也好，律师同行也好，这方面的问题一定要认真对待，不要花费了大量的精力与心血，却得到一个被裁定驳回的结果。

第九章　集体土地拆迁行政纠纷法律实务与案例解析

一、集体土地拆迁行政纠纷法律实务与类型

我国的土地分为国有土地与集体土地两种，对于广大农村村民来言，集体土地上的拆迁行为与其联系更为紧密。随着城市化的进程，老城区的改造已进入尾声，大量的土地需求必然发生在农村的集体土地上。无论是土地一级开发，还是棚户区改造，绝大多数涉及拆迁的矛盾发生在村民与乡镇政府或区县政府之间。因此，集体土地上的拆迁行政纠纷，也必然增多。本书以宅基地为切入点，重点论述涉及宅基地拆迁的行政纠纷案件，其他涉及承包土地、林地等集体土地上的拆迁，本书未予收录。

司法实践中，涉及宅基地的集体土地拆迁行政纠纷，包括行政强制纠纷，即因宅基地权属人不服拆迁补偿安置标准，为维护公共利益进行强制拆除；或乡镇一级政府，对辖区内宅基地上违章建筑进行强制拆除。本书节选几个典型的行政裁决纠纷的案件进行解析，供读者及同行们参考。

二、行政强制纠纷案例解析

案例51　非宅基地房屋产权人能否申请撤销行政机关行政强制拆除决定？

【案情简介】

殷某凤、殷某向一审法院诉称，其在北京市大兴区榆垡镇东庄营村东兴路一条8号（以下简称东兴路一条8号）拥有合法房屋，因北京新机场噪声区

治理和周边综合治理项目需要搬迁腾退。大兴区政府作为搬迁腾退的主体，在未进行入户调查登记，未就搬迁腾退有关事宜与殷某凤、殷某达成一致，且未予以补偿安置，未出具任何手续的情况下，于2019年3月21日强制拆除位于东兴路一条8号的房屋，该强制拆除行为在实体和程序上均违法。故诉请人民法院确认大兴区政府于2019年3月21日强制拆除位于东兴路一条8号房屋的行为违法，诉讼费用由大兴区政府承担。

一审法院经审理查明的事实如下：

殷某凤、殷某和大兴区政府在本案诉讼中均提供了《北京新机场噪声区治理和周边综合治理项目住宅房屋搬迁腾退补偿实施方案》（以下简称《方案》）。《方案》第二条载明，本项目搬迁腾退人为北京新航城控股有限公司，被搬迁腾退人为本项目搬迁腾退范围内被腾退房屋及附属物的所有权人。《方案》第十八条载明，被搬迁腾退人年满18周岁的直系亲属可参与分院。

大兴区政府还提供了《宅基地确认单》《宅基地分院确认单》《拆房条》等证据材料。其中，《宅基地确认单》载明，殷某凤的父亲殷某功被确认为东兴路一条4号院的产权人，宅基地的四至范围为“东至空地、南至张某春、西至道路、北至殷某海”，宅基地面积为1204.58平方米，建筑面积为563.45平方米。北京市大兴区榆垡镇东庄营村村民委员会（以下简称东庄营村委会）在该《宅基地确认单》上加盖了印章，落款日期为2018年9月5日。《宅基地分院确认单》载明，按照《方案》有关分院原则规定，准予东兴路一条4号院按5个院落予以补偿，享受分院政策家庭成员分别为殷某功、殷某功之女殷某清以及殷某清的子女殷欢、殷某佳、殷绍合。《拆房条》载明，2018年9月19日殷某功、殷某清、殷欢、殷某佳、殷某合在“被搬迁人签字（交钥匙）”一栏签署了姓名。该《拆房条》记载的宅基地面积及四至范围、院内建筑面积与上述《宅基地确认单》记载的相应内容一致。在本案诉讼中，殷某凤、殷某提出，在对宅基地进行确认时，其所有的东兴路一条8号房屋被错误纳入东兴路一条4号院的范围并被错误确认为殷某功所有。殷某凤、殷某还提出，其在本案中所称的被强拆的东兴路一条8号房屋即为上述

《宅基地确认单》所载示意图中标注的编号为4和5的房屋。

【法院裁决】

一审法院经审理认为，殷某凤、殷某认为大兴区政府实施了强制拆除其所有的东兴路一条8号房屋的行为，并针对该强制拆除行为提起行政诉讼。大兴区政府否认其实施了殷某凤、殷某所称的强制拆除行为。从大兴区政府提交的《宅基地确认单》《宅基地分院确认单》《拆房条》等证据材料看，在搬迁腾退工作中，殷某凤的父亲殷某功于2018年9月5日被确认为东兴路一条4号院的产权人，东庄营村委会在《宅基地确认单》上加盖了印章；该宅院被分为5个院落，2018年9月19日殷西功和享受分院政策的家庭成员殷某清等人签署了该宅院的《拆房条》。根据殷某凤、殷某的陈述，其所称的东兴路一条8号房屋被纳入东兴路一条4号院的范围并被确认给了殷某功。尽管殷某凤、殷某认为将东兴路一条8号房屋纳入东兴路一条4号院并确认给殷某功是错误的，但《宅基地确认单》能够表明殷某凤、殷某所称的东兴路一条8号房屋实际上已被纳入东兴路一条4号院的范围并作为整体被确认为殷某功所有。同时，殷某功等人签署的《拆房条》所载的宅基地面积、四至范围以及房屋面积均与《宅基地确认单》所记载的相应内容一致，换言之，殷某功等人所签署的《拆房条》实际上涵盖了《宅基地确认单》所记载的东兴路一条4号院的全部房屋，即包含了原告殷某凤、殷某所称的属于其所有的东兴路一条8号房屋。在东兴路一条4号院的产权人已被确认为殷某功且殷某功等人已签署了《拆房条》的情况下，本案尚无充分证据证明大兴区政府实施了殷某凤、殷某所称的强制拆除行为。另外注意到，殷某凤、殷某在本案诉讼中提供了一份书面证明，所载出具证明的单位为东庄营村委会，落款日期为2010年4月19日，证明内容为殷某凤居住地址门牌号为东兴路一条8号，其房屋产权归殷某凤所有。而2018年9月5日的《宅基地确认单》载明东兴路一条4号院的产权人为殷某功，按照殷某凤、殷某在本案诉讼中的陈述，该《宅基地确认单》所载东兴路一条4号院实际上又包含了其所称的属于其所有的东兴路一条8号房屋，该《宅基地确认单》上亦加盖了东庄营村委会的印章。对于殷某凤、殷某所称的东兴路一条8号房屋的权属问题，相关当事人可以依法另行寻求解决。综上，殷某凤、殷某的起诉缺乏事实根据，依法应予驳回。

二审法院认为，经一审法院查明本案以及相关民事诉讼中所涉及的事实，基于目前的在案证据，不足以证明殷某凤、殷某系涉案房屋的产权人。另，对于殷某凤、殷某所称的东兴路一条8号房屋的权属问题，可依法另行予以解决，一审法院就此意见本院亦予认同。综上，裁定驳回上诉。

【简要评析】

一、二审法院均认定本案的原告不是东兴路一条8号房屋的产权人，至少在存在争议的情况下，不宜认定原告为诉争房屋的产权人。本案中诉争房屋已由其法定的产权人原告父亲殷某功跟拆迁人签订了协议，该协议的主体为原告父亲，因此原告不能作为本案适格的主体，即原告无权撤销行政机关行政强制拆除的行为。

【笔者建议】

在行政诉讼中，许多法律人士对于行政纠纷的适格主体认识不同，特别是法官与律师之间的认识，存在一定的差异，称之为“法官思维”与“律师思维”。本案应该算是一个比较典型的思维方式不同的地方。原告的律师认为，原告作为拆迁安置协议的利害关系人之一，被告的强制拆除行为，侵犯了其权益，因此其有权提起行政诉讼。但法官们却认为，原告在民事案件中并没有确权为诉争房屋的产权人，因此其无权提出行政诉讼，裁定驳回。这两种思维模式，在之前、现在以及将来都会存在。站在不同的角度看问题，会有不同的结果。

案例52　乡政府未按程序进行强制拆除，应当认定为违法

【案情简介】

原告赵某顺在北京市通州区于家务回族乡×村104号有院落一处。

2012年10月23日，北京市规划委员会通州分局作出规划许可证，载明：建设单位（个人）赵某顺，建设位置通州区于家务回族乡×村，建设项目北房翻、扩建，面宽13.4米、进深6米、建筑面积80.4米，间数5间，檐口高度3米，房屋脊高4.5米，结构种类砖木，有效期两年。原告赵某顺对该院落内房屋进行翻建，但是并未按照规划许可证规定的标准予以修建。

2019年4月1日，北京粤富华测绘测量有限责任公司对涉案房屋作出《普通测量成果报告书》，其中一层层高2.760米，建筑面积248.607平方米；二层层高3.230米，建筑面积248.607平方米。

同日，北京市通州区于家务回族乡规划建设与环境保护办公室作出《审批函》，主要内容为：经查，位于北京市通州区于家务回族乡×村104号所建设的工程，于2012年10月23日取得规划许可证，性质为村民建房，批示的建筑面积为80.4平方米，有效期两年，逾期自动作废。该建设工程规划许可证有效期满后，原告赵某顺未申请重新办理建设工程规划许可证或申请延期。

同日，北京市通州区于家务回族乡人民政府作出限期拆除通知书，主要内容为：原告赵某顺，经查，你在×村建设的二层房屋由于没有办理相关手续，被定性为违法用地违法建设的行为。依据北京市人民政府《北京市禁止违法建设若干规定》的相关要求，现责令你在2019年4月7日前自行拆除该违法建设。若不拆除，我乡将组织力量进行拆除，由此造成的一切后果自负。

2019年4月9日，乡政府对涉案房屋的窗户实施强制拆除，因原告赵某顺陈述给其自行拆除时间，4月17日经乡政府现场核查原告赵某顺并未拆除，故乡政府实施了全部拆除行为。原告赵某顺对此不服，提起本案诉讼。

庭审过程中，原告赵某顺陈述涉案建筑一层由原告赵某顺之子赵××用作库房，二层用于赵××家庭居住。

【法院判决】

法院认为：根据《城乡规划法（2015）》第六十五条规定，在乡、村庄规划区内未依法取得乡村建设规划许可证或者未按照乡村建设规划许可证的规定进行建设的，由乡、镇人民政府责令停止建设、限期改正；逾期不改正的，可以拆除。为此，乡政府具有对其辖区内未取得规划许可的违法建设进行查处的法定职责。

根据庭审调查及各方当事人的意见，本案的审理关键点有二：1.涉案建筑物是否属于违法建设；2.乡政府强制拆除程序是否合法。

关于涉案建筑物是否为违法建设问题。本案中，原告赵某顺于2012年10月23日取得规划许可证并进行建房，根据2019年4月1日的测量结果显示，涉案建筑共有两层，建筑面积、层高、用途与规划许可证记载均不一致，且规划许可证已经过期，而翻建部分即二层建筑并未取得相关许可手续，属于违法建设，乡政府认定并无不当。此外，需要指出的是，原告赵某顺修建此房屋并非用于居住，而是交由其子赵××用于经营使用，所建房屋直接属于仓库类型。

关于乡政府强制拆除程序问题。本案中，乡政府在作出限期拆除通知书后未履行先期的催告程序，也未作出强制拆除决定，未告知当事人行政救济途径便实施强制拆除行为，剥夺了当事人享有的陈述、申辩与救济权利，属于程序违法。

综上，乡政府以违法建设实施的拆除行为认定事实清楚，但拆除程序违法。故依照《中华人民共和国行政诉讼法》第七十四条第一款第（二）项之规定，判决如下：

确认2019年4月9日和2019年4月17日被告北京市通州区于家务回族乡人民政府对原告赵福顺位于北京市通州区于家务回族乡×村104号房屋二层实施的行政强制拆除行为违法。

【简要评析】

根据《北京市禁止违法建设若干规定》第三条规定，违法建设包括城镇违法建设和乡村违法建设。城镇违法建设是指未取得建设工程规划许可证、临时建设工程规划许可证或者未按照许可内容进行建设的城镇建设工程，以及逾期未拆除的城镇临时建设工程。乡村违法建设是指应当取得而未取得乡村建设规划许可证、临时乡村建设规划许可证或者未按照许可内容进行建设的乡村建设工程。一审法院认定原告的二层建筑系违法建筑，并无不当。

根据《中华人民共和国行政强制法》第三十五条、第三十六条、第三十七条、第三十八条、第四十四条和《北京市禁止违法建设若干规定》第十七条的规定，强制拆除违法建设，应当由行政机关予以公告，限期当事人自行拆除。行政机关作出强制执行决定前，应当事先书面催告当事人履行义务，告知当事人履行期限、方式及依法享有的陈述权和申辩权。经催告，当事人逾期仍不履行行政决定，且无正当理由的，行政机关可以作出强制执行决定。催告书、行政强制执行决定书应当直接送达当事人。当事人在法定期限内不申请行政复议或者提起行政诉讼，又不拆除的，行政机关应当提前5日在现场公告强制拆除决定，告知实施强制拆除的时间、相关依据、当事人的权利和义务等，实施强制拆除行为。本案中被告乡政府并没有履行先期的催告程序，也未作出强制拆除决定，未告知当事人行政救济途径便实施强制拆除行为，剥夺了当事人享有的陈述、申辩与救济权利，因此乡政府在程序上属于违法。

一审法院从实体与程序上进行论述，在实体上确认乡政府认定违法建筑是正确的，程序上因其未履行相应的告之等程序，因此程序上是违法的，综合起来，确定其行政强制拆迁行为违法。

【笔者建议】

笔者与许多乡镇一级的政府有过交集，乡镇一级的政府，应该说事情最多，接待也最多，任务也最重。因此接到任务后，基本上是迅速处理掉，不然积压太多事情年底考核肯定有问题。在多重压力下，涉及程序问题，自然就不会过于在意。只要实体上没问题，程序上可以糙一些，这是多数乡镇一级政府领导的固化思维。

但法治政府的要求，除了实体上要求正确，在程序上更要注重，重实体也要重程序，不仅是法律的硬性要求，也是建设法治政府的要求。

三、集体土地房屋拆迁安置纠纷案例解析

案例53　村民要求按国有土地拆迁进行补偿，法院会支持吗？

【案情简介】

2013年11月28日，中国人民大学取得中国人民大学东校区（通州校区）项目建设的京建通拆许字[2013]第37号房屋拆迁许可证（以下简称37号许可证）并张贴了拆迁公告，拆迁范围为东至规划春宜路，西至宋郎路，南至运河东大街，北至玉带河大街；拆迁期限为2013年11月28日至2014年11月27日；拆迁实施单位为北京海通基业拆迁有限公司、北京荣盛达房屋拆迁有限责任公司。37号拆迁许可证到期后，中国人民大学经申请取得京建通拆许字[2013]第37号续1至续9房屋拆迁许可证（以下简称续1至续9号许可证），延期期限为2014年11月28日至2019年5月27日。杨某所有的某号房屋及院落位于此次拆迁范围内，根据《中国人民大学东校区（通州校区）集体土地房屋拆迁实施方案》（以下简称《实施方案》）、《集体土地建设用地使用证》《拆迁测绘成果表》及户籍信息材料，认定某号宅基地符合《实施方案》拆迁范围内1983年12月31日之前的宅基地，合法宅基地认定面积为225.96平方米，认定为老宅基地，便民经营面积165平方米。符合安置条件的被安置人口为杨某、李某（杨某之子）。中国人民大学委托北京名洋灏正房地产土地评估（北京）有限公司对涉案房屋进行评估，并将评估报告送达至杨某。杨某对评估报告存有异议，故2019年1月15日，中国人民大学重新组织评估机构对杨某宅基地进行评估。

后因中国人民大学与杨某未就房屋拆迁安置补偿问题达成协议，中国人民大学向通州区住建委申请房屋拆迁纠纷裁决，通州区住建委受理后向杨某送达了房屋拆迁纠纷通知单、裁决申请书副本、权利义务告知单等材料，并组织双方进行询问调解，后通州区住建委于2019年1月29日作出的通建裁字（2019）第2号房屋拆迁纠纷行政裁决书（以下简称2号裁决书），裁决

如下：

1.中国人民大学对杨某的房屋给予货币补偿，其中区位补偿价、房屋重置价及附属物价格合计为1148181元；搬迁补助费2426元；合法宅基地认定面积外的房屋补偿19024元；安家补助费75000元；周转补助费24000元；独生子女补助费50000元；移机费300元，便民经营49500元，上述拆迁补偿款合计1368431元。2.中国人民大学为杨某提供房屋用于安置。中国人民大学为杨某提供的安置房屋产权性质为“三定、三限”的现房三居室一套，具体坐落为通州区路城镇某小区×号楼×单元×号，建筑面积101.65平方米，购房款397045元，住宅专项公共维修基金20330元，合计购房款417375元。根据中国人民大学同意给付的货币补偿总款1368431元，与上述购房款结算差价，中国人民大学应给付杨某951056元。3.中国人民大学为杨某提供用于执行的临时周转房，位于通州区路城镇某小区（东区）×号楼×单元×号。4.杨某于裁决书生效之日起15日内，将位于拆迁范围内即北京市通州区路城镇某村某号房屋（以下简称某号房屋）腾空，交予中国人民大学拆除。

中国人民大学以杨某未实际搬迁将某号院落交付为由不支付搬迁补助费缺乏法律依据，向一审法院提起行政诉讼。

【法院判决】

一审法院经审理认为，本案中，中国人民大学取得《北京市国土资源局建设项目用地预审意见》与《北京市规划委员会建设项目选址意见书附件》，并于2013年取得37号拆迁许可证，至本案审理时发放续证9份，相关许可证取得程序合法、并无不当。

在事实认定方面，杨某不认可房屋安置人口，一审法院认为根据《实施方案》第十七条对安置对象，第十八条对安置面积，第二十条对安置原则进行了明确规定，针对杨某的家庭情况，安置人口包括其本人及其子李某，按照安置人口每人50平方米的控制标准和两口之家安置一套三居室的原则，对其房屋安置方案并无不妥，故杨某提出的对李某配偶黎某进行安置的主张缺乏事实依据，一审法院不予支持。针对评估报告的问题，根据《北京市房屋拆迁评估技术鉴定办法》（以下简称《评估鉴定办法》）第四条规定，拆迁当事人对被拆迁房屋的评估结果有异议的，自原评估报告送达之日起5日内，可以向原评估机构书面申请复核，也可以另行委托评估机构重新评估。拆迁当事人向原评估机构申请复核的，原评估机构应当自收到书面申请之日起5日内给予答复。评估结果改变的，应当重新出具评估报告；评估结果没有改变的，出具书面通知。第五条规定，拆迁当事人对原评估机构的复核结果有异议或者另行委托评估的结果与原评估结果有差异且协商达不成一致意见的，自收到复核结果或者另行委托评估机构出具的评估报告之日起5日内，可以向专家委员会申请鉴定。2013年11月28日名洋灏正房地产土地评估（北京）有限公司作出名洋灏正2012拆字–前北营–2–4–037号《北京市集体土地住宅房屋拆迁估价结果报告》并送达至杨某本人；后杨某提起复核，2019年1月15日名洋灏正房地产土地评估（北京）有限公司作出名洋灏正2012拆字–前北营–2–4–037–1号《北京市集体土地住宅房屋拆迁估价结果报告》并送达至杨某本人。此后杨某未提交证据证明其向专家委员会申请鉴定，应当视为其放弃相关权利，应当自行承担不利后果，通州区住建委依据该评估结果确定拆迁补偿款数额并无不当，故杨某在诉讼中又提出的对估价师的资质、签字等质疑本院不予支持。针对拆迁补助费的给付问题，根据《管理办法》第二十三条规定，拆迁人应当向被拆迁人支付搬迁补助费。中国人民大学以杨某未实际搬迁将某号院落交付为由不支付搬迁补助费，缺乏法律依据，一审法院不予支持。

综上，通州区住建委依照中国人民大学申请对裁决的受理、调查、询问、调解履行了相关的法律职责，其作出的裁决程序符合法律规定，相关事实清楚，证据充分，适用法律正确。依照《中华人民共和国行政诉讼法》第六十九条之规定，判决驳回中国人民大学的诉讼请求。

杨某不服一审判决，上诉至本院，请求撤销一审行政判决书，改判撤销2号裁决书。主要理由为：第一，中国人民大学在没有取得用地批准的情况下，通州住建委作出的2号裁决书及续1至续9号许可证，违反法律规定，属于无效，一审判决认定该拆迁许可证有效没有法律依据，应当予以撤销。第二，中国人民大学征地是在2017年4月批准的，被征土地为国有土地后，应当适用《国有土地上房屋征收与补偿条例》的规定，对征收上诉人土地确定拆迁补偿安置标准，而通州住建委作出的2号裁决书仍然使用集体土地房屋拆迁标准给予补偿安置，违反法律规定，应当予以撤销，一审判决认定合法有效，没有法律依据，该判决应当予以撤销。

二审法院认为，通州区住建委作为其辖区房屋拆迁管理部门，有权对其辖区内未达成拆迁补偿安置协议的拆迁纠纷进行裁决。

本案中，通州区住建委进行拆迁裁决所依据的评估报告是由具有房地产估价机构资质证书的评估公司进行评估后出具。杨某未在规定期限内书面申请复核或另行委托评估机构重新评估，通州住建委依据该评估报告确定房屋拆迁评估货币补偿价格并依据拆迁实施方案等相关规定，裁决中国人民大学为杨某提供安置房屋并支付搬家补助费、安家补助费、安置房差购房款结算差价等拆迁补偿、补助，并无不当。杨某认为应依照1951年地契或实测宅基地面积认定合法宅基面积以及通过联席会议为其家庭确定特殊安置方案的主张缺乏事实和法律依据，本院不予支持，其针对《集体土地建设用地使用证》提出的异议不属于本案审查范围。

通州区住建委收到中国人民大学要求对涉案房屋拆迁纠纷进行裁决的申请后，依照法律规定，履行了立案、送达、审核相关材料、组织当事人调查询问等职责后作出被诉拆迁裁决并送达给杨某和中国人民大学，行政程序并无不当。一审法院据此判决驳回中国人民大学的诉讼请求并无不当，本院予以维持。杨某的上诉请求及理由缺乏事实和法律依据，本院不予支持。综上，判决驳回上诉，维持一审判决。

【简要评析】

根据《北京市集体土地房屋拆迁管理办法》（以下简称《管理办法》）第十二条第一款规定，在区、县国土房管局公告的搬迁期限内，拆迁人与被拆迁人没有达成拆迁补偿安置协议的，经一方或者双方当事人申请，由区、县国土房管局裁决。因此，通州区住建委作为通州区房屋拆迁管理部门，享有对其辖区内未达成拆迁补偿安置协议的拆迁纠纷进行裁决的法定职权。

关于拆迁许可证的合法性问题。涉案项目属于市政府确定的纳入绿色审批通道项目，根据《北京市住房和城乡建设委员会关于加快办理1000亿元土地储备开发等重大项目拆迁审批手续的通知》和《北京市住房和城乡建设委员会关于办理拆迁行政审批手续过程中涉及规划批准文件问题的批复》的相关规定，申请核发拆迁许可证时，可以提交国土部门出具的建设用地预审意见，作为国有土地使用批准文件及用地批准文件；办理拆迁许可证时所依据的规划批准文件，是指规划行政部门核发的能够明确规划用地的位置、范围、性质和规模等事项的文件，可以是建设用地规划许可证，也可以是规划行政主管部门核发的规划条件或规划意见函复等形式的规划批准文件。

关于程序方面，通州区住建委收到中国人民大学要求对涉案房屋拆迁纠纷进行裁决的申请后，依照法律规定，履行了立案、送达、审核相关材料、组织当事人调查询问等职责后作出被诉拆迁裁决并送达给杨某和中国人民大学，行政程序并无不当。

【笔者建议】

本案有两点是比较让人意外的。一是第三人要求按1951年的老宅基地地契进行拆迁补偿，二是第三人要求适用《国有土地上房屋征收与补偿条例》。

关于宅基地确权时间的认定问题，本书前面曾经涉及过多个案例，目前北京市各级法院均不认可新中国成立初期颁发的老地契，而是按1985年3月1日起施行的《北京市农村建房用地管理暂行办法》第四条规定："郊区农村的土地除由法律规定属于国家所有的以外，属于集体所有。村民对宅基地只有使用权，没有所有权。本办法公布实施前由当地人民政府发给村民的各种私有的地照或土地证自然失效。宅基地及乡镇机关、企业、事业单位建设用地，由区、县人民政府颁发使用证。使用权受法律保护，除国家依法征用和村镇建设规划需要外，长期不变。"因此，第三人上诉以此为理由，显然是不可能得到法院认可的。

关于第三人上诉请求要求适用《国有土地上房屋征收与补偿条例》，显然更是让人意外；毕竟，集体土地拆迁后，土地性质转变，不能因为土地性质转变后要求适用国有土地，这个前后顺序的问题，是一个常识性的问题，因此，二审法院关于这两个问题，在二审判决书中不予回应。

案例54　原旧村改造时已进行安置的人员能否在第二次拆迁时再次安置？

【案情简介】

2012年8月29日，通州土储分中心取得通州区西小马庄居住项目B-2.2地块土地一级开发项目建设的16号拆迁许可证，并张贴了拆迁公告，拆迁范围为东至现状路，西至现状农民搬迁用地，南至现状路，北至保留的现状住宅楼；拆迁期限为2012年8月29日至2013年8月28日；拆迁实施单位为北京开创房屋拆迁有限公司。16号拆迁许可证到期后，通州土储分中心经申请取得续1至续12拆迁许可证，延期期限为2013年8月29日至2019年8月28日。

登记在邓某明名下的××××村3号房屋及院落位于此次拆迁范围内。因通州土储分中心与邓某明未就房屋拆迁补偿问题达成协议，通州土储分中心向通州住建委申请房屋拆迁纠纷裁决，通州住建委于2014年7月7日作出通建裁字（2014）第50号房屋拆迁纠纷行政裁决书（以下简称50号裁决书），邓某明不服提起行政诉讼，一审法院于2015年12月24日作出（2015）通行初字第169号行政判决书，判决撤销50号裁决书，理由主要有评估报告的价值时点错误、通州土储分中心的委托代理人有误等。其后，邓某明分别就16号拆迁许可证的延期许可证续5至续10提起行政诉讼，一审法院均判决驳回邓希明的诉讼请求。

2019年8月1日，通州土储分中心再次向通州住建委申请房屋拆迁行政裁决，通州住建委受理该申请后向邓某明送达了房屋拆迁裁决申请书、房屋拆迁纠纷通知单、答辩通知书、权利义务告知单等材料，进行调查询问并组织双方调解，后因调解未果，通州住建委于2019年8月23日作出了5号裁决书。裁决如下：

一、通州土储分中心对拆除邓某明的房屋给予货币补偿，共计人民币617709元，其中包括宅基地区位补偿价400500元，房屋重置成新价111842元，装修设备及附属物补偿97734元，搬家补助费3998元，空调移机费400元，有线端口移机费300元，电话移机费235元，热水器移机费400元，宽带端口移机费300元，出租房证补偿费2000元；

二、邓某明于本裁决书生效之日起十五日内，将位于拆迁范围内即北京市通州区梨园镇××××村3号院房屋腾空，交予通州土储分中心拆除；

三、通州土储分中心为邓某明提供用于执行的临时性周转房，地址位于北京市通州区梨园镇××××村98号楼2113室。周转期内邓某明应按照标准交纳房租等费用，未交纳的应从拆迁补偿款中扣除；

四、通州土储分中心在本次拆除范围内对邓某明不予房屋安置。

裁决规定的搬迁期限届满，被申请人拒绝搬迁的，由通州住建委申请北京市通州区人民法院强制执行。

通州土储分中心以未实际搬迁为由不应支付搬迁补助费为由，诉至法院要求撤销5号裁决书。

【法院判决】

一审法院认为，根据《北京市集体土地房屋拆迁管理办法》（以下简称《管理办法》）的规定，通州住建委作为房屋拆迁管理部门，享有对其辖区内未达成拆迁补偿安置协议的拆迁纠纷进行裁决的法定职权。通州住建委受理通州土储分中心的拆迁纠纷裁决申请后，依法定程序进行了立案、调解和裁决，其作出的5号裁决书认定事实清楚，证据充分，适用法律、法规正确，程序合法。

《管理办法》第二十三条规定，拆迁人应当向被拆迁人支付搬迁补助费。本案通州土储分中心作为拆迁人，应当向被拆迁人邓某明支付搬迁补助费，现通州土储分中心以邓某明未实际搬迁为由不支付搬迁补助费，要求撤销5号裁决书，缺乏事实和法律依据，一审法院不予支持。

针对邓某明所提其家庭成员还应当再行房屋安置的主张，一审法院认为，按照宅基地“一户一宅”的基本规定，农村宅基地具有保障以家庭为单位的农户的居住权利的属性，为了国家等公共利益对集体土地上房屋进行拆迁的，可以实行货币补偿或者房屋安置，在拆迁中，农民要获得公平合理的补偿，原有生活水平不降低和长远生计有保障。拆迁补偿和安置兼具财产性、人身性以及保障性属性，其中保障性一方面要保障被拆迁人即特定主体的居住权利等，但另一方面也要保持国家等公共利益的整体公平正义，任何人都不能从中获取显失公平合理的补偿利益。本案在旧村改造中明确规定“凡一个村民有两个院落，两个产权证人员合并安置，不予重复安置，违章费补助费按两个院落发放。”《通州区西小马庄居住项目B–2.2地块土地一级开发项目拆迁补偿安置方案》（以下简称《2019年安置方案》）亦规定“一个村民有两个或以上院落的不予重复安置，原旧村改造时已进行安置的人员不予重复安置。”故对已经享受过房屋安置人员不予重复安置并无不当。另外，针对邓某明所提新生儿未予安置的问题，在《2019年安置方案》中并未涉及新生儿的安置补偿，在旧村改造中对新生儿是否进行安置补偿亦具有适用条件和不确定性，故通州住建委在5号裁决书中未裁决通州土储分中心进行房屋安置并无不当。

综上，依据《中华人民共和国行政诉讼法》第六十九条之规定，判决驳回通州土储分中心的诉讼请求。

第三人邓某明不服一审判决，上诉至二审法院。

二审法院认为，根据《管理办法》的有关规定，通州住建委作为房屋拆迁管理部门，享有对其辖区内未达成拆迁补偿安置协议的拆迁纠纷进行裁决的法定职权。

本案中，通州住建委受理通州土储分中心的拆迁纠纷裁决申请后，依法定程序进行了立案、调解和裁决，其作出的5号裁决书认定事实清楚，证据充分，适用法律、法规正确，程序合法。

本案通州土储分中心作为拆迁人，应当向被拆迁人邓某明支付搬迁补助费，现通州土储分中心以邓某明未实际搬迁为由不支付搬迁补助费，要求撤销5号裁决书，缺乏事实和法律依据，一审法院不予支持。

关于邓某明所提其家庭成员还应当再行房屋安置的主张，本院认可一审法院的认定意见。邓某明上诉请求和理由缺乏依据，本院不予支持。

据此，一审法院判决驳回通州土储分中心的诉讼请求，本院予以维持。

【简要评析】

本案一、二审法院依据《北京市集体土地房屋拆迁管理办法》（以下简称《管理办法》）的规定，认定通州住建委作为房屋拆迁管理部门，享有对其辖区内未达成拆迁补偿安置协议的拆迁纠纷进行裁决的法定职权。通州住建委受理通州土储分中心的拆迁纠纷裁决申请后，依法定程序进行了立案、调解和裁决，其作出的5号裁决书认定事实清楚，证据充分，适用法律、法规正确，程序合法。

一、二审法院依据《管理办法》第二十三条规定，拆迁人应当向被拆迁人支付搬迁补助费。本案通州土储分中心作为拆迁人，应当向被拆迁人邓某明支付搬迁补助费，现通州土储分中心以邓某明未实际搬迁为由不支付搬迁补助费，要求撤销5号裁决书，缺乏事实和法律依据，法院不予支持。

【笔者建议】

本案系笔者的老同事代理通州土储分中心提起的诉讼，就类似的案件与他进行过沟通。类似的裁决，原告大都系要求拆迁的一方，很大原因在于行政裁决后，被裁决方起诉的时间为六个月，如果等被裁决方起诉，则意味着时间拖的过久，必然会导致拆迁项目的延后，因此，一般而言，申请裁决方会拿到裁决后第一时间找个理由起诉，尽快进入诉讼程序。

本案的核心其实是被裁决人邓某明已经有过了一次旧村改造时的拆迁安置，本次能否重新安置房屋的问题，邓某明认为应该重新安置房屋，而不能进行货币补偿。土储分中心根据政策，申请住建委进行裁决，法院经过审理后，也认定涉案宅基地的政策性文件中明确规定“凡一个村民有两个院落，两个产权证人员合并安置，不予重复安置，违章费补助费按两个院落发放。”《通州区西小马庄居住项目B-2.2地块土地一级开发项目拆迁补偿安置方案》亦规定“一个村民有两个或以上院落的不予重复安置，原旧村改造时已进行安置的人员不予重复安置。”故对已经享受过房屋安置人员不予重复安置并无不当。

案例55　离婚后的女方在拆迁时还能得到安置面积吗？

【案情简介】

北京市通州区路城镇×村×号宅基地使用权人为王某2，周某与案外人王某1（王某2之子）登记结婚后将户口迁至北京市通州区路城镇×村×号。2015年2月18日，周某与王某1经法院调解离婚。2016年7月，黎辛庄村被规划为路城镇棚户区改造项目并予以拆迁，王某2作为被拆迁人签约，未将周某列为被安置人。周某认为自身未得到拆迁安置补偿于2017年11月13日向通州住建委提交《行政裁决申请书》，请求裁决原北京新奥集团有限公司与周某签订《集体土地房屋拆迁补偿协议》、《安置及临时周转协议》，并裁决原北京新奥集团有限公司分配给周某50平方米（一套一居室）购房指标用于购买房屋。通州住建委于2017年11月17日作出被诉不予受理通知，其中认定周某不符合《安置方案》中第三十五条规定的房屋安置对象认定条件。

周某不服，诉至一审法院，请求撤销被诉不予受理通知，并责令通州住建委履行裁定副中心投资建设公司与周某签订《集体土地房屋拆迁补偿协议》、《安置及临时周转协议》的行政行为。

【法院判决】

一审法院查明：《安置方案》中认定的房屋安置对象为：1.被拆迁人及其户籍在本村的父母、子女、兄弟姐妹、祖父母、外祖父母、孙子女及外孙子女；配偶和其户籍不在本村的一名子女。2.符合本方案安置条件的本村户籍人员的非京籍配偶，因政策限制户口尚未迁入本村的。3.原本村户籍人员正在服兵役的、就学户口转出的在校生及正在服刑的人员应给予安置，其中现役军人经六方工作小组研究认定后可增加50平方米安置面积。4.父或母户籍在本村，因违反计划生育政策一直未能上户口的子女，经六方工作小组认定并公示3日无异议后，在本次拆迁中享受本村户籍人员的补偿及安置。5.本村村民之间有宅基地买卖协议的，对买受人给予补偿和安置。6.在拆迁补偿安置协议签订前已故的人员不予安置；被安置人员不得重复安置。7.符合上述安置条件的非本村户籍人员，经区住房保障部门核查其拆迁区域外有住房或享受住房保障的不予安置；在通州区区域范围内因旧城区、旧村改造已安置过的人员在本项目中不予安置。8.2009年1月1日以后迁入本村，且曾在通州区域范围内因旧城区、旧村改造已安置过的人员，经户籍迁出地所在的街道或村委会证明属实的，在本项目中不予安置。周某认为，其属于第8项2009年1月1日以后迁入本村的人员，没有第8项的其他不能安置的情况，且户籍至今仍在黎辛庄村，应当被安置。通州住建委据上述规定认定周某不属于被安置人员。

一审法院经审理认为，根据《北京市集体土地房屋拆迁管理办法》的规定，通州住建委作为房屋拆迁管理部门，享有对其辖区内未达成拆迁补偿安置协议的拆迁纠纷进行裁决的法定职权。在拆迁安置中，签订《集体土地房屋拆迁补偿协议》、《安置及临时周转协议》时列入被安置人的依据为《安置方案》，周某现仅有户籍在北京市通州区潞城镇×村×号，未与拆迁人有亲属关系，根据《安置方案》第三十五条之规定不属于被安置人员，故通州住建委根据《北京市集体土地房屋拆迁管理办法》第十二条、《北京市城市房屋拆迁裁决程序规定》第四条规定作出的被诉不予受理通知认定事实清楚、适用法律正确、程序合法。周某的诉讼请求一审法院不予支持。综上，依据《中华人民共和国行政诉讼法》第六十九条之规定，判决驳回周某的诉讼请求。

二审法院认为，根据《北京市集体土地房屋拆迁管理办法》第十二条第一款及《北京市城市房屋拆迁裁决程序规定》第二条的规定，通州住建委作为本市通州区核发房屋拆迁许可证的房屋拆迁管理部门，具有对其行政区域内的房屋拆迁裁决申请进行审查并作出处理的法定职责。

根据《北京市城市房屋拆迁裁决程序规定》第三条、第四条的规定，向有管辖权的裁决机关申请裁决，应符合裁决条件，对于当事人已签订拆迁补偿安置协议、已超过拆迁期限等不符合裁决条件的裁决申请，裁决机关不予受理。本案中，涉案宅基地的被拆迁人是王某2，其作为拆迁人与被拆迁人原北京新奥集团有限公司于2016年签订了《集体土地房屋拆迁补偿协议》和《安置及临时周转协议》，涉案项目拆迁许可证的有效期至2017年8月31日，且根据《安置方案》第三十五条之规定，周某不符合房屋安置对象的认定条件，故周某于2017年11月13日向通州住建委提交的《行政裁决申请书》，不符合裁决条件。通州住建委经审查，根据《北京市集体土地房屋拆迁管理办法》第十二条、《北京市城市房屋拆迁裁决程序规定》第四条的规定于2017年11月17日作出被诉不予受理通知，认定事实清楚、适用法律正确、程序合法。

【简要评析】

本案一、二审法院均认定了原告不是被拆迁安置人。理由是原告虽然户口在本村，但其在本村没有任何安置条件中规定的亲人，也没有宅基地。因此，其不属于可以安置的人员。原告认为根据拆迁安置方案的第8条，她应该可以得到安置。但第8条是设定了前提的，需与被拆迁人有亲属关系，本案中原告因与被拆迁人的儿子已离婚，因此不属于亲属关系。加之其在该村没有宅基地，因此不被列入安置人员，也是正确的。

第十章　集体土地拆迁涉及的民事纠纷法律实务与案例解析

一、集体土地拆迁民事纠纷法律实务

集体土地在拆迁过程中，纠纷大多涉及宅基地。许多房屋拆迁安置补偿合同中，因家庭成员之间分配出现矛盾，或案外人主张相关的拆迁利益等，进而形成一系列的案件，历经多年才能解决系列纠纷。

在司法实践中，宅基地拆迁时因安置补偿发生的纠纷，属于拆迁安置补偿合同纠纷，这类案件在司法实践中常常伴随着继承、分家析产、离婚后财产分割等法律关系，处理起来很困难。

另一类案件是农村房屋买卖合同纠纷在法院确认无效或在拆迁过程中，原房主起诉要求确认合同无效，无效的后果如何处理，拆迁款如何分配等问题。笔者结合在执业过程中经历的案件与典型案例，将此类案件进行总结分析，供读者与同行参考。

二、集体土地房屋拆迁安置补偿合同纠纷案例解析

案例56　拆迁公司能否以显失公平为由要求重新签订拆迁安置合同？

【案情简介】

北京城市副中心投资建设集团有限公司原称北京新奥集团有限公司。2016年10月17日，北京新奥集团有限公司（以下简称新奥集团）（甲方、拆迁人）与孙某（乙方、其他签约人的委托代理人）签订《安置及临时周转协

议》，孙某生（已故）为被拆迁人，协议约定：购买安置房屋概况及价款：选房序号（A组）0501号，应安置面积200平方米，家庭结构4口之家，实际安置面积229平方米。安置户型套数3套，其中一居1套、两居2套。具体信息如下：1.后北营二期地块东区×号楼×单元×层×一居（55平方米）；2.后北营二期地块西区×号楼×单元×层×两居（87平方米）；3.后北营二期地块西区×号楼×单元×层×两居（87平方米）。以上安置指标范围内购买安置面积200平米，购买价格3850元/平方米计算，购房款770000元。因选房或户型原因造成安置面积超出总控制标准的，超出面积在20平方米以内，该部分购房价按照7300元/平方米计算，该部分购房款146000元，超出部分在20平方米以上的部分，该部分购房价按照17500元/平方米计算，该部分购房款157500元，以上合计303500元。购房款总计1073500元；

副中心投资建设集团认为其在签订《安置及临时周转协议》时存在重大误解，对该协议中的安置面积的认定存在错误。庭审中，副中心投资建设集团向本院提交《整改函》的内容为：北京市审计局对通州区2016年度保障性安居工程进行了跟踪审计，在审计中发现了“路城镇棚户区改造开发项目BCD三区项目多支付3户不符合现有户型搭配居住困难家庭安置面积22平方米”的问题……拆迁档案编号为1-D宅常-108号的被拆迁人孙某生的家属以被安置人许某兰年龄偏大需要照顾，孙女已长大，一起居住不方便为由申请增加9平方米。根据其提供的户口本复印件发现其孙女仅11岁。《联合认定表》显示，经六方小组依据补偿方案及实际情况认定结果如下：总控制标准面积200平方米，超出20平方米安置面积9平方米。

庭审过程中，许某兰向本院提交其书写的增加面积申请书（复印件）、拆迁补偿与安置方案的政策解答、六方小组认定结果公示表，其中政策解答载明：“如增加10平方米应符合以下条件：现有户型搭配安置家庭居住确有困难、其他无法调解的矛盾造成安置困难的。如因特殊情况确实需要增加10平方米安置面积的，应由本人提出申请，拆迁服务机构镇派工作组组长签字确认，并经六方小组认定并公示无异议”。许某兰称增加安置面积的理由是许某兰年龄大需要人照顾，孙女年龄小也需要人照顾，生活不便，该理由符合拆迁政策。副中心投资建设集团对该申请书的真实性认可，并称由于当时拆迁工作量大，时间紧任务重，导致其在《联合认定表》上的“认定事实与理由”部分的填写内容与许某兰提交申请书载明的内容存在部分出入，但当时讨论时，六方小组是根据许某兰申请书上载明的具体内容进行的。

【法院判决】

法院认为：因重大误解订立的合同，当事人一方有权请求变更或者撤销。所谓重大误解，是指误解者作出意思表示时，对涉及合同法律效果的重要事项存在认识上的显著缺陷。同时为了维护市场交易秩序，保护善意相对人的利益，误解需达重大的程度始有救济的必要。本案中，副中心建设集团主张因拆迁工作人员在计算许某兰、孙某应享有的安置面积时存在重大误解，导致多给许某兰、孙某安置9平方米的面积。许某兰、孙某对此不予认可。对此本院认为，第一，根据查明的事实，双方争议的9平方米即六方联合认定表认定通过的9平方米，该9平方米系经六方会议讨论通过且经公示无异议后，双方针对涉案房屋进行拆迁协议及安置补偿协议的签署。经了解，六方小组的构成为：村委员、镇政府、拆迁公司、评估公司、测绘公司和副中心建设集团。相对于许某兰、孙某而言，六方小组成员作为拆迁政策的具体实施者，通常应该对拆迁政策的理解和掌握更全面和准确。第二，综合许某兰提交的申请书及联合认定表，联合认定表的“认定事实与理由”部分与许某兰提交的书面申请的内容有部分出入，针对该问题，副中心建设集团称鉴于当时涉案项目时间紧任务重，工作量大，工作人员在填写相关内容时难免出现不完整不准确，但当时六方小组是根据许某兰书面申请的内容载明的情况进行讨论的。由此可见，六方小组是按照拆迁相关政策及方案，根据许某兰提交申请载明的具体情况进行讨论认定的，联合认定表上部分内容的填写瑕疵或信息不准确，显然不能构成法律意义上的重大误解。第三，根据政策解答的内容来看，增加面积的条件为“现有户型搭配安置家庭居住确有困难、其他无法调解的矛盾造成安置困难的”。在涉案争议面积申请及讨论通过的过程中，许某兰作为申请人，针对自身家庭情况及困难提出了书面申请，六方小组针对许某兰申请，结合上述方案进行讨论，本身就是对上述政策中“居住确有困难”及“其他无法调解的矛盾”等概括性政策的具体落实。综上，副中心投资建设集团主张《安置及临时周转协议》存在重大误解，要求变更合同约定的诉讼请求，依据不足，本院不予支持。

【办案心得】

本案系笔者代理被告的一个案件，接手该案后，起草了答辩状，即大体如一审判决书描述的六点答辩意见：（1）原告是拆迁的实施主体，被告仅仅是被动，别无选择的接受拆迁。相关拆迁政策是原告定制并发布的，拆迁补偿安置方案是原告审定的，并由原告向被拆迁人解答。依据《通州区集体土地房屋拆迁工作的管理规定》，六方小组负责对宅基地面积共同签署认定单，此认定结果作为拆迁安置与补偿依据。拆迁安置结果除双方没有异议外，还经过公示。拆迁安置协议是原告依照拆迁方案，经六方认定后，才在其核准的框架内与被告签订，被告没有任何否决权。原告如此审慎的签约工作，不存在“重大误解”；（2）合同约定的安置房是原告按照公布的拆迁方案第37条规定，直接从被告补偿款中扣除，被告按照原告安置方案支付了房款，没有侵占“国家资产”；（3）原告依据《合同法》54条认为存在重大误解。而在签订拆迁补偿协议前，被告的家庭成员、人员情况，原告入户了解得非常清楚，被告也在合同签订前向原告如实提交所有的资料，原告均层层审核。原告作为承接国家重点棚户区改造单位，对“许某兰年龄偏大需要照顾，孙女已长大，一起居住不方便”的事实，不会产生何种法律意义上的“重大误解”；（4）被告在2016年9月27日签订合同，10月19日原告签字。按照《合同法》第55条规定，撤销合同除斥期间在一年；（5）被告方在与原告签订合同时，没有做任何隐瞒、弄虚作假，虽然说合同是平等主体之间的协议，但作为被拆迁人是被动接受。无论被告如何不满安置政策，也还是配合政府棚户区改造工程，签订了安置协议，该协议经双方签字生效，对合同双方具有法律约束力。若这种棚改项目拆迁人随意以“重大误解”变更合同，不仅是言而无信，更是损害被告拆迁利益；（6）拆迁安置协议签订后，原告后续内部文件对之前合法成立、生效的合同没有约束力、溯及力。

本案的一审判决基本采纳了笔者的意见，特别是关于重大误解这块的论述，进而驳回了原告的全部诉讼请求。

【笔者建议】

本案是因为审计部门对经过六方小组认定过“联合认定表”不满意，交由法务部门起诉要求撤销原合同的一个案件。当事人收到起诉书非常紧张，毕竟这涉及自身的切身利益，特别是如果减少了这9平方米的安置面积，重新选房的话，必将造成重大的损失，因为重新选房就意味着位置好的房屋已没有了。当事人希望我们根据专业的法律知识，对原告不诚信的行为给予回应。

正常情况下，拆迁公司为了加快拆迁进度，完成土地整理，在实际操作的过程，会出现一些小瑕疵，特别是在安置面积上，考虑到实际情况，也会在安置时增加一些面积，签订完补偿协议后，都会根据已签订的协议执行。本案之前很少有拆迁公司起诉要求撤销或变更《拆迁安置合同》的案例，考虑到城市副中心的建设系百年大计，要经得起历史的考验，因此审计部门在审计时，会就某些细节问题抓住不放。拆迁公司的法务部一般会建议交由法院处理，本案就是典型的案件。

基于对过往拆迁政策的了解，笔者接手这个案件后心中还是比较有底，毕竟当事人的拆迁协议之前，其通过了六方小组的认定，而且也签订了协议，协议的内容均已履行，安置房也已选好。正常情况下，不可能以重大误解撤销该协议，在证据基础上，笔者充分准备，在法庭上据理力争，取得了满意的效果。

案例57　安置房在离婚后才交付，可以就安置房提出所有权确认吗？

【案情简介】

案外人何某某系被告何某成之子，何某某与原告谭某荣于2010年1月13日结婚，于2011年3月21日离婚。2010年4月19日，何某成与北京市土地储备中心通州分中心签订了《北京市通州区×开发项目集体土地拆迁补偿协议》，双方就北京市通州区×号（以下简称×号）约定了房屋的相关拆迁事宜。当日，何某成与北京市通州区×镇×村村民委员会（以下简称×村委会）签订了《北京市通州区×镇×村安置和补助协议》（以下简称《安置和补助协议》），双方约定×号宅基地上属于拆迁政策规定享受自建楼安置的人员共7人，分别是何某成、杨×某、何某1、谭某荣、何某（何某某之女）、何某2（何某某之女）、滕某某（何某2之夫），符合拆迁政策规定的村民补助条件的人员共7人，分别是何某成、杨某某、何某某、谭某荣、何某、何某2、滕某某。协议签订后，何某成领取了全部房屋拆迁安置补偿款。该《安置和补助协议》第三条第1项的规定，乙方及享受自建楼安置人员自愿购买自建楼，根据拆迁政策，乙方家庭共享受安置面积315平方米。在本案审理过程中，法院到×村委会核实，何某成一家拆迁后获得了四套安置房屋，分别为位于×学院路×号院两套，各约90平方米，位于×河沿的安置房两套，分别约81平方米和85平方米；并核实得知该村村民购买安置房价格，购买房屋面积在安置面积内的价格为每平方米3000元，超出安置面积的部分购买价格为每平方米11000元。

【法院判决】

法院认为：没有合法根据，取得不当利益，造成他人损失的，应当将取得的不当利益返还受损失的人。本案中，原告谭某荣已被认定为拆迁宅基地上属于拆迁政策规定享受自建楼安置的7名人员之一，按照《安置和补助协议》的约定7名自建楼安置人员共享有315平方米安置面积，何某成已经实际购得了上述315平方米的安置面积相应的房屋，其中包括谭某荣享有的45平方米的安置面积。与超出安置面积的购买价格11000元相比，何某成使用了谭某荣享有45平方米安置面积指标以每平方米3000元价格购买的相应房屋，节省购房款36万元，何某成因此获利，致使谭某荣无法获得该部分利益，该行为构成不当得利，其应当将谭某荣应享有利益予以返还。

【简要评析】

本案之前，原告就以不当得利打了两场提前搬迁补偿费、周转费的诉讼了，本案中，原告以安置面积系其所有，被告应当支付其应得的安置面积价差为由要求支付36万元，法院经过审理后认定被告获利，应当将该部分的利益支付给原告。

【笔者建议】

笔者代理过类似的案件，村里要拆迁了，为了谋取更多拆迁利益，便闪电结婚以取得安置面积。拆迁安置完成后，双方反悔诉之法庭。

以获得拆迁安置为目的的婚姻，很难长久，也不会幸福，本案是一个典型。因此，无论是有宅基地房屋的一方，还是想通过结婚获利的一方，结婚前要考虑清楚后面可能存在着诉讼的风险。

三、农村房屋买卖合同纠纷在拆迁时如何处理之案例解析

案例58　宅基地房屋买卖合同确认为无效后，拆迁所得如何处理？

【案情简介】

2014年，衣某福以农村房屋买卖合同纠纷的案由将白某诉至法院，要求判决：“1.衣某福与白某签订的农村宅基地买卖协议违法无效；2.白某退还衣某福的农村宅基地准建证”；法院于2015年9月10日作出（2014）大民初字第14805号民事判决书，认定衣某福与白某交易的房屋及院落的位置应当是17号

院，判决原告衣某福与被告白某签订的购房协议无效。

2015年，衣某福以农村房屋买卖合同纠纷的案由将白某诉至法院，要求白某立即腾退17号院内房屋，并将上述房屋返还给衣某福；经双方当事人协商一致，法院于2016年2月1日作出（2015）大民初字第18713号民事调解书，确认：被告白某于本调解书生效之日将位于北京市大兴区瀛海镇南宫村东四条17号院落及所有房屋腾退返还给原告衣某福（已履行）。在该次调解过程中，未就损失赔偿事宜进行处理。

2015年年底，就17号院的拆迁事宜，北京经济技术投资开发总公司（甲方、搬迁人）与衣某福（乙方、被搬迁人）签订搬迁腾退安置补偿协议及补充协议、定向安置房买卖合同；搬迁腾退补偿金额为1043037元，搬迁腾退补助奖励及其他费用为21130元，上述两项共计1064167元；衣某福选取了3套定向安置现房，分别为南海家园六里23号楼3单元17层1701号房屋、南海家园六里27号楼3单元15层1501号房屋、瀛坤路2号院3号楼1单元14层1402号房屋，

法院认为：虽就17号院的房屋返还事宜，双方已调解且已履行，但诉争17号院房屋已被拆迁，全部拆迁利益由衣某福取得，就赔偿损失等事项尚未解决，故本案所审理内容即为合同无效后衣某福对白某所负赔偿责任。本案中，出卖人衣某福在出卖时应知其所出卖房屋及宅基地属于禁止流转范围，出卖多年后又以违法出售房屋为由主张合同无效，故出卖房屋之行为违反法律、行政法规的强制性规定，索回房屋之行为违反诚实信用原则，其应对本案农村房屋买卖合同无效承担主要责任；白某在购买房屋时应知晓购买农村房屋可能存在的风险，仍执意购买，其应对本案农村房屋买卖合同无效承担次要责任。需要特别指出，上述法律规定中的“因该合同取得的财产，应当予以返还；不能返还或者没有必要返还的，应当折价补偿”中的“财产”不应当包括“货币”，如本案中的“购房款”，而是指特定的物，因为是不能对货币这一特殊种类物进行折价补偿的；具体至本案，就买受人信赖利益损失的赔偿（“有过错的一方应当赔偿对方因此所受到的损失”），即衣某福对白某所负赔偿责任，不能割裂为返还购房款及分配拆迁利益两部分，而是

在考虑双方过错程度的基础上，对全部拆迁利益妥善予以分配。还需特别指出，虽然衣某福所选取3套房屋为定向安置房，但该房屋不同于宅基地上所建造农村房屋（一般只能由本集体经济组织成员取得），定向安置房系在国有土地上建造的商品房，可以进行买卖等交易行为，现实生活中，由非本村村民取得定向安置房较为常见，考虑到现阶段房屋升值较快，定向安置房的购房价格与市场价格存在巨大差距，如果不对买房人分配定向安置房将对买房人明显不公；据此，对买房人是否能够取得回迁定向安置房应当全面考虑出卖人因土地升值或拆迁、补偿所获利益，以及买受人因房屋现值和原买卖价格的差异所造成的损失、具体拆迁利益大小及定向安置房多少，出卖人除诉争房屋外是否还有其他宅基地院落等因素综合予以确定。综合考虑白某所支付购房款数额及双方过错程度，辅以考虑分割方式，本院酌情确定17号院拆迁利益的70%由白某取得（另，二层应全部归白某所有，金额为60705元；院外翻建部分，鉴于之前存在且系翻建，不再另行处理）。对17号院拆迁利益的核算，本院先将其核算为货币金额，后再根据选取安置房情况将定向安置房及剩余补偿款进行分配。

需要指出，3套定向安置房的购房总价款为645544元，但不能理解为此3套房的购买价格仅为645544元，因为在选取定向安置房后，不仅要从总拆迁补偿款中扣除购房款（根据定向安置房面积与被拆迁房屋合法建筑面积数确定），被拆迁人还将丧失弃楼款（每平方米4600元），且周转费是在选取了定向安置房后予以确定的补助款；综前所述，为分割方便，本院将17号院全部拆迁利益折算为货币补偿，其包括弃楼款，且不包括周转费，待分割完毕后，再确定周转费数额，故被拆迁人因17号院的拆迁利益为房屋搬迁腾退补偿款1043037元、搬迁腾退补助奖励及其他费用21130元、弃楼款（外购房补贴款）1004640元（218.40×4600），共计2068807元；上述款项的70%为1448164.90元，另根据上述论述二层衣某福不应取得30%，计算后1466376.4元。南海家园六里23号楼3单元17层1701号房屋的实际价格为652288元（240128+89.60×4600）；综合考虑房屋价格因素，并辅以考虑本案公平因素，本院确定由白某取得上述1701室房屋，尚余款项814088.4元。对周转费32760元，则按照房屋面积比例进行分配，金额为12294.95元（32760某89.6÷238.74）；上述剩余款项共计826383.35元。综合考虑房屋使用、装修等因素，本院酌情确定白某除了取得一套二居室外，衣某福还需给付白某补偿款790000元。应当具体指出，本院作出上述利益分割后，白某无权再行要求衣某福返还购房款500000元，上述基于购买无效后产生的利益补偿即已处理完毕。

二审法院认为，本案系当事人基于农村房屋买卖合同无效之后就赔偿问题产生的纠纷，所以本案案由应为农村房屋买卖合同纠纷，而非房屋拆迁安置补偿合同纠纷。

结合当事人上诉请求及庭审情况，本案的争议焦点为：宅基地房屋买卖合同无效之后应如何赔偿；一审法院将一套安置房判决给白某是否妥当。

焦点一，无效之后应如何赔偿。结合衣某福签署的拆迁协议，在衣某福与白某的农村房屋买卖合同无效后，衣某福应对白某进行一定的补偿。对于拆迁中依附于人身的补助，不应在衣某福与白某之间进行分配，应属于衣某福的个人利益。但对于房屋重置价格相关的、区位补偿价相关的，应在衣某福与白某之间进行分配，同时对于合同无效的责任，衣某福承担主要过错，白某承担次要过错。白某除了要求分配拆迁利益外，还主张对安置利益按照过错比例分割，白某的该主张缺乏依据，安置利益与衣某福作为宅基地使用权人的身份密切相关，合同无效后对安置房进行分配，会导致合同无效的法律规制效果受到阻碍，所以不支持白某的该主张。无效之后，就应在白某与衣某福之间基于双方的过错，对拆迁利益（不包括安置利益）进行分配，一审法院对于该部分认定衣永福应赔偿白某1466376.4元，白某上诉时未对针对该数额提出有效的异议，本院维持一审法院作出的赔偿认定。

焦点二，一审法院将一套安置房判决给白某是否妥当。白某与衣某福进行交易，不能否认白某有相关的居住需求，而衣某福就出售的农村房屋之外应有实现自己居住需求的途径。合同无效中衣某福具有明显的主要过错，而衣某福在出售房屋多年后通过主张合同无效获得几套安置房，衣某福的居住情况得到进一步的保障，但对于白某来说，现阶段房屋升值较快，上述认定的数额不足以使白某居住问题得到保障，会对白某造成居住上的困扰，所以在白某与衣某福之间进行一定程度的利益衡平，客观上亦有其合理性。一审法院将衣某福获得的一套安置房，折价补偿给白某，不能说没有上述的考虑，作为导致合同无效的主要责任方负责解决白某的居住问题，并非无理的归责，所以现阶段来看，一审法院将一套安置房判决给白某是妥当的。相应地衣某福上诉主张就不应予以支持。

【简要评析】

笔者认为本案最为精彩的地方在于一审法院在计算拆迁利益时对财产的认定：应当折价补偿中的“财产”不应当包括“货币”，如本案中的“购房款”，而是指特定的物，因为是不能对货币这一特殊种类物进行折价补偿的；具体至本案，就买受人信赖利益损失的赔偿（“有过错的一方应当赔偿对方因此所受到的损失”），法院认为应当对全部拆迁利益妥善予以分配，而不仅仅只是拆迁款，还应包括拆迁定向安置房。定向安置房的购房价格与市场价格存在巨大差距，如果不对买房人分配定向安置房将对买房人明显不公。

本案对于3套定向安置房价值的评判与计算，也是非常精彩的，法官没有按最省心的做法，将房屋的平方米数进行分割，而是按选取定向安置房后，将17号院全部拆迁利益折算为货币补偿，其包括弃楼款，且不包括周转费，算出总数后，按责任的比例进行划分，再进而考虑房屋价格因素，并辅以考虑本案公平因素，最终确定定向安置房的分配与货币补偿。

本案二审中指出了一审判决有一些瑕疵，即对于拆迁中依附于人身的补助，不应在衣某福与白某之间进行分配，应属于衣某福的个人利益。但衣某福在上诉时并未提出，因此不作处理。关于居住权的论述，二审法院认为在白某与衣某福之间进行一定程度的利益平衡，客观上亦有其合理性。

可以说这是近年来，笔者见过的最为精彩的一份涉及拆迁利益分配的一审判决。二审法院对于房屋分配的论述，也是字字珠玑，相当有功力。

【笔者建议】

对于许多购买宅基地的居民来说，最为担心的一件事就是失信的农民反悔要回房屋，特别是越接近拆迁，类似的案件越多。因此，如何维护自己的权益，如何将自己的利益最大化，需要综合进行考虑，除了收集必要的证据之外，请一位有诉讼策略的好律师也必不可少。

案例59 宅基地买卖协议被确认为无效后，如何争取利益最大化?

【案情简介】

1986年9月11日，白某波与齐某青登记结婚。1995年，任某华自本村村民徐某处购得北京市平谷区王辛庄镇贾各庄村段洼街某号房屋（以下简称某号房屋）。1997年3月25日，任某华与白某波签订《买卖房屋契约》，将某号房屋卖给白某波。后白某波、齐某青将该房屋予以翻建，并增建了东、西厢房。2003年8月1日，白某波与齐某青协议离婚，双方约定某号房屋归齐某青所有。后任某华起诉白某波、齐某青，要求确认《买卖房屋契约》无效，返还某号房屋。

法院于2016年8月26日作出（2016）京0117民初3462号民事判决书，判决双方的买卖协议无效。

因经济损失问题未解决，齐某青起诉至法院要求任某华赔偿相应的损失。

齐某青曾申请对某号房屋的房地产价值进行评估。2017年11月14日，北京北方房地产咨询评估有限责任公司出具（京）北方（2017）（估）涉字第106号估价报告，某号房屋按房地产市场价值进行评估，评估价值总计为1650648元，齐某青交纳评估费5310元。

任某华曾申请对某号房屋的重置成新价、附属物及宅基地区位补偿价进行评估，2017年11月13日北京北方房地产咨询评估有限责任公司出具（京）北方估字（2017）涉字第105号估价报告，某号房屋的宅基地区位补偿价为：109825元，房屋重置成新价为：226676元，评估价值总计为：336501元，任某华交纳评估费2000元。

【法院判决】

一审法院认为：无效合同自始没有法律约束力。合同无效后，因该合同取得的财产，应当予以返还，不能返还或者没有必要返还的，应当折价补偿。有过错的一方应当赔偿对方因此受到的损失，双方都有过错的，应当各自承担相应的责任。本案中，齐某青、任某华签订的房屋买卖合同经生效判决确认为无效，故齐某青、任某华均应将因该合同所取得的财产返还给对方。考虑到齐某青在签订合同后，对某号房屋进行了整体翻建及装修，因此，齐某青向任某华返还原物的同时，任某华应就添附价值向齐某青进行赔偿。任某华作为出卖人，应当明知某号房屋及对应的宅基地属于法律法规禁止流转的范围，房屋售出多年后，其又以违法出售房屋为由主张合同无效，其行为有悖诚信，且其系为了获取较大利益而有悖诚信，故应对合同无效承担主要责任，赔偿齐某青因合同无效而产生的经济损失。齐某青作为买受人，对购置禁止流转的农村房屋及宅基地的行为亦存在过错，应对合同无效的法律后果承担相应责任。

本案诉争的某号房屋位于平谷区王辛庄镇贾各庄村，该村紧挨平谷城区，且该村已有部分区域进行了征地并开发商品房，其区位价值及交通、商业、文化、教育、医疗等周边环境因城市化建设的推进发生了较大变化，某号房屋买卖合同被确认无效时的价值与双方签订买卖合同时确定的价值亦发生了较大变化，如按双方签订买卖合同时确定的价值互相返还，双方当事人的利益会严重失衡，故应由任某华赔偿齐某青的经济损失。具体数额，法院根据公平原则、双方的过错程度、买卖合同的约定、房屋交易价格，并结合周边地区商品房价格及双方既得利益等因素酌情予以确定。房屋的重置成新价中已包含购房款，故法院对此不再重复计算。

据此，一审法院在2018年12月作出判决：任某华于判决生效后10日内，返还齐某青购房款并赔偿齐某青经济损失共计2179124元。

二审法院认为，综合全案案情及当事人诉辩称意见，本案的二审主要争议焦点为：一、任某华、齐某青就合同无效的责任比例是否适当；二、任某华赔偿齐某青的损失数额是否适当。

关于争议焦点一，《中华人民共和国合同法》第五十八条规定，合同无效或被撤销后，因该合同取得的财产，应当予以返还；不能返还或者没有必要返还的，应当折价补偿。有过错的一方应当赔偿对方因此所受到的损失，双方都有过错的，应当各自承担相应的责任。本案中，经生效法院判决房屋买卖合同无效后，任某华、齐某青均应当将该合同取得的财产返还对方。任某华作为出卖人，在明知出售涉案房屋势必将宅基地的使用权转让的情况下，违反法律、行政法规定的强制性规定，将涉案房屋出售给齐某青，且在涉案房屋出售并由齐某青居住使用多年后，以违法出售房屋为由主张合同无效，其行为有违诚信，一审法院据此认定任某华对涉案房屋的买卖合同无效承担主要责任，该认定正确，责任比例亦属适当。任某华主张其不应承担合同无效的主要责任，依据不足，本院不予采信。

关于争议焦点二，根据涉案房屋的坐落位置，涉案房屋购买时与被确认无效时价值存在显著差异，另结合该村落已经有部分区域进行征地并开发为商品房的实际情况，如仅就双方合同所涉价款予以返还，势必造成双方严重失衡，故一审法院判定任某华赔偿齐某青相应损失，并无不当。关于损失的数额，一审法院根据房屋买卖合同的具体履行情况、双方的过错程度、房屋交易价格，结合涉案房屋周边地区商品房价格、房屋重置成新价包含购房款等事实因素，所酌情确定的任某华应赔偿齐某青的相应经济损失数额，依据充分且符合公平原则，本院予以维持。任某华主张一审确定的损失数额过高，缺乏依据，本院不予支持。另，一审法院并无严重违反法定程序之情形。

【简要评析】

本案最大的亮点是，二份评估报告，同一个评估公司，根据不同的作价申请，对同一宅基地院落作出不同价值的判断。而一、二审法院却对这二份评估报告均没有采用。而是结合周边地区商品房价格及双方既得利益等因素进行了酌情处理。也就是说，评估报告仅仅只是作为参考，并不是定案的依据，法院的定案依据是周边地区商品房价格及双方既得利益。

从该份判决来看，北京基层法院对于宅基地房屋的处理比较公正，对于违反诚信的农民来说，收回宅基地的成本也越来越大。对于想通过法院收回宅基地牟取暴利的不诚信行为，各级法院进行了严格的限制。

【笔者建议】

从本案可以看到，找一位好的律师比什么都重要，律师可以通过自己的法律知识，将当事人的利益最大化。

本案中，合同无效之诉中，原告并没有直接提反诉，而是等到合同无效之诉全案结束后再提，等到合同无效后的赔偿之诉时，时间已到了2017年，二审发回重审时，已是2018年，而2018年平谷地区的房价，显然比2016年要高许多，因此，当法院将周边地区商品房价格作为定案参考时，购房人的利益就已是最大化了。

笔者作为参与过许多地区拆迁纠纷处理的律师，发现各个村庄的棚改也好，修建道路拆迁也好，已经将参考周边商品房价格作为拆迁补偿的政策之一了。本案中，一、二审法院也参考了该标准。

案例60　购买宅基地的城市居民在拆迁时如何审时度势与原房主共享拆迁利益？

【案情简介】

2002年，王某从郑某处购买了通州区宋庄镇小杨各庄村的一处宅基地院落，于2015年出资80万元翻建并装修了宅基地院落，计划2018年退休后在潮白河畔过上退休的生活。

因北京城市副中心建设需要，从顺义架设500千伏电线至副中心，将占小杨各庄村近70户的民宅，其中就有王某购买的该宅基地院落。2018年5月，郑某一纸诉状，将王某诉至法院，要求确认合同无效，腾退房屋。

王某接到诉状后，通过朋友关系找到了笔者，笔者分析完案件后，告诉王某，该地区拆迁，应当按拆迁政策要求郑某赔偿相应的损失后可以将宅院返还给郑某。

本次拆迁只有两种补偿方式，一种是货币补偿，一种是宅基地同等面积置换。郑某的儿子希望解决案子后能参与拆迁安置，因此在开庭后，让法官主持调解，笔者同意调解。虽然庭上未最终达成调解协议，但法官建议在庭后双方再进行调解。

本案的关键在于拆迁补偿费如何计算，根据拆迁方案中的货币补偿方式，通过计算，应该能得到960万元左右。但如果以郑某的名义进行拆迁，则可以达到1000万元多点。考虑到各自的利益诉求，郑某儿子同意对拆迁补偿进行分账分配，然后将各自的账户提供给拆迁方。

作为购房人的王某，也如愿在拆迁中获得了应得的收益。

【笔者建议】

许多购房人出于对原房主的不信任，不愿意私下跟原房主协议解决，其实这种做法并不是最好的解决问题的办法。正确的做法是审时度势，了解清楚拆迁政策与具体的实操做法，在保证可以安全取得拆迁利益的情况下，与卖主进行协商，进而达到自己利益最大化。

第十一章　集体土地上建设的小产权房裁判规则与案例解析

一、小产权房民事纠纷法律实务

小产权房系在农村建设用地上建设的没有产权的房屋。因其特殊性，虽然在法律属性上未得到国家法律层面的确认，但因出现了太多的小产权房，目前的状况是保留现状，待到条件成熟时处理。在人民的生活中，很多人会接触到小产权房，目前涉及小产权房的纠纷集中体现在房屋买卖合同纠纷、抵押合同纠纷、离婚纠纷中的财产分割、行政拆除纠纷中涉及的财产损害纠纷等。

小产权房的买卖合同纠纷，是小产权房纠纷中最多的一类，在笔者从业的过程中，处理类似的纠纷也不在少数，其主要体现在：卖主反悔，要求确认合同无效；买主反悔，不想购买房屋，也要求确认合同无效，退还购房款。在北京各级法院的司法实践中，也对此类的案件处理方式各有不同，有受理立案的，也有不受理的，有受理后裁定驳回的，也有受理后处理的。笔者将进行分类详述并结合案例说明。

由于小产权房无法抵押登记，因此在民间借贷实践中，一般情况下是将房屋进行质押，即直接将房屋出让给借款人占有。此外，出借人可能会遇到借款人一房二卖或三卖情形，遭受连环纠纷。这类纠纷，法院一般也不受理，受理后多数按合同无效处理或驳回起诉。一房两卖或两抵的，公安机关有时候会以诈骗罪刑事立案处理。

在农村村民的离婚纠纷中，涉及小产权房的分割最为常见，特别是经过了旧村改造拆迁的农村，许多安置房均是小产权房，因此离婚时必然会涉及对这些房屋的处理。北京法院的司法实践，一般均按使用权进行分割，即按小产权房的使用权进行分割。对于小产权房的所有权问题，在判决中并不涉及。

在执行过程中，如发现被执行人名下有小产权房的，可以申请法院出裁定进行协助执行，法院向村委会下达协助执行通知，不允许在没有法院允许的情况下对小产权房进行过户。

另外，目前许多法院也在探索与实践，将小产权进行折价抵给申请人，或将小产权清空后，采取竞价的方式进行变现。

二、小产权房买卖合同纠纷的立案受理规则与案例解析

【裁判规则】

小产权房产权性质的认定不属于人民法院的职权范围，关于小产权房的确权纠纷，法院不予受理或不予处理。

案例61　离婚前一方将小产权房出售给他人，法院不予受理合理合法吗？

【案情简介】

付某辉与张某原系夫妻关系，付某系二人之女。曹某英系付某辉之母。付某辉与张某离婚纠纷一案，法院于2017年7月6日作出（2016）京0112民初40040号民事判决书，判决付某辉与张某离婚，付某由张某抚养。

2011年8月21日，由付某辉代付某（买受人）与北京市通州区梨园地区高楼金村民委员会（出卖人）签订两份《购房协议》，购买了2302室和1504室2套房屋。2015年3月1日，由村委会颁发的房屋所有权证将2302室和1504室登记在曹某英名下。本案各方均认可2302室和1504室系小产权房。

庭审中，付某向法庭举证提交了一份日期为2015年10月19日曹某英（卖方、甲方）与董某全（买方、乙方）签订的《房屋转让合同》，主要约定：甲方自愿将其位于通州某某1504室、某某2302室的房屋以80万元的价格出售

给乙方。乙方支付甲方合同保证定金1万元。待乙方全部交清购房款后，甲方将定金全部退还给乙方。本协议签订后，乙方全额将购房款交付给甲方80万元。乙方向甲方支付1504室、2302室房屋过户费20万元。当可以过户时，甲方应在一个月内配合乙方办理过户手续，如果甲方以各种借口不配合乙方办理过户手续，按甲方违约处理，甲方将支付给乙方双倍房款作为违约金。合同还约定了其他内容。付某以曹某英无权处分，董某全并非本村村民，也并非善意取得为由，主张该份《房屋转让合同》无效。曹某英与董某全对该份《房屋转让合同》的真实性、合法性均予以认可。

董某全辩称上述《房屋转让合同》签订后，因曹某英无法配合其办理过户手续，同时涉案两套房屋均为小产权房，董某全（甲方、卖方）又于2017年6月26日与马洪顺（乙方、买方）签订《房屋买卖合同》，主要约定：甲方自愿将坐落在通州区某某1504室、某某2302室房屋出卖给乙方。双方议定上述房屋及附属建筑物总价款为100万元。乙方在签订本合同时，全额支付购房款100万元。本合同签订后，任何一方不得擅自变更或解除合同。如有违约，一切责任由违约方承担，并应付给对方双倍房款作为违约金。合同还约定了其他内容。付某同时主张该份合同无效。董某全与马洪顺对该份《房屋买卖合同》的真实性、合法性均予以认可。

【法院判决】

一审法院认为，公民提起的民事诉讼应当属于人民法院的受案范围。根据已经查明的事实，涉案两套房屋的性质系小产权房，属于集体土地上建设的村民自住楼，本案涉及的纠纷并非人民法院民事案件的受案范围。综上所述，一审法院裁定如下：驳回付某的起诉。

二审法院认为：根据法院已经查明的事实，本案各方都认可涉案两套房屋的性质系小产权房，属于集体土地上建设的村民自住楼，在相关法律政策尚未出台前，法院不宜直接对小产权房屋买卖合同的效力问题作出处理。本案各方之间的纠纷可通过其他途径处理。

【简要评析】

本案中的原告付某系未成年人，离婚后归其母亲张某抚养。在离婚后张某发现房屋已出售，任何一位母亲均会提出主张保护自己女儿的权益。法院以小产权房不属于人民法院受案范围，一审裁定驳回，二审以不宜对买卖合同效力作出处理为由，裁定驳回上诉。好像看上去都对，但回味一下却又有许多问题。首先，曹某处分以付某名义购买的房屋，是否有权处分？其次，法院如何保护弱者的权益？最后，小产权房的所有权属性没有法律的规定，但小产权房的使用权属性却得到的各级法院的认可，其附着于小产权房上的价值除了使用价值，还跟地理位置的属性紧密相关，也就是说，小产权房的使用权属性是属于法院的受案范围的，不能一概将小产权房弃之不管。

【笔者建议】

因篇幅限制，笔者在编辑案情简介时，未将各方的答辩意见收入其中，有兴趣的读者可以上司法文书网搜索。但能很明显地感觉到，购买房屋的各方，有串通之嫌，其得意的表情从答辩意见中的字里行间都能体会到。

本案第一次出售发生在2015年10月，第二次出售发生在2017年6月，出售的价格是二套房共计100万元。根据笔者上网查询并询问当地朋友，2015年，高楼金附近的小产权房在每平方米1.2万元左右，这两套房面积应该在110平方米以上，正常的市场价应该在130万元以上。2017年，房价大幅上涨，特别是高楼金地区地铁已快修通，房价上涨迅速，让人不可思议的是，董某以100万元的价格卖给了马某，这反常的现象，不得不让人觉得有恶意串通之嫌。

本案中，原告的诉讼策略存在着严重的问题，主张确认买卖合同无效的前提是该案的情形要与证据符合合同法第52条的相关规定，本案因不是宅基地房屋，因此主张合同无效，很难得到法院的支持。

笔者认为，在接受该案委托时，本案有几个问题是需要确认的，一是付某的父亲付某1在签订合同时，该房屋的购买政策如何？即购买这二套房，是用的付某、付某1、张某的拆迁安置指标呢还是村民福利性质？二是以付某的名义购买，出资的部分由谁来支付？三是为何以付某1母亲曹某的名义确权？

在得到这些问题的相关答案后，才可以采取相应的诉讼策略，进而维护付某的相关的权益。但本案的代理人显然没有搞清楚这三个问题。因此该案一败再败，当事人的利益未得到保护。

案例62　涉案的房屋系小产权房，法院裁定不予受理

【案情简介】

赵某与张某签订房屋购买协议，后赵某向法院起诉要求张某返还购房款260000元，并依法支付利息损失。经查，该涉案的房屋系小产权房。

【法院裁决】

一审法院认为，当事人提起民事诉讼应当属于人民法院的受案范围。鉴于涉案房屋的建设未经过土地规划部门审批，涉案土地性质为集体土地，双方均认可房产性质为租赁小产权，目前在相关法律政策尚未出台前，法院不宜直接对小产权房屋买卖合同的效力问题作出处理，因此本案涉及的纠纷不属于人民法院民事案件的受案范围。依照《中华人民共和国民事诉讼法》第一百一十九条第（四项）、第一百五十四条第一款第（三）项之规定，裁定如下：驳回赵某的起诉。

二审法院认为：对于涉案房屋性质为租赁小产权，赵某、张某均认可。经一审法院查明，赵某所购买的房屋的建设未经过土地规划部门审批，涉案土地性质为集体土地，可以认定本案所涉房屋系小产权房，而小产权房屋在权属登记方面存在的瑕疵，影响了小产权房屋权利基础及其流转。鉴于目前针对小产权房如何处理的相关法律政策尚未出台，如何界定小产权房的相关权利尚无定论。此类房屋流转引发的争议和法律适用问题，不属于人民法院受理民事案件的范围。一审法院裁定驳回赵某的起诉并无不当。

【简要评析】

目前北京对于买卖小产权房的处理，普通做法是不予受理，受理之后也

是裁定驳回的居多。因此，购买小产权房一定要慎之又慎。

三、小产权房买卖合同纠纷受理后的裁判规则与案例解析

【裁判规则】

关于小产权房的合同成立、效力问题，部分法院以相关权利尚无定论、缺乏规定为由不予处理，或者部分法院以违反法律强制性规定为由认定为无效。

案例63　小产权房的买卖合同违反国家相关规定，合同无效后返还定金

【案情简介】

2016年10月11日，原告王某某与被告马某签订了《房屋买卖合同书》，约定由王某某以115万元价格从马某处购买位于北京市通州区××镇××村××家园××号楼××单元××层××号房屋。2016年10月12日，王某某向马某支付购房定金5万元。另，马某提交《房屋使用权转让合同》一份，证实涉案房屋系其从北京市通州区××镇××村村民委员会购得。

另查，王某某系非农业户口，其户籍现登记在北京市通州区××镇××村××号。

【法院判决】

北京市通州区人民法院认为：合同无效或者被撤销后，因该合同取得的财产，应当予以返还；不能返还或者没有必要返还的，应当折价补偿。从涉案房屋性质及购房人王某某的户籍身份来看，原告王某某与被告马某签订的《房屋买卖合同书》，违反了国家相关法律法规的规定，应属无效，故对于王某某要求确认《房屋买卖合同书》无效的诉讼请求，本院予以支持。房屋买卖合同无效后，马某因该合同取得的购房定金应当返还给王某某，故对王某某要求马某返还定金5万元的诉求，本院予以支持。

【简要评析】

本案属于小产权房买卖合同纠纷，法院受理案件后，因购买人非本村村民，因此认定合同无效，定金应当退还。

案例64　小产权别墅买卖合同确认无效，返还购房款

【案情简介】

2006年11月3日，昌平区崔村镇香堂村民委员会（甲方）与文某（乙方）签订《协议书》，约定甲方为乙方提供土地。2009年9月25日，双方再次签订《协议书》，约定乙方所建20套住宅，乙方售出后，要按照国家规定缴纳税款，并且每套给甲方100000元。2009年12月10日，文某（甲方）与鑫茂公司（乙方）签订《协议书》，约定乙方在甲方拥有的位于北京市昌平区崔村镇香堂村土地共计23亩建设30栋别墅，建设别墅所有费用由乙方自行承担，与甲方无关；乙方建设完成30栋别墅后，其中的10栋归甲方所有，对此甲方无须支付乙方任何费用，剩余20栋别墅归乙方所有，对此乙方无须支付甲方任何土地费用；别墅建成后，乙方名下20栋别墅可以对外销售，销售款归乙方所有，对此甲方应当积极予以配合。

2014年1月8日，文某（甲方、转让方）与王某（乙方、受让方）签订《房屋转让协议》，约定转让房屋，转让价格为330万元；乙方在签署本协议时向甲方支付总房款的70%即231万元，乙方同意在2014年4月15日前支付剩余30%房款；甲方于2014年11月30日前将乙方所购房屋交付乙方；乙方交付本协议70%款后，甲方应立即与乙方办理相关过户手续；甲方违反本协议规定，未能在约定的日期内交付所购房屋，每日甲方支付乙方万分之一的违约金。在该合同的尾页“甲方（签字）”处有文某签字，“乙方（签字）”处有王某签字。

2014年1月8日，鑫茂公司出具《收据》，内容为“今收到王某交来别墅人民币（大写）贰佰叁拾壹万元整”。2014年4月11日，鑫茂公司出具《收

据》，内容为“今收到王某交来别墅尾款人民币（大写）玖拾玖万元整”。

2016年9月12日，北京市国土资源局作出《行政处罚告知书》，主要内容为文某于2009年至2013年未办理用地审批手续，占用北京昌平区崔村镇香堂村集体土地建房，该块土地利用现状为有林地，规划用途为林业用地区，责令文某退还非法占用的昌平区崔村镇香堂村18887.48平方米（合28.33亩）集体土地，限期15天内拆除在该土地上建设的平房9栋，楼房43栋，拆除建筑面积10930.78平方米，恢复土地原状。2016年9月19日，北京市国土资源局作出《行政处罚决定书》，主要内容与上述《行政处罚告知书》相同。同日，该局作出《责令改正违法行为通知书》，责令文某自收到通知书之日起10日内予以改正，退还上述土地并拆除地上建筑。

【法院判决】

一审法院认为：违反法律、行政法规的强制性规定的合同应属无效。农民集体所有的土地的使用权不得出让、转让或者出租用于非农业建设；但是，符合土地利用总体规划并依法取得建设用地的企业，因破产、兼并等情形致使土地使用权依法发生转移的除外。本案中，经北京市国土资源局昌平分局确认涉案地块规划用途为林业用地区，文某属非法占地行为并被责令限期改正，故文某与王某签订的《房屋转让协议》应为无效。

关于本案责任主体及承担方式问题，综合本案事实及全案证据，鑫茂公司应为本案《房屋转让协议》的实际合同主体，文某、林丰公司并非合同的实际履行主体。首先，鑫茂公司与文某签订的协议书中明确约定20栋别墅建成后由鑫茂公司所有并负责销售，销售款亦为鑫茂公司所有，而王某购买的涉案房屋即为该20栋别墅之一，由鑫茂公司实际收取了王某的购房款并出具收据，故《房屋转让协议》的实际主体应为王某与鑫茂公司。第二，文某虽与王某签订了《房屋转让协议》，但其并未参与合同签订及买卖过程亦未收取任何款项，王某亦认可合同签订整个过程中并未见过文某，另文某与鑫茂公司的《协议书中》约定涉案房屋属于鑫茂公司所有，文某仅对销售予以配合，即文某仅是名义上的合同主体，合同的实际履行与其并无实质关系。第三，从公安机关笔录中可知，在涉案房屋的买卖中，通过林丰公司POS机支付的100000元，该笔款项最终由鑫茂公司出具了收据，且王某方的真实意思亦是向鑫茂公司而非林丰公司付款。因此，王某请求文某与林丰公司共同承担连带责任的诉讼请求，无事实与法律依据，法院不予支持。

合同无效或者被撤销后，因该合同取得的财产，应当予以返还；不能返还或者没有必要返还的，应当折价补偿。有过错的一方应当赔偿对方因此所受到的损失，双方都有过错的，应当各自承担相应的责任。关于王某主张返还其购房款的诉讼请求，因房屋转让协议无效，王某支付的购房款应当予以返还。关于王某要求林丰公司、鑫茂公司、文某按照同期银行贷款利率赔偿损失的诉讼请求，因王某对于合同无效也有过错，故对其该部分诉讼请求法院不予以支持。林丰公司、鑫茂公司、文某经法院合法传唤，无正当理由未到庭参加诉讼，视为放弃答辩和反驳的权利，法院依法缺席判决。

综上所述，一审法院判决：一、王某与文某于2014年1月8日签订的《房屋转让协议》无效；二、北京鑫茂益源建筑安装工程有限公司于本判决生效之日起七日内返还王某购房款3300000元。

二审法院认为，违反法律、行政法规的效力性强制性规定的合同无效。农民集体所有的土地的使用权不得出让、转让或者出租用于非农业建设。涉案土地规划用途为林业用地区，现文某擅自改变土地用途，用作非农业建设，故文某与王某签订《房屋转让协议》无效，一审法院对于涉案合同效力的认定正确，本院予以确认。

关于合同履行主体的认定问题，《房屋转让协议》的转让方是文某，受让方是王某，且文某在公安机关的讯问笔录中认可曾签署过10份空白《房屋转让协议》交与鑫茂公司用于售房，文某认可其与王某签订的《房屋转让协议》中签名的真实性，故本案《房屋转让协议》的相对方系文某与王某。文某与鑫茂公司之间的合作关系系双方之间的内部约定，不能用以对抗王某，亦不能突破合同的相对性，一审法院对于《房屋转让协议》主体认定错误，本院予以纠正。代理人知道或者应当知道代理事项违法仍然实施代理行为，或者被代理人知道或者应当知道代理人的代理行为违法未作反对表示的，被代理人和代理人应当承担连带责任。经一审法院查明，《房屋转让协议》中的全部购房款均由鑫茂公司出具收据，鑫茂公司应当知晓上述交易的违法性，其仍然代文某收取房款，故应当承担相应的责任。且鑫茂公司对一审法院判决其承担返还购房款的责任并未提出上诉，本院予以确认。关于王某主张林丰公司承担责任的请求，因《房屋转让协议》全部购房款中仅有10万元系通过林丰公司的POS机支付，且该10万元最终系由鑫茂公司出具收据，无法认定林丰公司实际收取房款，王某另主张鑫茂公司与林丰公司构成法人人格混同，但未提供充分证据予以证明，本院不予采信。

合同无效或者被撤销后，因该合同取得的财产，应当予以返还；不能返还或者没有必要返还的，应当折价补偿。有过错的一方应当赔偿对方因此所受到的损失，双方都有过错的，应当各自承担相应的责任。关于王某主张返还其购房款的诉讼请求，因《房屋转让协议》无效，王某支付的购房款应当予以返还。关于王某要求支付利息的诉讼请求，因其于合同无效亦有过错，故一审法院驳回其该部分请求正确，本院予以确认。

综上所述，王某的部分上诉请求成立，应予支持，其余部分本院不予支持。判决变更北京市昌平区人民法院（2018）京0114民初3583号民事判决第二项为：北京鑫茂益源建筑安装工程有限公司、文某于本判决生效后七日内返还王某购房款3300000元；

【简要评析】

本案属于北京市范围内极为典型的小产权房开发案例。即村委会将村属的土地租赁给个人，个人又将该土地转租给投资公司，投资公司投钱进行建设后，对房屋进行分配，销售所得各自入账，村委会在里面占一些股份。笔者在通州区某镇接触过类似的项目，该镇的小产权房基本都是这套路。也有些高明的是采取股权转让的方式，即从村里租了土地后，然后将租赁的土地转让到公司名下，公司的股东间进行转让，不需要支付土地流转的费用了。

本案原告代理律师是笔者的师弟，跟他详细沟通后才知道这里面有着许多的故事。案件历经三年，但无外乎最终是确认合同无效，返还购房款。由此可见，购买小产权房与购买宅基地房屋之间的巨大的差距：购买小产权房，如果一旦被拆迁，几乎可以肯定的是血本无归。但是，即使宅基地房屋买卖合同纠纷被确认为无效，购买方的权益基本上是可以得到保证的，而且考虑到土地升值的因素，拆迁时购房人可以获得的不仅是房屋的评估价值，还包括区位补偿的70%的价值。对比本案，可以清晰看到：小产权房与宅基地房屋之间的巨大差别，这也是一直以来笔者认为宅基地房屋不能跟小产权房混为一谈的关键所在。

【笔者建议】

笔者在从业的过程中，接待过许多能否购买小产权房的咨询。特别是那种租赁村里土地自行开发的楼房。我基本上都会告诉咨询者：这类小产权房，比村里或乡镇开发的小产权房更不靠谱，唯一的优点就是便宜，但便宜完了后，将处于永远的不安之中。笔者所知的通州区某镇艺术区，就有许多这样的小产权房，从村里租来土地，然后开发层高四米多的房屋，每平方米8000元左右，对于许多人来说，这太有吸引力了，因此纷纷掏钱购买。有幸运的人，买了以后入住了，政府因涉及人员太多，不再进行强拆了。也有不幸运的，支付了首付，没等来交房，像本案的原告一样，等来了强拆。这种情况，大概率是很难拿回钱了，即使法院判决了合同无效，退还支付的款项，但要执行回案款，可能性不太大了，因为，这些钱要么支付了工程款，要么交了地租，要么已变成了销售成本等，被执行人基本无财产可供执行。

四、非本集体组织成员购买小产权房的裁判规则与案例解析

【裁判规则】

非集体组织成员购买小产权房，因违反法律强制性规定而无效。

案例65　外村村民购买村集体开发的小产权房，合同被认定为无效

【案情简介】

杜某与被告徐某房屋买卖合同纠纷一案，法院认定事实如下：2016年12月20日，原告杜某与被告徐某签订楼房买卖合同，约定杜某购买徐某位于张店区2号楼1单元402室楼房一套，建筑面积97平方米，交易价格20万元。合同签订后，原告通过现金和转账方式支付15万元。其中13万元从杜某丈夫李某银行账户转账给徐某儿媳高某银行账户，2017年2月27日，徐某1在楼房买卖合同第二页下方注明：总价15万元已全部付清。2017年3月26日，杜某与徐某、村委会三方签订向阳村村民有关房屋过户管理的协议，约定徐某将位于向阳村村委会所在土地上建设的2号楼1单元402号房屋出卖给杜某，双方应当到村委会签订协议，并由徐某或者杜某缴纳3000元管理费。

【法院判决】

法院认为，原、被告签订的楼房买卖合同是双方真实意思表示，但是涉案房屋为小产权房，根据我国现行法律、行政法规的相关规定，建设在集体土地的小产权房不能在市场中自由流转，禁止非集体组织成员购买小产权房，本案房屋买卖合同因违反法律、行政法规的强制性规定应认定无效。被告徐某应当返还购房款，原告要求被告徐某返还购房款15万元的诉讼请求成立，本院予以支持。原告要求高某等承担连带责任于法无据，法院不予支持。

【简要评析】

本案不是发生在北京的案件，但因其有典型性，收入到本书中供读者参考。外地部分法院对于小产权房的处理，是可以受理案件，但将该类案件认定为非集体组织成员无权购买小产权房，认定房屋买卖合同无效，双方各自退还取得的房屋与房款。

五、在离婚、继承案件中涉及小产权房的裁判规则与案例解析

【裁判规则】

部分离婚、继承案件中，法院会根据市场行情酌情确定小产权房的价值，并以此进行分割。

案例66　小产权房评估后的价格，可以作为离婚分割财产的依据

【案情简介】

1997年10月8日李某、曹某双方登记结婚，后经法院判决离婚。在该离婚诉讼中，双方一致同意就涉案楼房的分割问题暂不予处理，双方另行解决。现原告李某诉至法院，要求对北京市平谷区某镇某新村某号楼某单元某号楼房的所有权、使用权进行处理与分割。

根据《北京市房屋拆迁估价结果通知单》所记载，某号宅院补偿费估价总金额为124303元，其中房屋价格为34813元、附属物价格为12540元、区位补偿价为76950元。庭审中，原被告双方一致认可婚后所建西厢房即通知单中所记载的棚房，估价为7938元，并同意按一人一半进行分割。

原告李某申请对涉案楼房的价值和室内装修价值进行评估，经高院摇号确定评估机构为北京仁达房地产评估有限公司，但该公司表示因涉案楼房为农村小产权房，故无法进行评估。后经双方当事人协商一致选定北京嘉禾庆资产评估有限公司进行评估。2018年11月6日，北京嘉禾庆资产评估有限公司出具资产评估报告，涉案楼房及装修总价值为1074271元，其中楼房价值为1064000元，装修价值为10271元。

【法院判决】

法院认为，离婚后，一方以尚有夫妻共同财产未处理为由向人民法院起诉请求分割的，经审查该财产确属离婚时未涉及的夫妻共同财产，人民法院应当依法予以分割。本案中，涉案楼房确属离婚时尚未分割的夫妻共同财

产，应当予以分割。双方一致认可某号宅院中的棚房系婚后共同所建且同意按一人一半进行分割，本院对此不持异议。被告主张婚后对某号宅院北正房进行装修，原告不予认可，且被告未提供相应证据予以证明，故本院对此不予采信。涉案楼房婚后装修部分系双方夫妻共同财产，应按其评估价值平均予以分割。根据《北京市房屋拆迁估价结果通知单》中棚房价格在补偿费总金额中所占比例，并结合涉案楼房的评估结果，本院确定原告李某对涉案楼房（不含装修）享有96.807%的份额，被告曹某享有3.193%的份额，装修部分双方各享有50%的份额。考虑到原、被告双方所占份额，基于涉案楼房小产权房的性质，本院仅确认涉案楼房归原告李某使用，由原告李某按照楼房评估价值及被告曹某所占份额向曹某支付折价款39109.02元。但应明确指出，本院对上述房屋的使用处理不代表对该小产权房合法性的认定，不作为权利人要求登记机关进行物权登记的依据，亦不能以此对抗行政处罚、不能作为产权归属证明或拆迁依据。

【简要评析】

本案是典型的属于法院必须要处理的小产权房的案件，如果说单独就小产权的买卖合同或其他纠纷，法院有理由不立案或裁定驳回，但类似的案件应该不可以，因为涉及离婚的纠纷中，绝大多数的农村村民离婚时的小产权房，都是村集体开发时，分给村民或以福利性质出售给村民的，属于村民财产性的利益，因此离婚时，法院应当处理。

本案中，法院经过双方的认可，委托了鉴定机构对涉案房屋进行了评估并根据各自份额进行了分割与处理。最为关键的是，法院对上述房屋的使用处理不代表对该小产权房合法性的认定，不作为权利人要求登记机关进行物权登记的依据，亦不能以此对抗行政处罚、不能作为产权归属证明或拆迁依据。

【笔者建议】

虽然小产权房在法律上属性还不明确，但其仍旧有使用的属性，因此，其价值也能通过使用权及地理位置的属性进行体现。小产权房的价值评估，也并非不可做，评估公司可以根据市场价值法进行评估。在评估后，可以根据比例进行分配。

案例67　夫妻存续期间购买的小产权房，可以认定为夫妻共同财产吗？

【案情简介】

高某1与高某2于2007年1月16日登记结婚，2008年9月10日，出卖人（甲方）北京市通州区某镇某村村民委员会与买受人（乙方）高某2签订《房屋买卖合同》一份，载明：买受人自愿购买出卖人开发建设的“太玉园”小区房屋，建筑层数为7层，该房屋的建筑层高为2.9米。该房屋位于东区二期【住宅楼】第21【栋】6【单元】2【层】202【号】，建筑面积89.06平方米。出卖人与买受人约定按照建筑面积计算该【房屋】房价款，该房屋单价每平方米3500元人民币（小写），总金额叁拾壹万壹仟柒佰壹拾零元人民币整（大写）。双方还对其余事项进行了约定。

【法院判决】

一审法院认为，民事主体的财产权利以及其他合法权益受法律保护，任何组织和个人不得侵犯。结合法院查明的事实，202室房屋系高某2与高某1婚姻关系存续期间所购买，应为夫妻共同财产。现高某1请求法院判决位于202室房屋属于其与高某2共同财产，理由正当，证据充分，法院予以支持。判决：位于北京市通州区某镇某村202室房屋属于高某1与高某2共同财产。

二审期间，高某2等提交中国裁判文书网上下载的判决书打印件两份，证明北京市第三中级人民法院对小产权房屋进行过司法确认，小产权房屋不宜通过人民法院判决的方式确认权属问题，小产权房屋有待政府相关部门出具具体的意见和相关规定以后再予以明确。

二审法院认为，《中华人民共和国民法总则》第一百二十六条规定：民事主体享有法律规定的其他民事权利和利益。涉案房屋购买于高某2与高某1婚姻关系存续期间，虽未取得产权证明，但其亦具有一定的经济利益，属于《中华人民共和国民法总则》规定的民事主体受到法律保护的财产权益的范畴，故本院对高某1诉求确认涉案房屋属高某1与高某2共同财产的请求予以支持。

需要指出的是，涉案房屋尚未取得所有权，本判决内容不代表对小产权房合法性的认定，不能以此对抗行政处罚，不能作为产权归属证明或拆迁依据等。

【简要评析】

本案属于法院处理小产权房典型案例，高某1与高某2之间因离婚时涉及该房产权属问题，需要进行确权处理。

笔者对本案高某2提交的二份判决书比较感兴趣，笔者也曾提交过跟案件有关的类似判决给主审的法官，但一般是不作为证据使用的，仅供法官参考，毕竟中国不是判例法国家。

一、二审法院均认定，该诉争的小产权房属于财产权益性的范畴，其是是有使用价值的，因此，认定诉争的房屋属于夫妻共同财产。

对于涉及小产权房的所有权，买卖合同效力问题，目前北京各级法院的处理还是比较一致的，就是不处理。但合同无效后的后果，小产权使用权的问题，法院会受理并进行处理。

六、分割小产权房的占有、使用权的裁判规则与案例解析

【裁判规则】

请求分割小产权房的占有、使用权属于法院处理范围。侵占或妨害权利人占有、使用房屋，占有人有权提起物权保护诉讼。

案例68　小产权房作为物的属性，权利人可以进行处分

【案情简介】

周某申请再审称：罗某不能证明明春东苑某号楼某单元某号房屋（以下简称明春东苑房屋）是岑某山的财产。遗产是公民死亡时遗留的个人合法财

产，罗某只出示了一份岑某山的《购房合同》复印件，周某不予认可。岑某山购买的房屋属丰台区花乡狼垡村的小产权房，国家法律明确规定，城镇居民不得购买农村宅基地、农民住宅。岑某山是非农民户口，购买明春东苑房屋违反法律规定，不受法律保护。目前国家要求对农村集体土地进行确权发证，但对小产权房等违法用地不允许确权发证，也不受法律保护。明春东苑房屋是在集体所有土地上建的农民住宅，房屋管理部门始终不予办理房屋所有权证，一审法院已予以认定，但二审法院认为有“行政审批瑕疵”明显违反法律规定，属适用法律错误。市建委发出的购房风险提示，“使用权”、“乡产权”、“小产权”的房屋无产权保障，不具有房屋所有、转让、处分、收益等权利，不能办理产权过户手续。罗某企图通过司法途径使其合法化，是行不通的。明春东苑房屋无产权登记，罗某也未提供任何证据证明该房屋系经相关建设管理部门批准建造的合法建设工程项目。罗某不能向法庭提交岑某山合法拥有明春东苑房屋的证据，明春东苑房屋不是岑某山的合法财产，不应受到法律的保护。综上所述，请求北京市高级人民法院依法撤销二审判决，维持一审判决，驳回罗某的诉讼请求。

【法院裁判】

北京市高级人民法院认为：遗赠乃单方、无偿、要式、死因民事法律行为，受遗赠人只能是国家、集体或法定继承人以外的自然人。

本案中，岑某山所书写的《特此声明》符合法律规定的遗赠遗嘱的形式要件。周某对《特此声明》的真实性不予认可，但未能提供相反证据予以佐证。岑某山去世后，罗某在法律规定的时限内明确表示接受赠与。诉争房产属于限制交易的小产权房，当前，虽然尚不能依法进行物权登记或变更登记，但岑某山出资购买并居住使用多年，亦属于法律意义上的物，其能够为权利人占有、使用、收益。罗某起诉时表明接受遗赠遗嘱并要求确认诉争房屋的使用权，于法有据。

基于上述事实，二审改判支持罗某的诉求正确，并同时指出罗某取得诉争房屋使用权后，如遇国家政策调整等情况，其应按国家相关政策处理诉争房产，符合实际，并无不当。

综上，周某的再审申请缺乏事实、法律依据，再审申请不符合《中华人民共和国民事诉讼法》第二百条规定的情形。依照《中华人民共和国民事诉讼法》第二百零四条第一款之规定，裁定如下：驳回周某的再审申请。

【简要评析】

北京市高级人民法院认为，诉争的房产虽然是限制交易的小产权房，但属于法律意义上的物，其能够为权利人占有、使用、收益。因此，其可以处分。本案中的岑某山按自己的意愿进行处分，符合法律的规定，不能因为其是小产权房就剥夺其处分的权利，因此驳回了周某的再审申请。

案例69　小产权房的权利人可以对妨害人进行排除妨害之诉吗？

【案情简介】

2015年4月28日，原告周某与吴某圣、修某银签订对涉案房屋的《存量房买卖合同》，购买了位于北京市昌平区小汤山镇龙脉花园×号房屋，并于当日支付全部购房款和交接房屋。现吴某圣、修某银已配合原告将房屋买卖合同变更登记在原告周某名下。交接房屋后，原告周某即安排施工人员对房屋进行装修。

在原告装修施工过程中，被告刘某从2015年5月11日开始通过强行换锁、威吓工人、塞锁等行为阻挠原告装修施工，并造成经济损失。庭审中，被告刘某提供2015年1月11日与吴某圣签订对涉案房屋的租赁合同，租期4年，租金七万且一次性付清。被告刘某辩称租赁合同签订后，吴某圣一直拖延交付，直到5月份被告才得知吴某圣将涉案房屋卖掉。原告将被告诉至法院。

被告不同意原告诉讼请求。理由一，原告不符合本案诉讼主体资格，因法律规定禁止小产权房买卖，又因物权法规定，原告不是房屋所有权人，不具有诉讼主体资格。理由二，被告租赁权设立在先，应依法保护，据本案证据显示，被告之租赁权设立于2015年1月，而原告的买卖行为产生于2015年4月，根据《合同法》规定，买卖不破租赁，原告诉求无法律依据，要求法庭驳回原告请求。

【法院判决】

一审法院认为：对妨害占有的行为，占有人有权请求排除妨害或者消除危险；因侵占或者妨害造成损害的，占有人有权请求损害赔偿。本案中，原告周某购买涉案房屋虽系小产权房，但是其对该房屋的占有不应受到法律之外的侵害。关于被告辩称原告购买的是小产权房，并非所有权人，不具备诉讼主体资格。本院认为原告作为购买人，出卖人将房屋交付原告后，原告即对涉案房屋可以占有使用，如果其占有受到他人侵害，依照法律规定当然有权作为诉讼主体参加诉讼。关于被告辩称买卖不破租赁，根据法律规定，出租人就未取得建设工程规划许可证或者未按照建设工程规划许可证的规定建设的房屋，与承租人订立的租赁合同无效。本案中被告提供的房屋租赁合同其租赁标的无相应的规划许可证，故本院认为本案不适用买卖不破租赁的法律规则。另外，根据被告提供的租赁合同虽然签订时间在前，但是出租人吴某圣并未将涉案房屋交付被告使用，反而是吴某圣和修某银共同配合原告变更登记房屋买卖合同，交接房屋，可见原告的占有在先。根据合同相对性的原理，被告的损失可以向出租人吴某圣主张，但无权阻挠原告对涉案房屋正常占有使用。关于原告的具体损失，本院根据市场行情和原告提供的相应证据酌情认定3000元。综上所述，判决被告刘某于本判决生效后立即停止妨害原告周某对北京市昌平区小汤山镇龙脉花园×号房屋的占有、使用。被告刘某赔偿原告周某经济损失3000元。

二审法院认为：周某因履行买卖合同而合法占有该房屋，有权要求非法侵占者排除妨害。刘某未举证证明吴某圣向其实际交付了租赁房屋，因此不能证明其对该房屋已经产生合法占有。原审判决并无确认小产权房屋买卖的合法性的内容。根据原审庭审笔录，双方均行使了举证、辩论等诉讼权利。

综上所述，驳回上诉，维持原判。

【简要评析】

本案中，一、二审法院均没有对小产权房的所有权进行确认，但均认为小产权房有合法的使用权、占有权，应当得到法律的保护。对妨害占有的行为，占有人有权请求排除妨害或者消除危险；因侵占或者妨害造成损害的，占有人有权请求损害赔偿。

七、小产权房在执行阶段的裁判规则与案例解析

【裁判规则】

在执行阶段，小产权房可以进行查封并拍卖。对于无法拍卖的，可以以房抵债。

案例70　小产权房可以进行查封并拍卖

【案情简介】

胡某刚犯故意杀人罪、绑架罪，张某敬犯绑架罪一案，一、二审法院的判决均生效，附带民事赔偿的判决在执行过程中，法院依法查封并拍卖被执行人张某敬所有的位于北京市某某某2号小产权房（以下简称涉案房产）一套。

张某琪向本院提出执行异议，请求解除对涉案房屋租金的冻结措施。张某琪称，法院查封的涉案房产并非张某敬的个人财产，而是张某敬和陈某香夫妇二人为其做嫁妆的陪嫁财产，因其系限制行为能力人即聋哑人，这套房产是给张某琪的生活保障。因该房为小产权房，且买房时张某琪未满18周岁，不能将该房落户于张某琪本人。综上，请法院解除对涉案房屋租金的冻结措施，将房租返还张某琪。

涉案房屋系北京市平谷区贾各庄村于1994年自行建设的小产权房。付某军于2014年2月10日出具《房屋买卖说明》，内容为："我于1997年购买位于北京市某某某2号75平方米房一栋，1999年卖给张某敬，因该房属于小产权房，未办理产权过户。现本人声明此房与本人无关。"北京市平谷区贾各庄

村村民委员会依据涉案房产的物业费、电视费、供暖费等交纳情况，向本院明确涉案房屋属于张某敬所有。

2011年11月1日，陈某香亲属赵某旭与梁某印签订《房屋租赁协议》将涉案房屋出租给梁某印使用。承租人梁某印向本院陈述，应陈某香要求，在涉案房屋租赁期间，其以北京我能建筑装饰工程有限公司法定代表人身份与张某琪另行签订了《房屋租赁协议》，协议内容除租金外大致相同。

【法院裁判】

法院认为，所有权人对自己的不动产或者动产，依法享有占有、使用、收益和处分的权利。房屋租金应属于不动产的收益权。本案中，执行实施部门依据涉案房产登记人付某军的书面证明和涉案房产管理人北京市平谷区贾各庄村村民委员会的书面意见，判断涉案房产属于被执行人张某敬所有，并依此对涉案房屋的租金采取的冻结措施符合法律规定。案外人张某琪所提交的证据不能证明其是涉案房屋的实际所有权人，故其要求解除对涉案房屋租金冻结措施的异议请求不予支持。

【简要评析】

本案是法院生效判决后，将被执行人的小产权房进行查封并拍卖时，案外人即被执行人的女儿提出异议，经过法院的审理查明，该小产权房系被执行人购买，村委会也出具的相应的证明，因此，裁定驳回异议人的异议请求。

该案发生在2014年，系由北京市高级人民法院发回重审后重新作出的裁决，因此具有指导性的意义。从该份裁决看，小产权房是可以进行查封并拍卖的。

【笔者建议】

小产权房的执行，一直是一个难题，在发现被执行人有小产权房时，应尽快申请法院进行查封，只有查封了才有可能获得执行的可能。

另外，小产权房查封后，很难交付拍卖，多数的执行法官以无法评估为由，不将小产权房上拍。这也导致了即使查封了小产权房，也得不到拍卖结果的状况。因此建议当事人以以房抵债的方式实现债权。

案例71　小产权房在法院查封之前已出售给非本村村民，法院是否仍旧可以查封拍卖？

【案情简介】

贾某增与孙某茹民间借贷纠纷一案，法院于2016年6月16日作出（2016）京0106民初12085号民事调解书，该调解书确定：一、被告孙某茹于2016年7月10日前偿还原告贾某增借款本金594万元、利息953235元；二、案件受理费14389元，由被告孙某茹负担（于本调解生效之日起十五日内交纳）。

2016年7月11日，贾某增向法院申请强制执行，法院依法受理，执行案号为（2016）京0106执4400号。2016年8月12日，本院作出（2016）京0106执4400号执行裁定书及协助执行通知书：一、冻结孙某茹名下在马连道村民委员会的拆迁补偿款，禁止向孙某茹发放，款项到位通知法院或权利人。二、冻结孙某茹名下位于丰台区马连道欣园小区×××号房屋的相关权利，禁止孙某茹转移、过户、抵押上述房产。待该房屋办理产权证时通知法院或权利人。同日，本院向北京市丰台区卢沟桥乡马连道村村民委员会（以下简称马连道村委会）送达上述执行裁定书及协助执行通知书。

刘某、张某楠不服，向法院提交的执行异议，其理由为：异议人与孙某茹、张某、张某春签订《房屋买卖合同》，约定刘某、张某楠以250万元人民币购买涉案房屋。合同签订后，刘某、张某楠支付了全部价款，对涉案房屋进行装修并占有使用至今。之所以未办理涉案房屋的过户手续，并非案外人本身原因，而是因为涉案房屋系小产权房，办不了过户手续。同时，购买涉案房屋时，孙某茹允诺2015年涉案房屋能够办下来大产权证，并且她急需用钱，我们才购买的。因此，对未办理过户手续，我方不存在过错。综上，异议人为涉案房屋的实际所有权人，请求法院解除对涉案房屋的查封。

法院查理后查清如下事实：

2000年3月13日，北京市丰台区马连道农工商联合公司（以下简称马连道农工商公司）与孙某茹签订《马连道村集体住宅楼使用合同书》，合同载明产权方为马连道农工商公司，使用方为孙某茹，住宅坐落为北京马连道欣园小区×××室。该合同约定，本合同为马连道农工商公司职工和村民住宅使用凭证。孙某茹对分配的房屋有永久使用权，可继承。孙某茹与第三者换房，符合马连道农工商公司和欣园物业管理公司有关规定的，马连道农工商公司应予办理有关手续。

另，2016年11月15日，本院到马连道村委会了解情况，马连道村委会表示，涉案房屋系马连道村旧村改造所建，涉案房屋所在土地为马连道村集体所有，房屋所有权属于村民，但目前涉案房屋尚未办理房屋所有权证书，村民目前对涉案房屋享有永久使用权。涉案房屋可以在本村村民之间进行买卖。买卖流程为：房屋全部安置人员同意转让的情况下，到马连道村委会变更房屋使用方即可。现孙某茹一家折迁安置的其他几套房屋已经转让给其他本村村民了，并在孙某茹签署的《马连道村集体住宅楼使用合同书》上进行了变更。关于涉案房屋，马连道村委会并不知晓案外人刘某、张某楠购买涉案房屋情况，其双方亦未到马连道村委会办理过合同变更手续。

再查，2014年11月7日，甲方孙某茹、张某、张某春与乙方刘某、张某楠签订《房屋买卖合同》，约定甲方将涉案房屋以250万元的价款出售给乙方。乙方于2014年11月18日前一次性向甲方支付房款250万元。本合同签订时，甲乙双方都不具备过户条件。待过户条件成熟时，甲方应协助乙方办理房屋产权手续。2014年10月25日，张某楠向孙某茹转账140万元。2014年11月17日，张某楠向孙某茹转账110万元。2016年3月25日至2016年5月25日，刘某、张某楠对涉案房屋进行了装饰装修。

又查，刘某，张某楠并非北京市丰台区卢沟桥乡马连道村村民，其与孙某茹、张某、张某春签订《房屋买卖合同》后，未到马连道村委会办理涉案房屋使用权变更手续。在马连道村委会备案的《马连道村集体住宅楼使用合同书》中，涉案房屋的使用权人仍为孙某茹。

【法院裁决】

法院认为，金钱债权执行中，买受人对登记在被执行人名下的不动产提出异议，符合下列情形且其权利能够排除执行的，人民法院应予支持：（一）在人民法院查封之前已签订合法有效的书面买卖合同；（二）在人民法院查封之前已合法占有该不动产；（三）已支付全部价款，或者已按照合同约定支付部分价款且将剩余价款按照人民法院的要求交付执行；（四）非因买受人自身原因未办理过户登记手续。本案中，案外人刘某、张某楠在本院查封涉案房屋之前与孙某茹、张某、张某春签订了《房屋买卖合同》购买涉案房屋，支付了全部购房款，并进行了实际占有。因此，本案的争议焦点为：刘某、张某楠对未办理涉案房屋过户登记手续是否有过错。本案中，孙某茹等人出售的涉案房屋系建设在集体土地上的村民住宅楼，孙某茹等人将涉案房屋转让给刘某、张某楠，而刘某、张某楠并非马连道村集体组织成员。刘某、张某楠在明知涉案房屋及所在土地性质的情形下，依然购买涉案房屋，应当认定其对未办理过户登记手续存在过错。综上，刘某、张某楠对涉案房屋享有的权利不足以排除本院对涉案房屋的执行，其异议请求不能成立，本院不予支持。

【简要评析】

本案法院直接认定刘某购买孙某茹房屋的合同无效，值得商榷。是否在办理过户登记的过程中有过错，并不当然导致合同无效的理由。未办理过户手续也非买受人刘某的过错，是因为条件不成熟。

本案中小产权房已被买受人实际占有，并且是真实买卖的情况下，在申请执行异议后，被认定为不成立，也直接说明了小产权房的买卖，风险系数非常高，如果这种情况大量出现的话，出售人可以将房屋出售后，再向其他人借一大笔钱不还，让法院去执行出售后的小产权房，这种可能性太大了。如果都按该法院的操作，将导致正常的交易得不到保护。

案例72　案外人购买小产权房后被法院依法当作执行财产进行查封拍卖

【案情简介】

2009年9月11日，杨某琴诉穆某君民间借贷纠纷一案，法院作出（2009）通民初字第561号民事判决书，判决穆某君偿还杨某琴借款人民币177000元及相应利息，于判决生效之日起15日内执行。判决后双方均未上诉，2010年1月14日，该判决发生法律效力。但穆某君并未自动履行法律义务，2010年3月，杨某琴向法院申请强制执行。法院于2010年3月3日立案执行，执行案号：（2010）通执字第2303号。案件进入执行程序后，穆某君仍未履行法律义务。经法院调查，未发现穆某君名下有可供执行财产，该案于2010年8月21日终结本次执行程序。

后申请执行人杨某琴向本院提供执行线索，称穆某君在北京市通州区环湖小镇购买有房屋。法院经核实，穆某君在2008年购买了涉案房屋。2015年3月，法院向西定福庄村委会送达执行裁定书和协助执行通知书，查封、冻结了涉案房屋及相应的备案变更登记手续。

本案中，案外人张某才向法院提出案外人执行异议，主张购买了涉案房屋，并请求法院中止对涉案房屋的执行。

【法院裁决】

法院认为：根据《最高人民法院关于人民法院办理执行异议和复议案件若干问题的规定》第二十四条之规定，对案外人提出的排除执行异议，人民法院应当审查下列内容：（一）案外人是否系权利人；（二）该权利的合法性与真实性；（三）该权利能否排除执行。本案中，涉案房屋系特殊性质的房屋，该房屋权利人、权利的合法性与真实性等均无法在执行异议审查程序中进行认定和评判。故案外人张某才的主张不足以排除执行，其异议理由不成立，本院不予支持。

【简要评析】

本案的案外人提出异议，以购买了涉案的小产权房为由，但法院经审查后，驳回，法院以该房产的权利人、权利的合法性与真实性无法认定与评判为由，裁定驳回。

附　录　涉及农村宅基地及集体土地相关法律法规及政策汇编

第一部分：基础法律法规

一、宪法

第十条　城市的土地属于国家所有。

农村和城市郊区的土地，除由法律规定属于国家所有的以外，属于集体所有；宅基地和自留地、自留山，也属于集体所有。

国家为了公共利益的需要，可以依照法律规定对土地实行征收或者征用并给予补偿。

任何组织或者个人不得侵占、买卖或者以其他形式非法转让土地。土地的使用权可以依照法律的规定转让。

一切使用土地的组织和个人必须合理地利用土地。

二、民法典

第三百六十二条　宅基地使用权人依法对集体所有的土地享有占有和使用的权利，有权依法利用该土地建造住宅及其附属设施。

第三百六十三条　宅基地使用权的取得、行使和转让，适用土地管理的法律和国家有关规定。

第三百六十四条　宅基地因自然灾害等原因灭失的，宅基地使用权消灭。对失去宅基地的村民，应当依法重新分配宅基地。

第三百六十五条 已经登记的宅基地使用权转让或者消灭的，应当及时办理变更登记或者注销登记。

第三百九十九条 下列财产不得抵押：

（一）土地所有权；

（二）宅基地、自留地、自留山等集体所有土地的使用权，但是法律规定可以抵押的除外；

（三）学校、幼儿园、医疗机构等为公益目的成立的非营利法人的教育设施、医疗卫生设施和其他公益设施；

（四）所有权、使用权不明或者有争议的财产；

（五）依法被查封、扣押、监管的财产；

（六）法律、行政法规规定不得抵押的其他财产。

三、土地管理法

第六十二条 农村村民一户只能拥有一处宅基地，其宅基地的面积不得超过省、自治区、直辖市规定的标准。

农村村民建住宅，应当符合乡（镇）土地利用总体规划，并尽量使用原有的宅基地和村内空闲地。

农村村民住宅用地，经乡（镇）人民政府审核，由县级人民政府批准；其中，涉及占用农用地的，依照本法第四十四条的规定办理审批手续。

农村村民出卖、出租住房后，再申请宅基地的，不予批准。

国家允许进城落户的农村村民依法自愿有偿退出宅基地，鼓励农村集体经济组织及其成员盘活利用闲置宅基地和闲置住宅。

国务院农业农村主管部门负责全国农村宅基地改革和管理有关工作。

四、城乡规划法

第四十一条第二款 在乡、村庄规划区内使用原有宅基地进行农村村民住宅建设的规划管理办法，由省、自治区、直辖市制定。

五、村民委员会组织法

第二十四条　涉及村民利益的下列事项，经村民会议讨论决定方可办理：

（一）本村享受误工补贴的人员及补贴标准；

（二）从村集体经济所得收益的使用；

（三）本村公益事业的兴办和筹资筹劳方案及建设承包方案；

（四）土地承包经营方案；

（五）村集体经济项目的立项、承包方案；

（六）宅基地的使用方案；

（七）征地补偿费的使用、分配方案；

（八）以借贷、租赁或者其他方式处分村集体财产；

（九）村民会议认为应当由村民会议讨论决定的涉及村民利益的其他事项。

村民会议可以授权村民代表会议讨论决定前款规定的事项。法律对讨论决定村集体经济组织财产和成员权益的事项另有规定的，依照其规定。

六、妇女权益保障法

第三十二条　妇女在农村土地承包经营、集体经济组织收益分配、土地征收或者征用补偿费使用以及宅基地使用等方面，享有与男子平等的权利。

第二部分：宅基地改革相关政策性文件

一、国务院关于进一步推进户籍制度改革的意见（摘要）

（十二）完善农村产权制度。土地承包经营权和宅基地使用权是法律赋予农户的用益物权，集体收益分配权是农民作为集体经济组织成员应当享有的合法财产权利。加快推进农村土地确权、登记、颁证，依法保障农民的土地承包经营权、宅基地使用权。推进农村集体经济组织产权制度改革，探索集体经济组织成员资格认定办法和集体经济有效实现形式，保护成员的集体财产权和收益分配权。建立农村产权流转交易市场，推动农村产权流转交易公开、公正、规范运行。坚持依法、自愿、有偿的原则，引导农业转移人口有序流转土地承包经营权。进城落户农民是否有偿退出“三权”，应根据党的十八届三中全会精神，在尊重农民意愿前提下开展试点。现阶段，不得以退出土地承包经营权、宅基地使用权、集体收益分配权作为农民进城落户的条件。

二、全国人民代表大会常务委员会关于授权国务院在北京市大兴区等三十三个试点县（市、区）行政区域暂时调整实施有关法律规定的决定

（2015年2月27日第十二届全国人民代表大会常务委员会第十三次会议通过）

为了改革完善农村土地制度，为推进中国特色农业现代化和新型城镇化提供实践经验，第十二届全国人民代表大会常务委员会第十三次会议决定：授权国务院在北京市大兴区等三十三个试点县（市、区）行政区域，暂时调整实施《中华人民共和国土地管理法》、《中华人民共和国城市房地产管理

法》关于农村土地征收、集体经营性建设用地入市、宅基地管理制度的有关规定。上述调整在2017年12月31日前试行。暂时调整实施有关法律规定，必须坚守土地公有制性质不改变、耕地红线不突破、农民利益不受损的底线，坚持从实际出发，因地制宜。国务院及其国土资源主管部门要加强对试点工作的整体指导和统筹协调、监督管理，按程序、分步骤审慎稳妥推进，及时总结试点工作经验，并就暂时调整实施有关法律规定的情况向全国人民代表大会常务委员会作出报告。对实践证明可行的，修改完善有关法律；对实践证明不宜调整的，恢复施行有关法律规定。

三十三个试点县（市、区）名单和暂时调整实施有关法律规定目录附后。

本决定自公布之日起施行。

三十三个试点县（市、区）名单

北京市大兴区、天津市蓟县、河北省定州市、山西省泽州县、内蒙古自治区和林格尔县、辽宁省海城市、吉林省长春市九台区、黑龙江省安达市、上海市松江区、江苏省常州市武进区、浙江省义乌市、浙江省德清县、安徽省金寨县、福建省晋江市、江西省余江县、山东省禹城市、河南省长垣县、湖北省宜城市、湖南省浏阳市、广东省佛山市南海区、广西壮族自治区北流市、海南省文昌市、重庆市大足区、四川省郫县、四川省泸县、贵州省湄潭县、云南省大理市、西藏自治区曲水县、陕西省西安市高陵区、甘肃省陇西县、青海省湟源县、宁夏回族自治区平罗县、新疆维吾尔自治区伊宁市。

第三部分：宅基地管理相关政策文件

一、国务院批转国家土地管理局关于加强农村宅基地管理工作请示的通知（摘要）

（三）严格宅基用地审批手续，实行公开办事制度。

各地应根据实际情况对农村建房的对象、条件、用地标准、审批手续作出明细规定。要建立严格的申请、审核、批准和验收制度。凡是要求建房的，事先必须向所在的乡（镇）政府或县（市）土地管理部门提出用地申请。经审核，对符合申请宅基地兴建自用住宅的，由土地管理部门确定宅基地使用权，丈量用地面积，并依法批准后，方可动工。竣工后，由土地管理部门负责组织验收。对不合理分户超前建房、不符合法定结婚年龄和非农业户口的，不批准宅基用地；对现有住宅有出租、出卖或改为经营场所的，除不再批准新的宅基用地外，还应按其实际占用土地面积，从经营之日起，核收土地使用费；对已经“农转非”的人员，要适时核减宅基地面积。

为便于群众监督，各地应对用地指标、申请宅基地的户数、审批条件和结果等，张榜公告，实行公开办事制度。

（四）加强干部建房用地管理，实行“双重审批”制度。

各级人民政府要尽快组织力量，对《土地管理法》实施以来，干部（含其他在职人员，下同）以各种名义占用农村集体所有的土地兴建私房的，进行一次认真清理。对那些以权谋地、违法占地、非法出租和出卖宅基地的，要依法处罚或给予政纪处分。今后，干部的直系亲属是农村户口，且本人长期与其一起居住的，干部可随其直系亲属申请宅基地建房。其他干部申请使用农村集体所有土地兴建私房的，一般不予批准。少数有特殊情况的要实行

“双重审批”，即先由个人提出书面申请，说明建房理由、拟建房屋规模、占地面积、资金、建材来源以及用工办法等，经所在单位审查，张榜公布，按干部管理权限报送主管部门或县级以上人民政府批准后，再向土地管理部门申请办理建房用地手续。

二、国务院办公厅关于加强土地转让管理严禁炒卖土地的通知（摘要）

农民的住宅不得向城市居民出售，也不得批准城市居民占用农民集体土地建住宅，有关部门不得为违法建造和购买的住宅发放土地使用证和房产证。

三、国土资源部印发《关于加强农村宅基地管理的意见》的通知（摘要）

（二）按规划从严控制村镇建设用地。各地要采取有效措施，引导农村村民住宅建设按规划、有计划地逐步向小城镇和中心村集中。对城市规划区内的农村村民住宅建设，应当集中兴建村民住宅小区，防止在城市建设中形成新的“城中村”，避免“二次拆迁”。对城市规划区范围外的农村村民住宅建设，按照城镇化和集约用地的要求，鼓励集中建设农民新村。在规划撤并的村庄范围内，除危房改造外，停止审批新建、重建、改建住宅。

（三）加强农村宅基地用地计划管理。农村宅基地占用农用地应纳入年度计划。省（区、市）在下达给各县（市）用于城乡建设占用农用地的年度计划指标中，可增设农村宅基地占用农用地的计划指标。农村宅基地占用农用地的计划指标应和农村建设用地整理新增加的耕地面积挂钩。县（市）国土资源管理部门对新增耕地面积检查、核定后，应在总的年度计划指标中优先分配等量的农用地转用指标用于农民住宅建设。

省级人民政府国土资源管理部门要加强对各县（市）农村宅基地占用农用地年度计划执行情况的监督检查，不得超计划批地。各县（市）每年年底应将农村宅基地占用农用地的计划执行情况报省级人民政府国土资源管理部门备案。

（四）改革和完善农村宅基地审批管理办法。各省（区、市）要适应农民住宅建设的特点，按照严格管理，提高效率，便民利民的原则，改革农村村民建住宅占用农用地的审批办法。各县（市）可根据省（区、市）下达的农村宅基地占用农用地的计划指标和农村村民住宅建设的实际需要，于每年年初一次性向省（区、市）或设区的市、自治州申请办理农用地转用审批手续，经依法批准后由县（市）按户逐宗批准供应宅基地。

对农村村民住宅建设利用村内空闲地、老宅基地和未利用土地的，由村、乡（镇）逐级审核，批量报县（市）批准后，由乡（镇）逐宗落实到户。

（五）严格宅基地申请条件。坚决贯彻“一户一宅”的法律规定。农村村民一户只能拥有一处宅基地，面积不得超过省（区、市）规定的标准。各地应结合本地实际，制定统一的农村宅基地面积标准和宅基地申请条件。不符合申请条件的不得批准宅基地。

农村村民将原有住房出卖、出租或赠与他人后，再申请宅基地的，不得批准。

（六）规范农村宅基地申请报批程序。农村村民建住宅需要使用宅基地的，应向本集体经济组织提出申请，并在本集体经济组织或村民小组张榜公布。公布期满无异议的，报经乡（镇）审核后，报县（市）审批。经依法批准的宅基地，农村集体经济组织或村民小组应及时将审批结果张榜公布。

各地要规范审批行为，健全公开办事制度，提供优质服务。县（市）、乡（镇）要将宅基地申请条件、申报审批程序、审批工作时限、审批权限等相关规定和年度用地计划向社会公告。

（七）健全宅基地管理制度。在宅基地审批过程中，乡（镇）国土资源管理所要做到“三到场”。即：受理宅基地申请后，要到实地审查申请人是否符合条件、拟用地是否符合规划等；宅基地经依法批准后，要到实地丈量批放宅基地；村民住宅建成后，要到实地检查是否按照批准的面积和要求使用土地。各地一律不得在宅基地审批中向农民收取新增建设用地土地有偿使用费。

（八）加强农村宅基地登记发证工作。市、县国土资源管理部门要加快农村宅基地土地登记发证工作，做到宅基地土地登记发证到户，内容规范清楚，切实维护农民的合法权益。要加强农村宅基地的变更登记工作，变更一宗，登记一宗，充分发挥地籍档案资料在宅基地监督管理上的作用，切实保障“一户一宅”法律制度的落实。要依法、及时调处宅基地权属争议，维护社会稳定。

（十）加大盘活存量建设用地力度。各地要因地制宜地组织开展“空心村”和闲置宅基地、空置住宅、“一户多宅”的调查清理工作。制定消化利用的规划、计划和政策措施，加大盘活存量建设用地的力度。农村村民新建、改建、扩建住宅，要充分利用村内空闲地、老宅基地以及荒坡地、废弃地。凡村内有空闲地、老宅基地未利用的，不得批准占用耕地。利用村内空闲地、老宅基地建住宅的，也必须符合规划。对“一户多宅”和空置住宅，各地要制定激励措施，鼓励农民腾退多余宅基地。凡新建住宅后应退出旧宅基地的，要采取签订合同等措施，确保按期拆除旧房，交出旧宅基地。

（十一）加大对农村建设用地整理的投入。对农民宅基地占用的耕地，县（市）、乡（镇）应组织村集体经济组织或村民小组进行补充。省（区、市）及市、县应从用于农业土地开发的土地出让金、新增建设用地土地有偿使用费、耕地开垦费中拿出部分资金，用于增加耕地面积的农村建设用地整理，确保耕地面积不减少。

（十三）严格日常监管制度。各地要进一步健全和完善动态巡查制度，切实加强农村村民住宅建设用地的日常监管，及时发现和制止各类土地违法行为。要重点加强城乡接合部地区农村宅基地的监督管理。严禁城镇居民在农村购置宅基地，严禁为城镇居民在农村购买和违法建造的住宅发放土地使用证。

四、国务院办公厅关于严格执行有关农村集体建设用地法律、政策的通知（摘要）

农村住宅用地只能分配给本村村民，城镇居民不得到农村购买宅基地、农民住宅或“小产权房”。单位和个人不得非法租用、占用农民集体所有土地搞房地产开发。农村村民一户只能拥有一处宅基地，其面积不得超过省、自治区、直辖市规定的标准。农村村民出卖、出租住房后，再申请宅基地的，不予批准。

五、国土资源部关于进一步完善农村宅基地管理制度切实维护农民权益的通知（摘要）

（一）加强农村住宅建设用地规划计划控制。根据新农村建设的需要，省级国土资源行政管理部门要统筹安排并指导市、县国土资源行政管理部门，结合新一轮乡（镇）土地利用总体规划修编，组织编制村土地利用规划，报县级人民政府审批。在县级土地利用总体规划确定的城镇建设扩展边界内的村土地利用规划，要与城镇规划相衔接，合理划定农民住宅建设用地范围；在土地利用总体规划确定的城镇建设扩展边界外的村庄，县级国土资源管理部门要在摸清宅基地利用现状和用地需求的基础上，以乡（镇）土地利用总体规划和村土地利用规划为控制，组织编制村庄宅基地现状图、住宅建设用地规划图和宅基地需求预测十年计划表（即“两图一表”），制定完善宅基地申请审批制度，张榜公布，指导农民住宅建设按规划、有计划、规范有序进行。

（三）改进农村宅基地用地计划管理方式。新增农村宅基地建设用地应纳进土地利用年度计划，各地在下达年度土地利用计划指标时应优先安排农村宅基地用地计划指标，切实保障农民住宅建设合理用地需求。占用耕地的，必须依法落实占补平衡。农村建设用地计划指标应结合农村居民点布局和结构调整，重点用于小城镇和中心村建设，控制自然村落无序扩张。

（四）严格宅基地面积标准。宅基地是指农民依法取得的用于建造住宅及其生活附属设施的集体建设用地，“一户一宅”是指农村居民一户只能申请一处符合规定面积标准的宅基地。各地要结合本地资源状况，按照节约集约用地的原则，严格确定宅基地面积标准。要充分发挥村自治组织依法管理宅基地的职能。加强对农村宅基地申请利用的监管。农民新申请的宅基地面积，必须控制在规定的标准内。

（五）合理分配宅基地。土地利用总体规划确定的城镇建设扩展边界内的城郊、近郊农村居民点用地，原则上不再进行单宗分散的宅基地分配，鼓励集中建设农民新居。土地利用总体规划确定的城镇建设扩展边界外的村庄，要严格执行一户只能申请一处符合规定面积标准的宅基地的政策。经济条件较好、土地资源供求矛盾突出的地方，允许村自治组织对新申请宅基地的住户开展宅基地有偿使用试点。试点方案由村自治组织通过村民会议讨论提出，经市、县国土资源管理部门审核报省级国土资源管理部门批准实施，接受监督管理。

（六）规范宅基地审批程序。各地要根据实施土地利用总体规划和规范农民建房用地的需要，按照公开高效、便民利民的原则，规范宅基地审批程序。在土地利用总体规划确定的城镇建设扩展边界内，县（市）要统筹安排村民住宅建设用地。在土地利用总体规划确定的城镇建设扩展边界外，已经编制完成村土地利用规划和宅基地需求预测十年计划表的村庄，可适当简化审批手续。使用村内原有建设用地的，由村申报、乡（镇）审核，批次报县（市）批准后，由乡（镇）国土资源所逐宗落实到户；占用农用地的，县（市）人民政府于每年年初一次性向省、自治区、直辖市人民政府或省级人民政府授权的设区的市、自治州申请办理农用地转用审批手续，经依法批准后，由乡（镇）国土资源所逐宗落实到户，落实情况按年度向省（区、市）国土资源管理部门备案。

宅基地审批应坚持实施“三到场”。接到宅基地用地申请后，乡（镇）

国土资源所或县（市）国土资源管理部门要组织人员到实地审查申请人是否符合条件、拟用地是否符合规划和地类等。宅基地经依法批准后，要到实地丈量批放宅基地，明确建设时间并受理农民宅基地登记申请。村民住宅建成后，要到实地检查是否按照批准的面积和要求使用土地，符合规定的方可办理土地登记，发放集体建设用地使用权证。

（七）依法维护农民宅基地的取得权。农民申请宅基地的，乡（镇）、村应及时进行受理审查，对符合申请条件，且经公示无异议的，应及时按程序上报。县（市）人民政府对符合宅基地申请条件的，必须在规定时间内批准，不得拖延和拒尽。各地县（市）人民政府要建立健全农民宅基地申报、审批操作规范，并根据本地区季节性特点和农民住宅建设实际，明确宅基地申请条件和各环节办理时限要求，向社会公开，接受社会监督，切实维护农民依法取得宅基地的正当权益。

（八）加强农村宅基地确权登记发证和档案管理工作。各地要按照相关规定，依法加快宅基地确权登记发证，妥善处理宅基地争议。要摸清宅基地底数，掌握宅基地使用现状，并登记造册，建立健全宅基地档案及管理制度，做到变更一宗，登记一宗。要积极建立农村宅基地动态管理信息系统，实现宅基地申请、审批、利用、查处信息上下连通、动态管理、公开查询。

（九）严控总量盘活存量。要在保障农民住房建设用地基础上，严格控制农村居民点用地总量，统筹安排各类建设用地。农民新建住宅应优先利用村内空闲地、闲置宅基地和未利用地，凡村内有空闲宅基地未利用的，不得批准新增建设用地。鼓励通过改造原有住宅，解决新增住房用地。各地要根据地方实际情况制定节约挖潜、盘活利用的具体政策措施。

（十）逐步引导农民居住适度集中。有条件的地方可根据土地利用规划、城乡一体化的城镇建设发展规划，结合新农村建设，本着实事求是、方便生产、改善生活的原则，因地制宜、按规划、有步骤的推进农村居民点撤并整合和小城镇、中心村建设，引导农民居住建房逐步向规划的居民点自愿、量力、有序的集中。对因撤并需新建或改扩建的小城镇和中心村，要加大用地计划、资金的支持。对近期规划撤并的村庄，不再批准新建、改建和扩建住宅，应向规划的居民点集中。

（十一）因地制宜地推进“空心村”治理和旧村改造。各地要结合新农村建设，本着提高村庄建设用地利用效率、改善农民生产生活条件和维护农民合法权益的原则，指导有条件的地方积极稳妥地开展“空心村”治理和旧村改造，完善基础设施和公共设施。对治理改造中涉及宅基地重划的，要按照新的规划，统一宅基地面积标准。对村庄内现有各类建设用地进行调整置换的，应对土地、房屋价格进行评估，在现状建设用地边界范围内进行；在留足村民必需的居住用地（宅基地）前提下，其他土地可依法用于发展二、三产业，但不得用于商品住宅开发。

六、中央农村工作领导小组办公室农业农村部关于进一步加强农村宅基地管理的通知（摘要）

按照新修订的土地管理法规定，农村村民住宅用地由乡镇政府审核批准。乡镇政府要因地制宜探索建立宅基地统一管理机制，依托基层农村经营管理部门，统筹协调相关部门宅基地用地审查、乡村建设规划许可、农房建设监管等职责，推行一个窗口对外受理、多部门内部联动运行，建立宅基地和农房乡镇联审联办制度，为农民群众提供便捷高效的服务。要加强对宅基地申请、审批、使用的全程监管，落实宅基地申请审查到场、批准后丈量批放到场、住宅建成后核查到场等“三到场”要求。要开展农村宅基地动态巡查，及时发现和处置涉及宅基地的各类违法行为，防止产生新的违法违规占地现象。要指导村级组织完善宅基地民主管理程序，探索设立村级宅基地协管员。

宅基地是农村村民用于建造住宅及其附属设施的集体建设用地，包括住房、附属用房和庭院等用地。农村村民一户只能拥有一处宅基地，面积不得超过本省、自治区、直辖市规定的标准。农村村民应严格按照批准面积和建房标准建设住宅，禁止未批先建、超面积占用宅基地。经批准易地建造住宅的，应严格按照“建新拆旧”要求，将原宅基地交还村集体。农村村民出卖、出租、赠与住宅后，再申请宅基地的，不予批准。对历史形成的宅基地面积超标和“一户多宅”等问题，要按照有关政策规定分类进行认定和处置。人均土地少、不能保障一户拥有一处宅基地的地区，县级人民政府在充分尊重农民意愿的基础上，可以采取措施，按照省、自治区、直辖市规定的标准保障农村村民实现户有所居。

严格落实土地用途管制，农村村民建住宅应当符合乡（镇）土地利用总体规划、村庄规划。合理安排宅基地用地，严格控制新增宅基地占用农用地，不得占用永久基本农田；涉及占用农用地的，应当依法先行办理农用地转用手续。城镇建设用地规模范围外的村庄，要通过优先安排新增建设用地计划指标、村庄整治、废旧宅基地腾退等多种方式，增加宅基地空间，满足符合宅基地分配条件农户的建房需求。城镇建设用地规模范围内，可以通过建设农民公寓、农民住宅小区等方式，满足农民居住需要。

鼓励村集体和农民盘活利用闲置宅基地和闲置住宅，通过自主经营、合作经营、委托经营等方式，依法依规发展农家乐、民宿、乡村旅游等。城镇居民、工商资本等租赁农房居住或开展经营的，要严格遵守合同法的规定，租赁合同的期限不得超过二十年。合同到期后，双方可以另行约定。在尊重农民意愿并符合规划的前提下，鼓励村集体积极稳妥开展闲置宅基地整治，整治出的土地优先用于满足农民新增宅基地需求、村庄建设和乡村产业发展。闲置宅基地盘活利用产生的土地增值收益要全部用于农业农村。在征得宅基地所有权人同意的前提下，鼓励农村村民在本集体经济组织内部向符合宅基地申请条件的农户转让宅基地。各地可探索通过制定宅基地转让示范合同等方式，引导规范转让行为。转让合同生效后，应及时办理宅基地使用权变更手续。对进城落户的农村村民，各地可以多渠道筹集资金，探索通过多种方式鼓励其自愿有偿退出宅基地。

要充分保障宅基地农户资格权和农民房屋财产权。不得以各种名义违背农民意愿强制流转宅基地和强迫农民“上楼”，不得违法收回农户合法取得的宅基地，不得以退出宅基地作为农民进城落户的条件。严格控制整村撤并，规范实施程序，加强监督管理。宅基地是农村村民的基本居住保障，严禁城镇居民到农村购买宅基地，严禁下乡利用农村宅基地建设别墅大院和私人会馆。严禁借流转之名违法违规圈占、买卖宅基地。

各级农业农村部门要结合国土调查、宅基地使用权确权登记颁证等工作，推动建立农村宅基地统计调查制度，组织开展宅基地和农房利用现状调查，全面摸清宅基地规模、布局和利用情况。逐步建立宅基地基础信息数据库和管理信息系统，推进宅基地申请、审批、流转、退出、违法用地查处等的信息化管理。要加强调查研究，及时研究解决宅基地管理和改革过程中出现的新情况新问题，注意总结基层和农民群众创造的好经验好做法，落实新修订的土地管理法规定，及时修订完善各地宅基地管理办法。要加强组织领导，强化自身建设，加大法律政策培训力度，以工作促体系建队伍，切实做好宅基地管理工作。

七、农业农村部关于积极稳妥开展农村闲置宅基地和闲置住宅盘活利用工作的通知（摘要）

（一）因地制宜选择盘活利用模式。各地要统筹考虑区位条件、资源禀赋、环境容量、产业基础和历史文化传承，选择适合本地实际的农村闲置宅基地和闲置住宅盘活利用模式。鼓励利用闲置住宅发展符合乡村特点的休闲农业、乡村旅游、餐饮民宿、文化体验、创意办公、电子商务等新产业新业态，以及农产品冷链、初加工、仓储等一二三产业融合发展项目。支持采取整理、复垦、复绿等方式，开展农村闲置宅基地整治，依法依规利用城乡建设用地增减挂钩、集体经营性建设用地入市等政策，为农民建房、乡村建设和产业发展等提供土地等要素保障。

（二）支持培育盘活利用主体。在充分保障农民宅基地合法权益的前提下，支持农村集体经济组织及其成员采取自营、出租、入股、合作等多种方式盘活利用农村闲置宅基地和闲置住宅。鼓励有一定经济实力的农村集体经济组织对闲置宅基地和闲置住宅进行统一盘活利用。支持返乡人员依托自有和闲置住宅发展适合的乡村产业项目。引导有实力、有意愿、有责任的企业有序参与盘活利用工作。依法保护各类主体的合法权益，推动形成多方参与、合作共赢的良好局面。

（三）鼓励创新盘活利用机制。支持各地统筹安排相关资金，用于农村闲置宅基地和闲置住宅盘活利用奖励、补助等。条件成熟时，研究发行地方政府专项债券支持农村闲置宅基地和闲置住宅盘活利用项目。推动金融信贷产品和服务创新，为农村闲置宅基地和闲置住宅盘活利用提供支持。结合乡村旅游大会、农业嘉年华、农博会等活动，向社会推介农村闲置宅基地和闲置住宅资源。

（四）稳妥推进盘活利用示范。各地要结合实际，选择一批地方党委政府重视、农村集体经济组织健全、农村宅基地管理规范、乡村产业发展有基础、农民群众积极性高的地区，有序开展农村闲置宅基地和闲置住宅盘活利用试点示范。突出乡村产业特色，整合资源创建一批民宿（农家乐）集中村、乡村旅游目的地、家庭工场、手工作坊等盘活利用样板。总结一批可复制、可推广的经验模式，探索一套规范、高效的运行机制和管理制度，以点带面、逐步推开。

（五）依法规范盘活利用行为。各地要进一步加强宅基地管理，对利用方式、经营产业、租赁期限、流转对象等进行规范，防止侵占耕地、大拆大建、违规开发，确保盘活利用的农村闲置宅基地和闲置住宅依法取得、权属清晰。要坚决守住法律和政策底线，不得违法违规买卖或变相买卖宅基地，严格禁止下乡利用农村宅基地建设别墅大院和私人会馆。要切实维护农民权益，不得以各种名义违背农民意愿强制流转宅基地和强迫农民“上楼”，不得违法收回农户合法取得的宅基地，不得以退出宅基地作为农民进城落户的条件。对利用闲置住宅发展民宿等项目，要按照2018年中央一号文件要求，尽快研究和推动出台消防、特种行业经营等领域便利市场准入、加强事中事后监管的措施。

八、农业农村部自然资源部关于规范农村宅基地审批管理的通知（摘要）

农村村民住宅用地，由乡镇政府审核批准；其中，涉及占用农用地的，依照《中华人民共和国土地管理法》第四十四条的规定办理农用地转用审批手续。乡镇政府要切实履行属地责任，优化审批流程，提高审批效率，加强事中事后监管，组织做好农村宅基地审批和建房规划许可有关工作，为农民提供便捷高效的服务。

（一）明确申请审查程序

符合宅基地申请条件的农户，以户为单位向所在村民小组提出宅基地和建房（规划许可）书面申请。村民小组收到申请后，应提交村民小组会议讨论，并将申请理由、拟用地位置和面积、拟建房层高和面积等情况在本小组范围内公示。公示无异议或异议不成立的，村民小组将农户申请、村民小组会议记录等材料交村集体经济组织或村民委员会（以下简称村级组织）审查。村级组织重点审查提交的材料是否真实有效、拟用地建房是否符合村庄规划、是否征求了用地建房相邻权利人意见等。审查通过的，由村级组织签署意见，报送乡镇政府。没有分设村民小组或宅基地和建房申请等事项已统一由村级组织办理的，农户直接向村级组织提出申请，经村民代表会议讨论通过并在本集体经济组织范围内公示后，由村级组织签署意见，报送乡镇政府。

（二）完善审核批准机制

市、县人民政府有关部门要加强对宅基地审批和建房规划许可有关工作的指导，乡镇政府要探索建立一个窗口对外受理、多部门内部联动运行的农村宅基地用地建房联审联办制度，方便农民群众办事。公布办理流程和要件，明确农业农村、自然资源等有关部门在材料审核、现场勘查等各环节的工作职责和办理期限。审批工作中，农业农村部门负责审查申请人是否符合申请条件、拟用地是否符合宅基地合理布局要求和面积标准、宅基地和建房（规划许可）申请是否经过村组审核公示等，并综合各有关部门意见提出审批建议。自然资源部门负责审查用地建房是否符合国土空间规划、用途管制要求，其中涉及占用农用地的，应在办理农用地转用审批手续后，核发乡村建设规划许可证；在乡、村庄规划区内使用原有宅基地进行农村村民住宅建设的，可按照本省（区、市）有关规定办理规划许可。涉及林业、水利、电力等部门的要及时征求意见。

根据各部门联审结果，由乡镇政府对农民宅基地申请进行审批，出具《农村宅基地批准书》，鼓励地方将乡村建设规划许可证由乡镇一并发放，并以适当方式公开。乡镇要建立宅基地用地建房审批管理台账，有关资料归档留存，并及时将审批情况报县级农业农村、自然资源等部门备案。

（三）严格用地建房全过程管理

全面落实“三到场”要求。收到宅基地和建房（规划许可）申请后，乡镇政府要及时组织农业农村、自然资源部门实地审查申请人是否符合条件、拟用地是否符合规划和地类等。经批准用地建房的农户，应当在开工前向乡镇政府或授权的牵头部门申请划定宅基地用地范围，乡镇政府及时组织农业农村、自然资源等部门到现场进行开工查验，实地丈量批放宅基地，确定建房位置。农户建房完工后，乡镇政府组织相关部门进行验收，实地检查农户是否按照批准面积、四至等要求使用宅基地，是否按照批准面积和规划要求建设住房，并出具《农村宅基地和建房（规划许可）验收意见表》。通过验收的农户，可以向不动产登记部门申请办理不动产登记。各地要依法组织开展农村用地建房动态巡查，及时发现和处置涉及宅基地使用和建房规划的各类违法违规行为。指导村级组织完善宅基地民主管理程序，探索设立村级宅基地协管员。

第四部分：宅基地确权登记相关政策文件

一、关于进一步加快推进宅基地和集体建设用地使用权确权登记发证工作的通知（摘要）

（二）制定和完善宅基地和集体建设用地使用权确权登记发证相关政策。各地要认真研究分析当前工作存在的问题，全面总结行之有效的经验和做法，在国土资发〔2011〕60号、国土资发〔2011〕178号及国家有关要求的基础上，根据各地实际，进一步细化农村宅基地和集体建设用地使用权确权发证的政策，积极探索，勇于突破，尽快出台或完善有关政策或指导意见，为推进工作提供政策支撑.

各地在制定政策或指导意见时，应以化解矛盾、应发尽发为原则，要坚持农村违法宅基地和集体建设用地必须依法补办用地批准手续后，方可进行登记发证.在权属调查和纠纷处理工作中，要充分发挥基层群众自治组织和农村集体经济组织的作用，建立健全农村土地权属纠纷调处工作机制，在登记发证工作中注重保护农村妇女土地权益，切实保护群众合法利益.

（三）进一步加快推进宅基地和集体建设用地使用权确权登记发证工作.各地要按照不动产统一登记制度建设和宅基地制度改革的要求，全面落实宅基地、集体建设用地使用权以及农房等集体建设用地上的建筑物、构筑物确权登记发证工作，做到应发尽发。要从工作现状出发，尽快制定或调整工作计划，将农房等集体建设用地上的建筑物、构筑物纳入工作范围，按年度细化工作目标、任务和措施，明确完成时限.在完成农村地籍调查和农房调查的基础上，省级国土资源主管部门要尽量选择房地合一的地区开展房地一体的登记发证试点工作，为全面铺开积累经验。

计划在2014年底完成宅基地和集体建设用地使用权确权登记发证的省

（区、市），应根据实际情况尽快调整工作计划，增加农房调查等工作任务，并制定补充调查方案；做出新的调整，增加农房等集体建设用地上的建筑物、构筑物可能造成不利影响的，今年可以先按原计划继续推进，今后再逐步开展补充调查，或结合日常变更登记逐步补充完善房屋及附属设施信息.各省（区、市）应按照工作计划，积极推进确权登记发证工作，本级财政给予必要的支持。

（四）进一步加强登记规范化和信息化建设。已完成宅基地和集体建设用地使用权确权登记发证工作的省份，要进一步规范已有登记成果，提高成果质量.各地要继续推进农村集体土地登记信息化数据库建设，逐步建立数据库共享机制，实现数据实时更新，在满足现有工作需求基础上，统筹考虑与不动产统一登记制度信息化建设的衔接，实现登记发证成果的数字化管理和信息化应用。

二、国土资源部关于进一步加快宅基地和集体建设用地确权登记发证有关问题的通知（摘要）

一、颁发统一的不动产权证书。目前全国所有的市、县均已完成不动产统一登记职责机构整合，除西藏的部分市、县外，都已实现不动产登记“发新停旧”。农村宅基地和集体建设用地使用权以及房屋所有权是不动产统一登记的重要内容，各地要按照《不动产登记暂行条例》《不动产登记暂行条例实施细则》《不动产登记操作规范（试行）》等法规政策规定，颁发统一的不动产权证书。涉及设立抵押权、地役权或者办理预告登记、异议登记的，依法颁发不动产登记证明。

二、因地制宜开展房地一体的权籍调查。各地要开展房地一体的农村权籍调查，将农房等宅基地、集体建设用地上的定着物纳入工作范围。对于已完成农村地籍调查的宅基地、集体建设用地，应进一步核实完善地籍调查成果，补充开展房屋调查，形成满足登记要求的权籍调查成果。对于尚未开展农村地籍调查的宅基地、集体建设用地，应采用总调查的模式，由县级以上地方人民政府统一组织开展房地一体的权籍调查。农村权籍调查不得收费，不得增加农民负担。

农村权籍调查中的房屋调查要执行《农村地籍和房屋调查技术方案（试行）》有关要求。条件不具备的，可采用简便易行的调查方法，通过描述方式调查记录房屋的权利人、建筑结构、层数等内容，实地指界并丈量房屋边长，简易计算房屋占地面积，形成满足登记要求的权籍调查成果。对于新型农村社区或多（高）层多户的，可通过实地丈量房屋边长和核实已有户型图等方式，计算房屋占地面积和建筑面积。

三、规范编制不动产单元代码。宅基地、集体建设用地和房屋等定着物应一并划定不动产单元，编制不动产单元代码。对于已完成宗地统一代码编制的，应以宗地为基础，补充房屋等定着物信息，形成不动产单元代码。对于未开展宗地统一代码编制或宗地统一代码不完备的，可在地籍区（子区）划分成果基础上，充分利用已有的影像图、地形图等数据资料，通过坐落、界址点坐标等信息预判宗地或房屋位置，补充开展权籍调查等方式，编制形成唯一的不动产单元代码。

四、公示权属调查结果。县级以上地方人民政府统一组织的宅基地、集体建设用地和房屋首次登记，权属调查成果要在本集体经济组织范围内公示。开展农村房地一体权籍调查时，不动产登记机构（国土资源主管部门）应将宅基地、集体建设用地和房屋的权属调查结果送达农村集体经济组织，并要求在村民会议或村民代表会议上说明，同时以张贴公告等形式公示权属调查结果。对于外出务工人员较多的地区，可通过电话、微信等方式将权属调查结果告知权利人及利害关系人。

五、结合实际依法处理“一户多宅”问题。宅基地使用权应按照“一户一宅”要求，原则上确权登记到“户”。符合当地分户建房条件未分户，但未经批准另行建房分开居住的，其新建房屋占用的宅基地符合相关规划，经本农民集体同意并公告无异议的，可按规定补办有关用地手续后，依法予以确权登记;未分开居住的，其实际使用的宅基地没有超过分户后建房用地合计面积标准的，依法按照实际使用面积予以确权登记。

六、分阶段依法处理宅基地超面积问题。农民集体成员经过批准建房占用宅基地的，按照批准面积予以确权登记。未履行批准手续建房占用宅基地的，按以下规定处理：1982年《村镇建房用地管理条例》实施前，农民集体成员建房占用的宅基地，范围在《村镇建房用地管理条例》实施后至今未扩大的，无论是否超过其后当地规定面积标准，均按实际使用面积予以确权登记。1982年《村镇建房用地管理条例》实施起至1987年《土地管理法》实施时止，农民集体成员建房占用的宅基地，超过当地规定面积标准的，超过面积按国家和地方有关规定处理的结果予以确权登记。1987年《土地管理法》实施后，农民集体成员建房占用的宅基地，符合规划但超过当地面积标准的，在补办相关用地手续后，依法对标准面积予以确权登记，超占面积在登记簿和权属证书附记栏中注明。

历史上接受转让、赠与房屋占用的宅基地超过当地规定面积标准的，按照转让、赠与行为发生时对宅基地超面积标准的政策规定，予以确权登记。

七、依法确定非本农民集体成员合法取得的宅基地使用权。非本农民集体成员因扶贫搬迁、地质灾害防治、新农村建设、移民安置等按照政府统一规划和批准使用宅基地的，在退出原宅基地并注销登记后，依法确定新建房屋占用的宅基地使用权。

1982年《村镇建房用地管理条例》实施前，非农业户口居民（含华侨）合法取得的宅基地或因合法取得房屋而占用的宅基地，范围在《村镇建房用地管理条例》实施后至今未扩大的，可按实际使用面积予以确权登记。1982年《村镇建房用地管理条例》实施起至1999年《土地管理法》修订实施时止，非农业户口居民（含华侨）合法取得的宅基地或因合法取得房屋而占用的宅基地，按照批准面积予以确权登记，超过批准的面积在登记簿和权属证书附记栏中注明。

八、依法维护农村妇女和进城落户农民的宅基地权益。农村妇女作为家庭成员，其宅基地权益应记载到不动产登记簿及权属证书上。农村妇女因婚嫁离开原农民集体，取得新家庭宅基地使用权的，应依法予以确权登记，同时注销其原宅基地使用权。

农民进城落户后，其原合法取得的宅基地使用权应予以确权登记。

九、分阶段依法确定集体建设用地使用权。1987年《土地管理法》实施前，使用集体土地兴办乡（镇）村公益事业和公共设施，经所在乡（镇）人民政府审核后，可依法确定使用单位集体建设用地使用权。乡镇企业用地和其他经依法批准用于非住宅建设的集体土地，至今仍继续使用的，经所在农民集体同意，报乡（镇）人民政府审核后，依法确定使用单位集体建设用地使用权。1987年《土地管理法》实施后，乡（镇）村公益事业和公共设施用地、乡镇企业用地和其他经依法批准用于非住宅建设的集体土地，应当依据县级以上人民政府批准文件，确定使用单位集体建设用地使用权。

十、规范没有土地权属来源材料的宅基地、集体建设用地确权登记程序。对于没有权属来源材料的宅基地，应当查明土地历史使用情况和现状，由所在农民集体或村委会对宅基地使用权人、面积、四至范围等进行确认后，公告30天无异议，并出具证明，经乡（镇）人民政府审核，报县级人民政府审定，属于合法使用的，予以确权登记。

对于没有权属来源材料的集体建设用地，应当查明土地历史使用情况和现状，认定属于合法使用的，经所在农民集体同意，并公告30天无异议，经乡（镇）人民政府审核，报县级人民政府批准，予以确权登记。

第五部分：北京市涉及宅基地的相关法规及政策文件

一、北京市农村建房用地管理暂行办法（摘录）

第二条 本办法适用于本市郊区农村建房。

农村建房系指住宅建筑、生产建筑、公共建筑和公用设施等。

城市建设总体规划规定的市区范围内和郊区的城镇、工矿区、文物保护区、风景游览区、水源保护区等规划范围内，以及其它特定地区内的农村的乡镇机关、企业事业单位和新农村、新集镇的建设工程用地的审批，按《北京市城市建设规划管理暂行办法》办理。

第三条 农村建房必须节用地，充分利用原有的宅基地和空闲地，不占或少占耕地。

第四条 郊区农村的土地除由法律规定属于国家所有的以外，属于集体所有。村民对宅基地只有使用权，没有所有权。本办法公布实施前由当地人民政府发给村民的各种私有的地照或土地证自然失效。

宅基地及乡镇机关、企业、事业单位建设用地，由区、县人民政府颁发使用证。使用权受法律保护，除国家依法征用和村镇建设规划需要外，长期不变。

农村建房用地不得买卖、出租，也不得变相买卖、出租和非法转让。

第五条 农村建房用地应按本办法规定办理申请、审批手续。任何单位和个人不得擅自占用土地。非法批准的占地一律无效。

第九条 村民可按本办法申请宅基地。村民住宅用地每户不得超过零点三亩（三分）。具体标准由区、县人民政府根据当地情况，分别作出规定，报市农村土地管理部门备案。

一九八二年二月清理乱占滥用耕地以前的老宅基地，可按当地情况另行规定用地标准，超出标准部分应根据村镇建设规划，逐步进行调整。老宅基地用地标准由区、县人民政府制定，报市农村土地管理部门备案。

第十条　申请划拨宅基地应由本人提出，经村民委员会和集体组织审核，不动用耕地的，由乡人民政府批准；动用耕地的，由区、县人民政府审批，报市农村土地管理部门备案。

有房出租的村民，不得再申请划拨宅基地。

第十一条　村民因买卖房屋等原因转移宅基地使用权的，买方应按本办法第十条规定的程序，申请办理转移宅基地使用权的手续。

村民迁居拆除房屋腾出的宅基地，由集体组织收回。全家转为城镇居民的农业户腾出的宅基地，由集体组织收回。

第十二条　国家干部、职工在农村的家属申请住宅用地的，应与其它村民同等对待。

长期在远郊农村工作的教职员、医务人员、科技人员等，愿在农村落户，所在单位无力解决住房的，本人可以按本办法第十条规定申请在当地划拨宅基地。

第十三条　回乡落户的离休退休干部、工人、退伍军人，回乡定居的华侨、港澳同胞和台湾同胞申请宅基地的，应按本办法第十条规定划拨。

第十四条　宅基地使用权发生争执的，由乡人民政府组织有关各方协商解决。达不成协议的，当事人可向区、县农村土地管理部门申诉，由区、县农村土地管理部门决定。对决定不服的，当事人可在十五日内向人民法院起诉；当事人也可以不经以上程序直接向人民法院起诉。纠纷解决前，应维持现状，任何一方不得抢占。

二、北京市集体土地房屋拆迁管理办法（摘录）

第七条　用地单位取得房屋拆迁许可证后，方可实施拆迁。

第八条　用地单位取得征地或者占地批准文件后，可以向区、县国土房管局申请在用地范围内暂停办理下列事项：（一）新批宅基地和其他建设用地；（二）审批新建、改建、扩建房屋；（三）办理入户和分户，但因婚姻、出生、回国、军人退伍转业、经批准由外省市投靠直系亲属、刑满释放和解除劳动教养等原因必须入户、分户的除外；（四）核发工商营业执照；（五）房屋、土地租赁；（六）改变房屋、土地用途。区、县国土房管局核准用地单位的申请后，应当就前款所列事项书面通知有关部门暂停办理相关手续，并在用地范围内予以公告。通知和公告应当载明拆迁范围、暂停办理事项和暂停期限。暂停期限自公告之日起算，最长不超过1年。用地单位确需延长暂停期限的，应当报经区、县国土房管局批准，延长的期限不超过半年。暂停期限内，擅自办理本条第一款所列事项的，房屋拆迁时不予认定。

第九条 用地单位申请核发房屋拆迁许可证的，应当向被拆迁房屋所在地的区、县国土房管局提交下列文件：（一）用地批准文件；（二）规划批准文件；（三）拆迁实施方案；（四）安置房屋或者拆迁补偿资金的证明文件。区、县国土房管局应当自收到申请之日起30日内审查完毕；对符合条件的，核发房屋拆迁许可证，并将拆迁人、拆迁范围、搬迁期限等情况向被拆迁人公告。

第十条 征地拆迁宅基地上房屋的，拆迁实施方案由拆迁人根据本办法第三章的规定和经批准的征地方案拟订，报区、县国土房管局批准后执行。占地拆迁房屋的，拆迁实施方案由拆迁人拟订，经乡（民族乡）、镇人民政府审核并报区、县国土房管局备案后执行；其中旧村改造的拆迁实施方案在报乡（民族乡）、镇人民政府审核前，应当经村民会议或者村民代表会议讨论通过。拆迁人应当在拆迁范围内公布拆迁实施方案，公布的期限不少于10日。

第十一条 拆迁人与被拆迁人应当就房屋拆迁补偿安置事宜签订书面协议。协议应当规定补偿安置方式和标准、搬迁期限、违约责任等内容。

第十二条 在区、县国土房管局公告的搬迁期限内，拆迁人与被拆迁人没有达成拆迁补偿安置协议的，经一方或者双方当事人申请，由区、县国土房管局裁决。裁决规定的搬迁期限届满被拆迁人拒绝搬迁的，属于征地拆迁宅基地上房屋的，由区、县国土房管局申请人民法院强制执行；属于占地拆迁房屋的，由当事人依法向人民法院提起民事诉讼。

第十三条　宅基地上的房屋拆迁，可以实行货币补偿或者房屋安置，有条件的地区也可以另行审批宅基地。

第十四条　拆迁宅基地上房屋实行货币补偿的，拆迁人应当向被拆迁人支付补偿款。补偿款按照被拆除房屋的重置成新价和宅基地的区位补偿价确定。房屋重置成新价的评估规则和宅基地区位补偿价的计算办法由市国土房管局制定并公布。按照前款规定对被拆迁人给予货币补偿的，不再进行房屋安置或者另行审批宅基地。

第十五条　拆除宅基地上房屋以国有土地上房屋安置的，拆迁人与被拆迁人应当按照本办法第十四条第一款的规定确定拆迁补偿款，并与安置房屋的市场评估价款结算差价；但按照市人民政府规定以经济适用住房安置被拆迁人的除外。农村集体经济组织或者村民委员会作为拆迁人实施拆迁，以本集体建设用地范围内的房屋安置被拆迁人的，经村民会议或者村民代表会议讨论通过并报乡（民族乡）、镇人民政府批准后，可以按照被拆除房屋建筑面积安置，也可以结合被拆迁人家庭人口情况安置。其他拆迁人委托农村集体经济组织或者村民委员会安置被拆迁人的，可以参照本条第二款的规定执行。

第十六条　农村集体经济组织或者村民委员会在集体土地上建设安置房屋的，应当符合城市规划、土地利用规划和年度计划，依法取得用地和规划许可。

第十七条　农村集体经济组织或者村民委员会作为拆迁人拆迁宅基地上房屋，有条件的地区，可以按照土地管理法律、法规和规章的规定，另行审批宅基地由被拆迁人自建房屋，并对被拆除的房屋按照重置成新价给予补偿。其他拆迁人委托农村集体经济组织或者村民委员会安置被拆迁人的，可以参照前款规定执行。

第十八条　拆迁补偿中认定的宅基地面积应当经过合法批准，且不超过控制标准。未经合法批准的宅基地，不予认定。经合法批准的宅基地超出控制标准的部分，不予补偿；但1982年以前经合法批准的宅基地超出控制标准的部分，可以按照区、县人民政府的规定给予适当补偿。每户宅基地面积的控制标准，按照区、县人民政府根据《北京市人民政府关于加强农村村民建房用地管理若干规定》第六条确定的标准执行。

第十九条 拆迁补偿中认定宅基地上房屋建筑面积，以房屋所有权证标明的面积为准；未取得房屋所有权证但具有规划行政主管部门批准建房文件的，按照批准的建筑面积认定。本办法施行前宅基地上已建成的房屋，未取得房屋所有权证和规划行政主管部门批准建房文件，但确由被拆迁人长期自住的，应当给予适当补偿。属于征地拆迁房屋的，补偿标准由乡（民族乡）、镇人民政府根据当地实际情况确定，报区、县人民政府批准后执行；属于占地拆迁房屋的，补偿标准由农村集体经济组织或者村民委员会确定，报乡（民族乡）、镇人民政府批准后执行。本办法施行后宅基地上新建、改建、扩建的房屋，未取得房屋所有权证或者规划行政主管部门批准建房文件的，拆迁房屋时不予认定。

第二十条 农村村民符合审批宅基地条件但未实际取得宅基地，且按照拆迁实施方案安置确有困难的，拆迁人应当按照区、县人民政府的规定给予适当补助。但拆迁实施方案确定以另行审批宅基地的方式予以补偿安置的除外。

第二十一条 占地拆迁宅基地以外房屋的补偿，参照征地拆迁的有关规定执行。

第二十二条 对利用宅基地内自有房屋从事生产经营活动并持有工商营业执照的，拆迁人除按照本办法的规定予以补偿、安置外，还应当适当补偿停产、停业的经济损失。其中，征地拆迁房屋的经济损失补偿标准，由区、县人民政府规定；占地拆迁房屋的经济损失补偿标准，由乡（民族乡）、镇人民政府规定并报区、县人民政府备案。

第二十三条 拆迁人应当向被拆迁人支付搬迁补助费。征地拆迁房屋的搬迁补助费，由区、县人民政府规定；占地拆迁房屋的搬迁补助费，由乡（民族乡）、镇人民政府规定并报区、县人民政府备案。

第二十四条 拆除违法建筑和超过批准期限的临时建筑不予补偿；拆除未超过批准期限的临时建筑，按照重置成新价结合剩余期限给予适当补偿。

三、北京市禁止违法建设若干规定（2011）（摘录）

第三条 违法建设包括城镇违法建设和乡村违法建设。城镇违法建设是指未取得建设工程规划许可证、临时建设工程规划许可证或者未按照许可内容进行建设的城镇建设工程，以及逾期未拆除的城镇临时建设工程。乡村违法建设是指应当取得而未取得乡村建设规划许可证、临时乡村建设规划许可证或者未按照许可内容进行建设的乡村建设工程。

第四条 区县人民政府负责本行政区域内禁止违法建设工作，组织、协调有关行政机关制止和查处违法建设。乡镇人民政府负责本行政区域内禁止违法建设工作，制止和查处乡村违法建设。街道办事处负责本行政区域内禁止违法建设相关工作。

规划行政主管部门、城市管理综合行政执法机关按照各自职责制止和查处违法建设。

公安、国土、水务、农村工作、市政市容、文物保护、园林绿化、住房城乡建设以及监察等部门按照各自职责，做好禁止违法建设相关工作。

第八条 区县人民政府建立违法建设巡查制度。乡镇人民政府、街道办事处按照属地管理原则，加强巡查，及时发现、制止违法建设，并按照职责查处或者向负有查处职责的机关报告。

第九条 乡镇人民政府负责查处本行政区域内的乡村违法建设，但在撤销乡镇人民政府设置街道办事处的区域内的乡村违法建设，已经取得临时乡村建设规划许可证但未按照许可内容进行建设的，由规划行政主管部门负责查处，应当取得而未取得临时乡村建设规划许可证的，由城市管理综合行政执法机关负责查处。

第十五条 乡镇人民政府发现正在建设的乡村违法建设后，应当立即书面责令停止建设，当事人不停止建设的，可以查封施工现场。责令停止建设或者发现已经建成的乡村违法建设后20日内，乡镇人民政府应当作出如下处理：

（一）应当取得规划许可而未取得规划许可，不符合村庄规划的，限期拆除；符合村庄规划的，责令限期改正，逾期不改正的，限期拆除。

（二）已经取得规划许可，但违反规划许可内容进行建设的，责令限期改正，逾期不改正的，限期拆除。

责令限期改正和限期拆除的期限一般不超过15日。乡村违法建设当事人逾期不拆除的，由乡镇人民政府组织拆除，区县人民政府可以责成区县城管、规划、国土、农村工作、公安等部门协助，市政公用服务单位和当地村民委员会应当予以配合。

第十六条 查封施工现场应当在现场公告查封决定。

实施查封施工现场时，应当通知当事人清理有关工具、物品，当事人拒不清理的，可以一并查封，并制作财物清单由当事人签字确认，当事人不签字的，可以由违法建设所在地居民委员会、村民委员会确认。

公安机关、街道办事处以及市政公用服务单位应当对查封施工现场工作予以配合。

第十七条 强制拆除违法建设，应当提前5日在现场公告强制拆除决定，告知实施强制拆除的时间、相关依据、当事人的权利和义务等。当事人是公民的，通知本人或者其成年家属到场；当事人是法人或者其他组织的，通知其法定代表人、主要负责人或者其上级单位负责人到场。拒不到场的，不影响实施强制拆除。

实施强制拆除的行政机关应当通知当事人清理有关物品，当事人拒不清理的，应当制作财物清单并由当事人签字确认。当事人不签字的，可以由违法建设所在地居民委员会、村民委员会确认。实施强制拆除的行政机关应当将财物运送到指定场所，交还当事人，当事人拒绝接收的，依法办理提存。

实施强制拆除应当制作笔录并摄制录像。

四、北京市农村建房用地管理暂行办法（摘录）

第三条　农村建房必须节约用地，充分利用原有的宅基地和空闲地，不占或少占耕地。

第四条　郊区农村的土地除由法律规定属于国家所有的以外，属于集体所有。村民对宅基地只有使用权，没有所有权。本办法公布实施前由当地人民政府发给村民的各种私有的地照或土地证自然失效。

宅基地及乡镇机关、企业、事业单位建设用地，由区、县人民政府颁发使用证。使用权受法律保护，除国家依法征用和村镇建设规划需要外，长期不变。

农村建房用地不得买卖、出租，也不得变相买卖、出租和非法转让。

第五条　农村建房用地应按本办法规定办理申请、审批手续。任何单位和个人不得擅自占用土地。非法批准的占地一律无效。

第九条　村民可按本办法申请宅基地 。村民住宅用地每户不得超过零点三亩（三分）。具体标准由区、县人民政府根据当地情况，分别作出规定，报市农村土地管理部门备案。

一九八二年二月清理乱占滥用耕地以前的老宅基地， 可按当地情况另行规定用地标准，超出标准部分应根据村镇建设规划，逐步进行调整。老宅基地用地标准由区、县人民政府制定，报市农村土地管理部门备案。

第十条　申请划拨宅基地应由本人提出， 经村民委员会和集体组织审核， 不动用耕地的，由乡人民政府批准；动用耕地的，由区、县人民政府审批，报市农村土地管理部门备案。

有房出租的村民，不得再申请划拨宅基地。

第十一条　村民因买卖房屋等原因转移宅基地使用权的，买方应按本办法第十条规定的程序，申请办理转移宅基地使用权的手续。

村民迁居拆除房屋腾出的宅基地，由集体组织收回。全家转为城镇居民的农业户腾出的宅基地，由集体组织收回。

第十二条 国家干部、职工在农村的家属申请住宅用地的，应与其它村民同等对待。

长期在远郊农村工作的教职员、医务人员、科技人员等，愿在农村落户，所在单位无力解决住房的，本人可以按本办法第十条规定申请在当地划拨宅基地。

第十三条 回乡落户的离休退休干部、工人、退伍军人，回乡定居的华侨、港澳同胞和台湾同胞申请宅基地的，应按本办法第十条规定划拨。

第十四条 宅基地使用权发生争执的，由乡人民政府组织有关各方协商解决。达不成协议的，当事人可向区、县农村土地管理部门申诉，由区、县农村土地管理部门决定。对决定不服的，当事人可在十五日内向人民法院起诉；当事人也可以不经以上程序直接向人民法院起诉。纠纷解决前，应维持现状，任何一方不得抢占。

五、北京市人民政府关于加强农村村民建房用地管理若干规定（摘录）

第四条 村民新建住房，应在原宅基地内安排；原宅基地无法安排的，应充分利用村内空闲地（包括按照乡村建设规划调整出的宅基地）或其他非耕地。

村内无空闲地或非耕地，确需占用耕地建房的，必须先在本村开发相当新建住房用地面积两倍的荒地后，方可占用耕地。

按照规划进行新农村住宅建设的，一般应在原址改建。确需易址新建的，由乡、镇人民政府提出申请，并附旧址复垦计划，经区、县人民政府审核同意，报市人民政府批准。

第五条 占用耕地建房的村民，必须依法缴纳耕地占用税。占用菜地的，还须参照《北京市新菜地开发建设基金管理暂行办法》的规定，缴纳新菜地开发建设基金。

第六条 村民每户建房用地的标准，由各区、县人民政府根据本行政区域的情况确定，但近郊区各区和远郊区人多地少的乡村，最高不得超过0.25亩；其他地区最高不得超过0.3亩。

1982年以前划定的宅基地，多于本条前款规定的用地标准的，可按每户最高不超过0.4亩的标准从宽认定，超过部分按照乡村建设规划逐步调整。

市土地管理局要按照每年土地利用计划，向郊区各区、县人民政府下达村民建房用地控制指标。

第七条 村民申请建房用地，必须符合下列条件：

一、子女已达到法定结婚年龄，无房分居；

二、现有宅基地（包括1982年以前划定的老宅基地）按所在区、县规定的建房用地标准无法扩建。

出卖或出租住房后再申请宅基地的，不予受理。

第八条 村民建房，占用原有宅基地、村内空闲地或其他非耕地的，报乡人民政府批准，并报区、县土地管理机关备案；占用耕地的，经乡人民政府同意，区、县土地管理机关审核，报区、县人民政府批准。

第九条 村民全家迁出本村或由农业户口转为非农业户口后另有住房的，其原宅基地由本村集体经济组织收回，宅基地上的房屋和其他附着物应由原房屋所有人自行拆除；也可经乡人民政府批准，按照规定的价格出售给符合申请建房用地条件的村民。

第十条 位于规划市区范围内的村镇，可按城市规划要求并经城市规划管理机关批准，建设村民住宅楼，但不得进行土地和房屋开发经营。

六、北京市高级人民法院关于印发农村私有房屋买卖纠纷合同效力认定及处理原则研讨会会议纪要的通知

近年来，我市法院受理了一批涉及农村私有房屋买卖的合同纠纷案件，由于目前相关法律、法规不够明确，对合同效力认定认识存在差异，在一定程度上产生了此类案件在不同法院、不同业务庭、不同审判人员之间裁判标准不统一的问题。为研究、统一执法尺度，2004年12月，高院民一庭与审监庭、立案庭联合召开会议，就农村私有房屋买卖合同的效力认定及案件处理原则等问题进行了专门研讨，初步形成了处理意见，纪要如下：

一、涉及农村私有房屋买卖纠纷案件的主要情况

目前此类纠纷主要有以下情况：从诉讼双方和案由来看，主要为房屋出卖人诉买受人，要求确认合同无效并收回房屋；从买卖双方身份来看，出卖人为农村村民，买受人主要是城市居民或外村村民，也有出卖给同村村民的情况；从交易发生的时间看，多发生在起诉前两年以上，有的甚至在10年以上；从合同履行来看，大多依约履行了合同义务，出卖人交付了房屋，买受人入住并给付了房款，但多未办理房屋登记变更或宅基地使用权变更登记手续；从诉讼的起因来看，多缘于土地增值以及土地征用、房屋拆迁等因素，房屋现值或拆迁补偿价格远远高于原房屋买卖价格，出卖人受利益驱动而起诉；从标的物现状来看，有的房屋已经过装修、翻建、改建等添附行为。

二、关于农村私有房屋买卖纠纷合同效力的认定

与会人员多数意见认为，农村私有房屋买卖合同应当认定无效。主要理由是：

首先，房屋买卖必然涉及宅基地买卖，而宅基地买卖是我国法律、法规所禁止的。根据我国土地管理法的规定，宅基地属于农民集体所有，由村集体经济组织或者村民委员会经营、管理。国务院办公厅1999年颁布的《关于加强土地转让管理严禁炒卖土地的通知》规定：“农民的住宅不得向城市居

民出售，也不得批准城市居民占用农民集体土地建住宅，有关部门不得为违法建造和购买的住宅发放土地使用证和房产证。”国家土地管理局[1990]国土函字第97号《关于以其他形式非法转让土地的具体应用问题请示的答复》也明确规定：原宅基地使用者未经依法批准通过他人出资翻建房屋，给出资者使用，并从中牟利或获取房屋产权，是属“以其他形式非法转让土地”的违法行为之一。

其次，宅基地使用权是集体经济组织成员享有的权利，与特定的身份关系相联系，不允许转让。目前农村私房买卖中买房人名义上是买房，实际上是买地，在房地一体的格局下，处分房屋的同时也处分了宅基地，损害了集体经济组织的权益，是法律法规明确禁止的。

第三，目前，农村房屋买卖无法办理产权证书变更登记，故买卖虽完成，但买受人无法获得所有权人的保护。

第四，认定买卖合同有效不利于保护出卖人的利益，在许多案件中，出卖人相对处于弱者的地位，其要求返还私有房屋的要求更关涉到其生存权益。

与会者同时认为，此类合同的效力以认定无效为原则，以认定有效为例外，如买卖双方都是同一集体经济组织的成员，经过了宅基地审批手续的，可以认定合同有效。

三、涉及农村私有房屋买卖纠纷案件的处理原则

与会者一致认为，处理此类案件应坚持以下原则：

第一，要尊重历史，照顾现实。农村私有房屋交易是在城乡人口流动加大、居住区域界限打破和城乡一体化的大背景下产生的，相关部门监管不力、农村集体经济组织相对涣散是造成这种现状的制度诱因，而土地市场价格的持续上扬、房屋拆迁补偿等利益驱动是引起此类案件的直接原因。审理此类案件应实事求是地看待上述背景，要考虑到目前城乡界限仍未完全打破，农村集体经济组织仍有一定的封闭性，农村土地属于集体所有，目前法律、政策限制集体土地流转是一种现实；同时要认识到此类案件产生的复杂

性，并妥善解决相关的利益冲突和矛盾。

第二，要注重判决的法律效果和社会效果。判决要以“有利于妥善解决现有纠纷、有利于规范当事人交易行为”为指导，起到制约农民审慎处分自己房屋的积极效果。

第三，要综合权衡买卖双方的利益。首先，要全面考虑到合同无效对双方当事人的利益影响，尤其是出卖人因土地升值或拆迁、补偿所获利益，以及买受人因房屋现值和原买卖价格的差异造成的损失；其次，对于买受人已经翻建、扩建房屋的情况，应对其添附价值进行补偿；再次，判决返还、腾退房屋同时应注意妥善安置房屋买受人，为其留出合理的腾退时间，避免单纯判决腾退房屋给当事人带来的消极影响。

特此纪要。

七、北京市人民法院民事审判实务疑难问题研讨会会议纪要（摘要）

关于农村私有房屋买卖合同效力的认定问题，2004年12月高院民一庭曾联合高院审监庭、立案庭等相关部门进行了专门研讨，并在充分吸收一、二中院调研意见的基础上，形成了会议纪要。根据会议所达成的共识，农村私有房屋买卖合同以认定无效为原则，以认定有效为例外；从买卖双方的主体身份来看，如果双方都是同一集体经济组织的成员，经过了宅基地审批手续的，可以认定合同有效。该会议纪要同时明确了“尊重历史，照顾现实”、“注重判决的法律效果和社会效果”以及”“综合权衡买卖双方的利益”等认定合同无效之后的处理原则。会议纪要发布之后，我市法院主要参照上述原则处理此类问题。研讨中，与会人员深入分析了的农村私有房屋买卖合同效力的政策法律依据和相应的法律后果。

与会少数人员认为，目前我国的法律、法规及司法解释尚没有禁止农村私房买卖以及农村私房买卖合同应认定无效的明确规定。因此，农村私有房屋买的买卖应认定为有效。从法律后果来看，认定合同有效不仅有利于制约农民随意处分自己的房屋和宅基地，有利于稳定现有的房屋占有关系；而且“当事人不得因自己的错误行为而获利”，对出卖人事后主张合同无效进行必要的限制，有利于维护买受人的善意信赖，这也是“禁发言”和诚实信用原则的要求。

但是，与会多数人意见认为，农村私有房屋买卖合同应认定为无效，认定无效的根据是我国现行的土地法规、宅基地使用政策而得出的结论。目前，在我市农村私房买卖中，买房人名义上是买房，实际上是买地，这与我国严格限制宅基地流转的政策是相违背的；宅基地使用权是集体经济组织成员享有的权利，与特定的身份相联系，转让私有房屋往往导致宅基地使用权的非法流转；另一方面，宅基地的流转必然带来宅基地需求的加大，造成住宅用地向耕地延伸，这显然不符合《土地管理法》等相关法规关于保护耕地的立法意图。

根据多数人的意见，会议认为：农村私有房屋买卖应当认定无效，2004年《会议纪要》中所确立的原则是恰当的，仍应坚持；认定无效虽然可能引发一些诉讼，但可以制约众多潜在的房屋买受人，发挥司法应有的导向作用。同时，与会大多数人认为，虽然买卖合同以认定无效为原则，但考虑个案的不同情况，可以根据实际情况依法确认合同效力。例如，买卖双方都是同一集体经济组织成员，或者诉讼时买受人已将户口迁入所在地的集体经济组织的，可以认定合同有效；对于1999年1月1日《土地管理法》修订之前，将房屋转让给回乡落户的干部、职工、退伍军人以及华侨、港澳台同胞的，亦可认定转让合同有效。

同时，与会人员一致认为：此类案件成讼多源于土地增值及土地征用、房屋拆迁将获得补偿安置等原因，出卖人受利益驱动儿起诉。在合同无效的原因方面，出卖人负有主要责任，买受人负有次要责任；在合同无效的处理上，应全面考虑出卖人因土地增值或拆迁、补偿所获得的利益，以及买受人因房屋现值和原买卖价格的差异造成损失两方面的因素，平衡买卖双方的利益，避免认定合同无效给当事人造成的利益失衡；对买受人已经翻建、扩建房屋的，应对其添附价值进行合理补偿；买受人确实无房居住的，应予以妥善安置。

八、北京市高级人民法院关于审理继承纠纷案件若干疑难问题的解答（摘录）

7.农村宅基地上房屋能否适用遗赠?

遗赠人生前将宅基地上房屋遗赠本集体经济组织以外的人，受遗赠人在遗赠人死后主张因遗赠取得宅基地上房屋所有权的，人民法院不予支持。

8.农户家庭中父母与部分子女共为一户，该子女未另行分家并新分宅基地。父母死亡时，已另行分家的子女能否主张对相应宅基地上房屋进行继承?

农户家庭中部分子女与父母分家另过；部分子女与父母共为一户且未新分宅基地。父母死亡时，已分家另过的子女主张对相应宅基地上房屋进行继承的，人民法院不予支持。人民法院应释明当事人可对相应宅基地上房屋折算价值主张继承。

上述分家另过子女仍为农村集体经济组织成员身份且未取得宅基地的，主张相应宅基地上房屋权利的，应予支持。

9.被继承人死亡后所遗宅基地房屋被翻扩建，如何处理?

被继承人死亡后，未经继承人同意，擅自对被继承人生前所有的宅基地上房屋进行翻扩建的，不影响已确定的该宅基地上房屋遗产份额划分。

继承人有权要求上述擅自改扩建人承担回复原状、赔偿损失等责任，但实际居住管理房屋的继承人出于居住使用、维护管理目的对房屋进行翻扩建的除外。

10.在被继承人生前对宅基地房屋翻扩建存在贡献的人，主张宅基地房屋权利的，如何处理?

对被继承人生前宅基地上房屋翻扩建确存在贡献的人，据此主张享有宅基地上房屋共有权或增加相应继承份额的，人民法院不予支持。对于其据此主张的相应补偿请求，人民法院应根据相应证据，尊重风俗习惯，从公平角度出发，在判断法律关系性质属于赠予、亲属间无偿帮扶抑或债务的基础上，确定是否支持。